JAPAN'S REGIME SHIFT
AND
POSTWAR FOREIGN POLICY

政権交代と戦後日本外交

SHINODA Tomohito
信田智人

千倉書房

はじめに

政党の交代に伴う政権交代においては、米国をはじめとする諸外国の歴史にも明らかなとおり、前政権への強い批判を背景に政権奪取が図られることから、新政権は多くの政策分野において独自性を打ち出そうとしがちである。

ジョン・ルイス・ギャディスは、一九八二年に発表した『封じ込め戦略』の中で、政権交代によって冷戦期の米国によるソ連封じ込め戦略が変化する様子を活写した[1]。また民主党のバラク・オバマは、ジョージ・W・ブッシュ共和党政権のイラク政策を痛烈に批判し、イラクからの早期撤退を公約に掲げて大統領選を戦い、二〇〇九年、政権の座に就いた。ドナルド・トランプ大統領は、そのオバマの対中・対北朝鮮政策を弱腰と批判し、対中貿易政策では関税の引き上げに踏み切り、北朝鮮には先制攻撃も辞さぬ圧力を掛けて米朝首脳会談への道を開いた。

二〇〇九年には日本でも、民主党がマニフェストに外交政策目標を掲げて総選挙に臨み、自民党政権との違いを明確に示そうとした。そこには「緊密で対等な日米同盟関係」「主体的な外交戦略」「アジア諸国との信頼関係の構築」といった文言が記されていた。そこから見てとれるのは、自民党政権による外交を過剰な対米依存と断じ、民主党がその軸足をアジアに近づけ、「国連を重視した世界平和の構築」など、日米同盟を相対化する外交を展開しようとする意図であった。

その一方で、外交政策には政権が代ろうとも長期的な整合性が求められる。これら外交目標の達成を、継続性ある外交というアンビバレンスと、どのように折り合いをつけていくのか。外交の継続を尊重する外務省に対して、独自色を出そうとする新政権がどのように政治主導を発揮しようとしたのか。

本書は、政党間での政権交代が起こった一九九三年の細川護熙非自民連立政権、その後の自社さ連立政権、二〇〇九年の民主党政権、二〇一二年の自民党政権への復帰だけでなく、自民党内の派閥間で行われた政権交代にも目を向け、そのうち明確に首相が外交政策の転換を政治的ゴールに設定した事例も取り扱う。無論、取り上げなかった事例にも重要な外交政策はあるが、分析対象の選択は政権交代との関連から議論する本書の関心に照らして行った。その選択にすべての読者を納得させるだけの客観的指標を示すことはできないが、取り上げる理由についてはその都度説明している。

まず序章で、政権交代と外交政策に関する先行研究を紹介し、どのような分析の枠組みが提供されているかを説明する。そして、本書における分析の枠組みを示す。各章では戦後日本が直面した政権交代と、それに伴う対外政策過程の変化を取り上げる。第一章は吉田茂による、いわゆる「吉田路線」の確立から筆を起こし、鳩山一郎の日ソ国交回復、岸信介の日米安保改定という「吉田路線」への挑戦を描く。第二章では池田勇人政権を経て佐藤栄作による長期政権の下、大きな外交アジェンダとなった沖縄返還をめぐる動きを取り上げる。続く第三章では長い自民党政権下で繰り広げられた熾烈な派閥抗争を背景に、田中角栄と大平正芳の成し遂げた日中国交正常化と中曽根康弘による日米同盟の強化を、第四章では一九九三年の歴史的な自民党下野、細川護熙政権の誕生から自社さ連立による橋本龍太郎政権までを舞台に、コメ市場開放、国民福祉税構想、日米自動車協議、普天間返還交渉、そして日ロ交渉といった事例を見ていく。第五章ではきわめて特異な自民党総裁であった小泉純一郎が手がけた、テロ対策特措法、イラク特措法、北朝鮮訪問という安全保障上の重要案件を、第六章では二〇〇九年の政権交代により発足した民主党政権の官僚排除の動きを追いつつ、鳩山由紀夫の普天間基地移設問題、菅直人と野田佳彦がかかわった尖閣諸島をめぐる一連の事態を分析する。第七章は、政権に返り咲いた自民党の安倍晋三が、安定した政権を背景に押し進めた国家安全保障会議（日本版ＮＳＣ）創設や国家安全保障戦略の策定、安保法制の整備、憲法解釈の変更といった安全保障関連の政策過程、そしてＴＰＰ交渉について取り上げる。最終章では政権交代と対外政策過程の連関を総括的に議論し、結論としてどのような要素が対外政策決定の変化に影響を及ぼしたのかを分析することで、その評価を行う。

　本書の執筆にあたっては、じつに多くの方々のお世話になった。とりわけ長らく取り組んできた政治家、財界人、官僚といった方々へのインタビューの積み上げが役に立った。個別にお名前を挙げることは控えるが、これまでインタビューに応じてくださったすべての皆様に、この場を借りて厚くお礼申し上げる。また、編集の労をお取りくださった千倉書房の神谷竜介氏にも感謝したい。書籍の刊行が、編集者との共同作業であることを再確認させてもらった。なお、本研究はＪＳＰＳ科研費19530143の助成を受けている。記して謝意を表したい。

　本書を米国留学に励む娘、絵里香に捧げる。

註

1——John Lewis Gaddis, *Strategy of Containment: A Critical Appraisal of Postwar American National Security Policy* (Oxford: Oxford University Press, 1982).

政権交代と戦後日本外交

目次

序章 政権交代と外交政策

　政権交代とそれに伴う外交政策の変容をテーマとする研究は各国に存在するが、政権交代と外交政策の関係を体系的に取り上げた実証研究や一般化を試みた理論研究となると、海外においても存外少ない。一九八〇年代には政権交代と外交政策について各国を比較分析した実証研究が数多く発表されたものの、そのほとんどが革命前後の第三世界を対象としており、民主的な政権交代が行われた日本の事例を分析対象とする本書にとって、直接の参考とはならない[1]。

　政権交代に焦点を絞ったわけではないが、国内政治と外交政策の関係にまつわる研究には優れたものがあり、そのいくつかは国内政治の変化にも関わらず、外交の継続性が担保される理由を分析している。海外の研究では米国が最も進んでいるが、グレアム・アリソン（一九七一）は『決定の本質』のなかで、外交政策は様々な大規模組織によって運営されており、激しい外的ショックがない限り変化があるとしても大幅なものではなく、ほとんどの決定が小さな変化を段階的に重ねていくことになると指摘している[2]。K・J・ホルスティ（一九九一）の論文では、野党や与党内の派閥間競争が外交政策の変更の妨げとなる点を指摘している。また、ロイド・エサレッジ（一九八五）は米国の南米政策の分析で、政治過程や制度、リーダーシップに焦点を当て、政府が外交政策で同じ失敗を繰り返してきたと分析している。チェル・ゴールドマン（一九八八）は行政的・認識的・国際的な要因が「スタビライザー」として安定的に働き、国内政治に変化が訪れても一貫性のある外交政策が展開できると説明した［3］。

他方、国内政治の変化が外交政策に大きな変化を与えるという研究も存在する。たとえばチャールズ・ハーマン（一九九〇）は、指導者や官僚の主導や外的ショックに加えて国内政治構造の変化が、それまでの政策決定過程を変え、その国の外交プログラムや目的、国際的位置づけの変化をもたらすというモデルを紹介している。政権交代に伴う大きな対外政策の変更には、なんらかの政治的もしくは外的ショックが必要であり、それが政策決定過程の変更をもたらし政策アウトプットを変化させるというのである［4］。

また、ジョー・ハーガン（一九九四）はそれまで比較政治の観点から研究されることのなかった先進国の政権交代を、①同体制における強力なリーダーの交代、②連立や派閥連衡の組み合わせ変更、③与野党間の政権交代、④非体制派による政治革命、という四パターンに類型化した。そこで、外交政策の変更に対する障害として政権への反対勢力、外交における対立、政権の脆弱性、政治体制の構造を紹介したうえで、①協力と対立、②単独行動と協調的行動、③コミットメントの度合い、という三つの軸で変化が起こりうるという、比較分析のための理論的枠組みを提唱した［5］。

さらにトーマス・ヴォルギー＝ジョン・シュワルツ（一九九一）は先進国の中から英仏独の三国を選び、その一九六〇〜八〇年における二〇年間の政権交代と外交政策の変化を比較分析し、外交政策を変更するにあたっては、①限定的な資源、②官僚機構の抵抗、③世論の支持や次期選挙を含めた政治的なリスク、という障害を克服しなければならないと指摘した。そのうえで、英仏独の三国の経験からは、政権交代が起こったかどうかよりも、選挙時の勝利マージンの小さいときや、政権交代後の議会勢力が安定しているとき、国内政治に大きな問題があ

図1　変化要因、政策決定過程、対外政策変化の関係

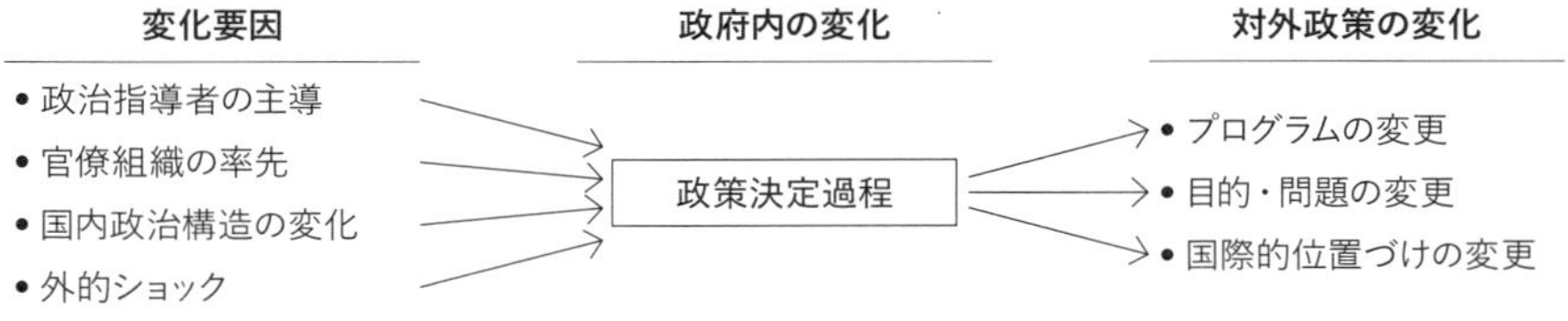

出典：Charles F. Hermann, 1990

るときに外交政策の大きな変更が行われる傾向が見られたと結論づけた[6]。

政権交代ではなく、それに伴う新しく生まれた重要な外交政策や危機的状況では、小集団で実質的に決定されることが多い。そういった小集団での決定について、チャールズ・ハーマン（一九七二）は集団内での力の分布や、グループ内でメンバーがどのような役割を果たすかによって、政策の結果が大きく左右されることを指摘した[7]。日本における外交政策を分析した福井治弘（一九七五）は、小集団による決定ではメンバーの個性の影響が強く、「政治指導者の個性と個性のぶつかり合いの函数」で外交政策が決定されると説く[8]。つまり、各政権にいるリーダーたちの個性によって、政策決定というものが変化するというのである。

心理学者のアービング・ジャニス（一九七二）は外交政策決定の分析に「集団思考（groupthink）」という概念を適用し、小集団で合議を行う際に不合理または危険な決定が容認されることを説明した。①団結力のある集団が、②構造的な組織上の欠陥を抱え、③刺激の多い状況に置かれると、間違った決定を起こしやすい。ここでいう構造的欠陥とは、「組織内の専門家の意見や他者からの批判的意見を得る機会のない」政策決定集団が隔離された状態や、集団内のメンバーに発言の機会を平等に与えようとせず自分の意見を押し付ける「公平なリーダーシップ」の欠如、正式な手続きを踏んで政策決定を行おうとする規範の欠如などを指す[9]。

さらに、こういった集団思考に陥る際には、自分たちの集団に対する過大評価や、集団による自己弁護や集団外部に対する偏見などの閉ざされた意識、集団内での孤立を避けようとする均一性の圧力などの兆候が見られると指摘する。その結果、①代替

案を精査しない、②目標を精査しない、③採択する選択肢の危険性を検討しない、④否定された代替案の再検討をしない、⑤情報をよく探さない、⑥手元の情報の取捨選択に変更がある、⑦非常事態のための対案を用意できない、などの事態に陥る[10]。こうしたことからも、やはり政権交代をしたばかりで外交経験の限られた政権は、集団思考に陥りやすくなると言えるだろう。

政権交代と外交政策決定過程の変容に関する研究はそれほど多くないと冒頭に述べたが、ここで紹介した研究の枠組みには、日本における政権交代と対外政策決定過程を分析する際に有用と思われるものが存在する。多くの研究が、対外政策には継続性を重視しようとする圧力がある点に注目している。それを大きく変えるには、政治的な資源はもちろん、官僚機構の抵抗を押し切ろうという政治的意思、それを政治的に助ける世論の支持をはじめとする外部からの援助なども必要となろう。その一方、そういった障害はあれど、リーダーの個性によって政策決定過程が変化し、結果的に外交政策に大きな変更が生まれる可能性があることも先行研究は指摘している。

本書ではハーマンの分析枠組みを用い、政権交代によってどのような新しい政策決定過程が形成され、それが対外政策にどのような変化をもたらしたのか、さらにどのような変化要因によって異なる政策過程が形成されたかを明らかにしていきたい。ここでハーマンの枠組みを用いる理由は、それが唯一政策決定過程の変容に着目しており、それをもたらす四つの変化要因が包括的であると共に、ハーガンやヴォルギー＝シュワルツのモデルの視点も包含している、と考えるからである。

第一章から第七章では、それぞれ章末において、ハーマンが政権交代時の変化要因として挙げる四要素、①政治指導者の主導、②官僚組織の率先、③国内政治構造の変化、④外的ショックに関して、各事例に沿って確認する。第一の「政治指導者の主導」については、首相が自発的に課題をアジェンダとしたのか、それとも事件や事柄への反応的に対応したのかを区別する。自発的に取り組んだ課題であれば、おのずと首相の主導性は強くなろうが、状況へのリアクションであれば、首相の主導が弱いケースも考えられる。

第二の「官僚組織の率先」については、ハーマンの枠組みと異なる独自の視点を用意する。それは、本書の事例の多くが首相の率先によるものだからである。本書では「政策ベクトル」という概念を用いて分析を試みる。そこでは、実際の外交交渉担当者・チームと首相の意識の共有具合が分析対象となり、同じ方針、目的意識で動いているかというベクトルの「向き」と、どれほどの熱意をもって取り組むかというベクトルの「長さ」が重要になるだろう。

第三の「国内政治構造の変化」については、政権交代に注目する。それが政府内、与党内、与野党間で、どのような新しい力関係を生むかについて見ていきたい。最後の「外的ショック」については、国際情勢の激しい変化が政策決定者のパーセプションを変化させ、外交政策の転換を促進することにつながるのか否かに焦点を当てる。そして、これら四つの要素がどのような政策過程を形成したのか分析する。

註

1——Manus Midlarsky, "The Revolutionary Transformation of Foreign Policy: Agrarianism and Its International Impact," in Charles W. Kegley, Jr. and Patrick McGowan, eds., *The Political Economy of Foreign Policy Behavior* (Beverly Hills: Sage, 1981); Stephan Andriole and Gerald Hopple, "The Process, Outcomes, and Impact of Regime Change in the Third World, 1959-1981," *International Interactions* 12, 1986; Bruce E. Moon, "Consensus or Compliance? Foreign Policy Change and External Dependence," *International Organization* 39, 1985; Joe D. Hagan, "Domestic Political Regime Changes and Foreign Policy Restructuring in the Third World Voting Realignment in the United Nations, 1946-84," *International Organization* 43, 1989; and Zeev Maoz, "Joining the Club of Nations: Political Development and International Conflict, 1816-1976," *International Studies Quarterly* 33, 1989.

2——Graham T. Allison, *Essence of Decision: Explaining the Cuban Missile Crisis* (Boston: Little Brown, 1971), 87-88.

3——K.J. Holsti, "Restructuring Foreign Policy: A Neglected Phenomenon in Foreign Policy Theory," in K.J. Holsti, ed., *Change in International System: Essays on the Theory and Practice of International Relations* (Brookfield: Edward Elgar, 1991); Kjell Goldman, *Change and Stability in Foreign Policy: The Problems and Possibilities of Détente* (Princeton: Princeton University Press, 1988); Lloyd S. Etheredge, *Can Government Learn?: American Foreign Policy and Central American Revolutions* (New York: Pergamon, 1985).

4——Charles F. Hermann, "Changing Course: When Governments Chooses to Redirect Foreign Policy," *International Studies Quarterly*, 34:1, 1990.

5——Joe D. Hagan, "Domestic Political Regime Change and Foreign Policy Restructuring: A Framework for Comparative Analysis," in Jerel A. Rosati, Joe D. Hagan, and Martin W. Sampson III, eds., *Foreign Policy Restructuring: How Governments Respond to Global Change* (Columbia: University of South Carolina Press, 1994).

6——Thomas J. Volgy and John E. Schwarz, "Does Polities Stop at the Water's Edge? Domestic Political Factors and Foreign Policy Restructuring in the Cases of Great Britain, France, and West Germany," *The Journal of Politics*, 53:3, 1991.

7——Charles F. Hermann, "Threat, Time and Surprise: A Simulation of International Crisis," in Charles F. Hermann, ed., *International Crisis: Insights from Behavioral Research* (New York: Free Press, 1972).

8——福井治弘「沖縄返還交渉——日本政府における決定過程」『国際政治』五二号、一九七五年、九九頁。

9——Irving L. Janis, *Groupthink*, 2nd ed. (Dallas: Houghton Mifflin, 1982), 176-177.

10——*Ibid.*, 174-75.

第1章 吉田路線への挑戦

――自民党政権初期の政権交代と外交

憲法七三条は内閣に外交の権限を与えている。内閣の長である首相は国家を代表し各国の首脳と会合を持ち、G7やASEANなどの首脳サミットに出席する。こうした場での取り決めが外交方針を決定することもあるだけでなく、重要な外交・安全保障問題の決定には必ず首相の判断が求められる。そのため外相という主務大臣がいるにもかかわらず、一般に外交問題は首相の専権事項と考えられている。自由民主党長期政権下において外交問題に対する関心と関与の度合いは異なったとしても、歴代の首相は外交分野における重責を認識してきた。

自民党は一九五五年に自由党と日本民主党（以下、民主党）が合併してできた政党であり、その長期政権の初期には旧自由党と旧民主党による路線対立が頻繁に起こった。本章では自民党政権以前の吉田茂自由党政権下で確立された、日米同盟による安全保障の確保と最小限の軍備によって経済政策に集中するという吉田路線の確立過程を探る。そして吉田政権後、とりわけ保守合同による自民党政権初期に首班を担った、鳩山一郎と岸信介という旧民主党系の二人の首相による吉田路線への挑戦過程を見る。

1　日米講和と吉田路線の確立

吉田茂が首相の座に就いたのは、東久邇宮稔彦内閣と幣原喜重郎内閣で外相を務めた後の一九四七年五月であった。一九四七年から翌一九四八年にかけて片山哲内閣、芦田均内閣という社会党・民主党政権時は下野していたが、一九四八年一〇月から一九五四年一二月まで再度首相を務めた。一九五二年までは実質米国を主体とする連合国による占領期であり、日本は外交活動が許されていなかったこともあり、吉田の外交・安全保障政策の最大の成果は講和条約と日米安全保障条約の締結であった。

日本の講和問題が現実性を帯びる契機になったのは、世界に冷戦の到来を宣言するトルーマン・ドクトリン発表の五日後、一九四七年三月一七日のことだった。占領軍のダグラス・マッカーサー最高司令官が記者会見で「日本の精神的革命はおそらく世界がこれまでに経験した最も偉大なもの」と占領政策の成功を自画自賛し、「講和を行う時期が近づいている」と宣言した。マッカーサーによると、日本占領には三つの段階があり、第一が非軍事化の段階でありこれは成功した。第二は民主化であるが、これは定着するのに時間がかかるもののそのための制度は敷かれた。第三は経済回復であるが、これは占領下よりも、早く独立させて貿易体制に組み込んだほうがうまくいくというのが、マッカーサーの主張であった。マッカーサーは、独立後の日本を米軍が防衛する必要は必ずしも無く、国際連合(国連)の集団的安全保障によるコントロールが可能だとの考えを示した[1]。

このマッカーサー発言に連合国諸国は強く反応し、米国務省を含めた各国の外交当局が対日講和の条件交渉に動き出した。しかし、国務省内の初代政策企画室長だったジョージ・ケナンは地政学的に見て、早期の対日講和に否定的であった。ケナンによると、米国の安全保障にとって重要な産業・軍事力のパワーセンターは世界に五つしかなく、それらは米国と英国、ドイツと中央ヨーロッパ、ソ連、日本であった。ソ連に対抗するには、ヨーロッパと日本がソ連陣営に取り込まれないようにすることが重要だとケナンは考えた[2]。そのためには、日本は独立前に自らを共産勢力から守るために、国内の治安維持能力を高め、経済的に安定する必要があった。このケナンの考え方がワシントンでは主流となっていく。

一九四八年一二月、ワシントンは日本経済自立に向けて産業復興と貿易拡大を目的とした「経済安定九原則」を指令し、デトロイトの銀行家ジョセフ・ドッジを特使に任命した[3]。ドッジは日本経済自立のために、産業復興と同時に財政規律の回復を目指した。財政面で一般会計だけでなく特別会計も含めた財政均衡を求め、金融面でも復興金融金庫の債券発行停止というインフレ抑制政策を進めた[4]。ドッジの財政・金融緊縮政策(ドッジ・ライン)は厳しいものでデフレ・スパイラルを巻き起こす危険性があったが、その危険を救ったのは一九五〇年六月の朝鮮戦争勃発による、いわゆる「朝鮮特需」であった。翌一九五一年六月には、米国からの物資援助が無くても自立できるほど経済は回復するので、朝鮮特需によって経済的に講和に向けた準備が整ったといえる[5]。

◆吉田による外務省支配

日本国内では、中国やソ連をも含めた「全面講和」か、西側諸国だけとの「多数講和」か、という議論が起こっていた。全面講和派の識者は、すべての国と講和しなければ、東西対立の激化によって世界戦争に巻き込まれると論じた。しかし冷戦激化している時に、どのようにして、いつごろまでに全面講和が達せられるかといった現実的な具体案が示されることはなかった。吉田首相は現実的な観点から、西側に与《くみ》することになる「多数講和」による早期講和実現を図った。

戦中期に外務官僚だった吉田は英米との関係重視を訴え、外務省内で冷遇された。とくに吉田の英米重視の立場に批判的だったのは、日本が中心となってアングロ・サクソン勢力を排除すべきだと主張した「革新派」だった。革新派がリーダーと仰いだ白鳥敏夫元駐イタリア大使は戦後にA級戦犯として起訴され、多くの革新派外務官僚が第一次吉田政権で公職追放となった。さらに、占領下で外交権がない日本政府は外務省の人員削減を迫られており、公職追放とはならなかった者でも吉田首相とソリの合わない者は外務省を追われることになった。これらの公式・非公式な追放（パージ）は、公職追放の該当理由がA項からG項に区分されていたことになぞらえ、吉田のイニシャルをとって「Y項パージ」と呼ばれた。第二次吉田政権以降、吉田が外相を兼任していたこともあり、Y項パージ組は吉田政権が続く限り、外務省に戻れなかった[6]。

Y項パージによって反対勢力を追放し、外相を兼務していた吉田は外務省を牛耳り、英米との協調を強める多数講和に邁進する。前述のマッカーサーによる早期講和宣言以来、連合国の間で対日講和が議論されていたが、とくに一九四九年九月のディーン・アチソン米国務長官とアーネスト・ベビン英外相との会談後、具体的な交渉が活発化していた。しかし米国内では、日本の軍事基地を自由に使用できる占領状態の継続を望む米軍部と、米国だけが軍事基地を残すことは他の連合国との講和条件交渉を難しくすると考える国務省との対立があった。そうした米国内の政治対立によるこう着状態を打破しようと、吉田首相は考えた。

◆吉田の側近活用

一九五〇年五月に吉田首相は側近の池田勇人蔵相をワシントンに派遣した。池田は総司令部の経済顧問だったドッジとワシントンで再会し、「日本政府は出来るだけ早い講和条約締結を望む。そのような講和条約には、その条約内容を守るためなどの理由で米軍の維持が必要になるだろうが、もし米国政府がそのような条件を出しにくいなら、日本政府のほうから提議する方法を考える」という吉田の「個人的メッセージ」を告げた[7]。

池田が運んだメッセージは国務省と陸軍省だけではなく、東京の総司令部にも届けられた。マッカーサーはそれまで、講和後の米軍駐留は日本国内の反米勢力を勢いづけるだけだという立場をとっていた。しかし、これまで主張してきた早期講和を実現させるため、基地維持に対する反対を引っ込めるようになった。同年四月に国務省顧問に就任し、その後対日講和交渉の責任者となるジョン・フォスター・ダレスは、六月に訪日してマッカーサーと交渉し、講和後の米軍の自由度拡大を求めた。その結果、マッカーサーは六月二三日付の覚書を出し、日本全域における米軍の行動の自由と日本の自衛権の確認を講和の条件とすることに合意した[8]。これによって、日米間の講和交渉は一気に勢いづくことになった。

ダレスの日本滞在中に朝鮮戦争が起こったが、これを受けてマッカーサーは日本の非武装方針から一八〇度転換し、七月八日には七万五〇〇〇人からなる警察予備隊の創設を指令した。国内の治安維持に不安が生じていたことを懸念していた吉田首相は喜んで指令を受け入れた[9]。後に保安隊、自衛隊へと発展する警察予備隊の発足は、日本の再軍備の第一歩となった。

◆吉田のリベラル路線

朝鮮戦争勃発で冷戦が激化していて、日米同盟による安全保障を確保する「多数講和」を選択したにも関わらず、吉田はいずれ国連が機能するようになり、軍事的脅威も消滅するというリベラルな国際システムの見方を捨ててはいなかった。吉田首相の指示によって、外務省が作成した日米安保条約草案では、国連の集団的安全保障の枠組みの中で同条約が機能することを強調していた[10]。

しかし、この日本案を現実主義的な同盟関係を求める米国は受け入れなかった。軍備を持たず自衛の手段さえ持たない日本と、集団的自衛権の取り決めを結ぶことは国内法で禁じられている。一九四八年にアーサー・バンデンバーグ上院議員の発議で、北大西洋条約機構（NATO）の成立の際に採択されたバンデンバーグ決議は、相互平等の防衛条約を結べるのは「継続的で効果的な援助と相互協力」の関係を設定できる国だけと条件づけている。日本はまだその状態に無いと、米国側の担当者は交渉中態度を変えなかった[11]。

朝鮮戦争勃発によって国連による集団安全保障体制の不備が明確になったため、日本は自衛能力について米国から修正を迫られる。米国政府は独立の条件として日本に再軍備を求めたが、吉田首相はそれを拒否する姿勢を示した。一九五一年一月三〇日にダレス特使に提出した「わが方の見解」という文書で、吉田は「当面の問題として、再軍備は、日本にとって不可能」と明言した後、その理由として①戦争に倦んだ大衆の感情、②経済的理由、③軍国主義復活に対する内外の警戒心、をあげた。とくに「日本は、近代的軍備に基礎資源を欠いている。再軍備の負担が加えられたならば、わが国民経済はたちどころに崩壊し、民生は貧究《ママ》化し、共産陣営が正しく待ち望んでいる社会不安が醸成されよう」という部分は、再軍備よりも経済復興を優先させる吉田の基本原理を反映しており、この考え方が後に「吉田ドクトリン」と呼ばれるようになる[12]。この考え方の背景には、近い将来にソ連が日本に侵攻するような米ソ全面戦争が起きる危険性はないという、吉田の情勢判断があった[13]。

吉田は再軍備を拒否するにあたって、憲法第九条を奇貨として捉えており、少なくとも当面のところ改憲には強く反対していた。吉田側近の池田蔵相の秘書を務めた宮澤喜一は、吉田の考えをいくつかの発言をまとめて以下のように記録している。「再軍備などというものは当面到底出来もせず、又現在国民はやる気もない。かと云って政府が音頭を取って無理強いする筋のことでもない。いずれ国民生活が回復すればそういうときが自然に来るだろう。ずるいようだが、それまでは当分アメリカにやらせて置け。憲法で軍備を禁じているのは誠に天与の幸いで、アメリカから文句が出れば憲法がちゃんとした理由になる。その憲法を改正しようと考える政治家は馬鹿野郎だ」[14]。

しかし、米国政府は日本に本格的な再軍備を要求し続けた。一九五一年二月、再軍備を当面拒否する代わりに、吉田首相は独立に際し警察予備隊を五万人増強し、国内の治安維持を目的とする保安隊として再組織し、将来的に再軍備することを約束する。この程度の軽武装では米国側はまだ不満であった。そのため、日本は安保条約で三つの不満な点を受け入れるしかなかった。第一に、日本は米軍基地提供の義務があるにもかかわらず、米軍の日本防衛の義務は明言されてないこと。第二に、米軍基地を「極東の平和および安全の維持のために使用できる」という、いわゆる「極東条項」。第三は、大規模な内乱についても米軍基地が使用できるという「内乱条項」である。双方に不満の種を残しながらも、同年九月に対日講和条約と日米安保条約が調印され、翌一九五二年四月に日本は主権を回復する。

吉田自身もこれが最善策だとは考えていず、唯一の現実的選択として受け入れたに違いない。サンフランシスコ平和条約締結の際、自分ひとりで責任をとるために、他の閣僚の署名を断り独自で署名した。吉田は側近の池田勇人蔵相に、「この問題は将来、いろいろな問題をひきおこすだろう。だから、君は署名しなくてもよろしい。おれだけが署名して、歴史に対する責任を負うのだ」と語っている[15]。

2 鳩山内閣による日ソ国交回復

講和によって日本が独立する過程で公職追放解除が進むと、戦前派の大物政治家が次々と復権してきた。独立後のナショナリズムの高まりに伴って、日本の自主独立を目指す政治家たちが吉田路線に反旗を翻すようになった。その筆頭とも言うべき鳩山一郎は、吉田への強い対抗心を抱いていた。そもそも吉田が党首を務めた自由党は鳩山がつくった政党である。公職追放に遭った鳩山が吉田に党首就任を依頼したのに、一九五一年の追放解除後も自由党は吉田に乗っ取られた形になっていた。鳩山は自分の追放解除が遅れたのも、吉田の差し金だと考えていた。

◆自主外交としての対ソ外交

一九五二年の第二五回衆議院議員総選挙に出馬した際、鳩山は「向米一辺倒」「護憲」の吉田路線から「自主外交」「改憲」を模索する路線への転換を主張した。同年九月の脳溢血の後遺症を残しつつ行った日比谷公会堂での演説で、鳩山は日ソ国交回復と憲法改正・再軍備を訴えた。鳩山自身、回顧録で「この演説ではっきりと吉田君との対立を表明したのだった」と自分の吉田への対抗心を明らかにしている[16]。

これに対して吉田は、歩行も困難な健康状態だった鳩山には決して政党も政権も譲らない決意を固めていた。吉田は回顧録で「鳩山君の病躯よく独立再建の国務に堪え得るや。重責に堪ゆるの明らかならざる限り、私としては党総裁および総理大臣の重圧に鳩山君を推挙するのは、情誼はともかく、総理として無責任であると感じ、これを躊躇せざるを得なかった」と語っている[17]。

自主外交を主張し吉田に対抗心をもつ、もう一人の政治家は重光葵《しげみつまもる》であった。重光は外務省で吉田の五年後輩であり、吉田の後任として駐英大使を務めたことがある。日英親善を目指した吉田が外交の一線から外されたのに対し、重光は戦中の小磯国昭・東条英機内閣、戦後の東久邇宮稔彦内閣で外相を務めた。極東軍事裁判で有罪判決を受け服役したが、仮釈放中に講和条約発効時の恩赦により赦免された。一九五二年一〇月の衆議院選挙で初当選すると、空席となっていた改進党の総裁に担がれ、野党首班として首相の座を吉田の対抗馬として争った。

鳩山もこの総選挙に当選し自由党に復帰したものの、党内では吉田派と鳩山派の軋轢《あつれき》が深刻になった。一九五三年のいわゆる「バカヤロー解散」で反吉田勢力が内閣不信任案に同調したため、総選挙が行われることとなる。反吉田勢力は鳩山を擁立し、「鳩山自由党」を結成し、憲法改正・再軍備を主張し選挙を戦った。同年四月の第二六回衆議院議員総選挙後、少数与党となった「吉田自由党」は改進党に連立を呼びかけるが、鳩山と同じく自主外交と再軍備を目指す重光の改進党はそれを断った。その後九月に、閣外協力を求めた吉田首相が重光を訪れ、「保安隊を自衛隊に改め、直接侵略に対する防衛」をできるよう「自衛力を強化」することを合意して協力を取り付けた[18]。

重光はこの会談で吉田から政権禅譲の意思を感じたらしいが[19]、翌一九五四年九月には吉田政権打倒の動きに出る。自由党に復党していた鳩山と会い、「吉田政権の譲り受けにあらず、これを倒して新政権を樹立するの必要」を説いた[20]。鳩山の勢力よりも改進党の方が多くの議席を擁していたにもかかわらず、新党設立のために重光は鳩山に党総裁の座を譲った。重光は鳩山に対して、「私は一兵卒になって、あなたがたのために働きます」と語ったという[21]。

一九五四年一一月に新しく結成された民主党は、その政策大綱で「現行憲法及び占領下諸制度を改革する」と「積極的自主外交を展開し各国との国交の正常化を図る」と反吉田路線を宣言した[22]。翌月には鳩山民主党は内閣不信任案可決が必至となる状態をつくり、吉田内閣を総辞職に追い込んだ。鳩山は首班指名で、一九五〇年に右派と左派に分裂していた社会党からも協力を得て首相に就いた。

組閣にあたって鳩山は、重光を副総理兼外相に処遇したものの、官僚出身者を重用した吉田政権とは対照的に、腹心の河野一郎を農相、石橋湛山を通産相、三木武夫を運輸相に据えるなど党人派を入閣させ、「官僚政治の打破」を訴えた。二〇〇九年の政権交代で首相の座に就いた鳩山由紀夫は、自民党政権を「対米追従」「官僚支配」と批判し、アジア重視の外交と政治主導を目指したが、祖父の路線を見習ったのかもしれない。

組閣後、河野農相と三木武吉民主党総務会長に、「僕の政治家としての使命は日ソ交渉と憲法改正にある」とその決意を語った。これに対して、河野は憲法のことは良くわからないが、日ソ交渉については「鳩山先生を助けて、ぜひとも成功させようとちょっとばかり情熱をたぎらせた」と語っている[23]。

鳩山が日ソ交渉に熱心だったのには、いくつかの理由がある。第一に、前述のように米国に近い吉田への対抗心もあり、日本がより自主的な外交を展開するには、中ソとも距離を縮めておく必要があると考えた。第二に、戦後一〇年たっても依然ソ連に抑留されている日本人を一刻も早く日本に返したいと考えていた。第三に、ソ連が日本の国連参加に拒否権を行使していたため、日ソ交渉で関係を改善し国連加盟を果たすことを望んでいた。第四に、ソ連近海で日本漁船が拿捕されることが頻繁に起こっていたため、漁業資源に大きく依存する日本の漁業活動を安定させたかったのである。

◆反吉田路線と外務省

政権に就く前の一九五四年二月に鳩山の外交ブレーンをしていた杉原荒太参議院議員は、日ソ交渉の原案を鳩山に送っている。杉原は元外務省条約局長で在任中は何かと吉田首相と対立することが多く、一九四六年には前述の「Y項パージ」により公職追放を受けている。英米排除を主張してきた「革新派」の一員であった杉原は、鳩山による反吉田路線の推進に強い熱意をもっていた。

杉原案では、交渉で貫徹すべき事項として戦争捕虜の解放と破壊的宣伝活動の避止、北方公海における漁業を挙げ、日本の国連加盟については拒否権の発動をしないことを求める。領土問題については歯舞《はぼまい》・色丹《しこたん》に対しては早期返還を主張するが、国後《くなしり》・択捉《えとろふ》を含む千島と南樺太については領土権の放棄を決意して対処することを提言している[24]。二島返還が鳩山陣営の元々の路線であったのは、その当時日本政府の公式見解は国後と択捉はサンフランシスコ平和条約で放棄したというものであり、それまで国会答弁でもその旨を表明していたからである[25]。

日ソ国交回復を目指すと公言してきた鳩山の政権が発足すると、ソ連側も早速反応を見せた。元ソ連代表部のアンドレイ・ドムニツキー首席代理が共同通信の記者を介して、国交回復交渉を提案するソ連からの文書を手渡すため、外務省に接触しようとした。記者は既知の外務省高官を通じて重光外相とコンタクトを取ろうとするが果たせず、重光外相に直接接触した。ところが重光は日本政府がソ連代表部を認めていないので会えないと会見を拒否した[26]。

重光外相は自主外交を目指す点で鳩山首相と方向は一致していたが、その手段については異なる考えを持っていた。鳩山が中国やソ連と国交を回復して、米国一辺倒を打開すべきだという考えなのに対し、重光は日本の再軍備による対等な日米同盟を目指していたのである。反共・日米同盟重視という点では、外務省主流の考えであり、重光は日ソ国交回復には慎重であった。

重光に拒否された記者は、鳩山ブレーンの杉原議員に接触した。杉原が鳩山首相に取り次ぐと、鳩山は強い興味を示し、ソ連からの文書を受け取る方向で重光と打ち合わせるように杉原に指示した。しかし、日ソ交渉に慎重な重光は一向に動こうとしなかった。一九五五年一月二五日、業を煮やした鳩山は直接ドムニツキーに会って文書を受け取ることにした。首相が文書を受け取ると、外務省はその「真実性を確かめるために」ニューヨークの国連代表部でソ連政府代表に接触し、それがソ連の正式意向を表明したものだという確認をとった。その後、二月一六日ソ連の新首相となったニコライ・ブルガーニンからの正式な書簡が鳩山に渡された[27]。

前年の政権発足にあたって協力を得た社会党との合意通り行われた早期解散後、二月二七日の第二七回衆議院議員総選挙では、公職追放や政権獲得を目前に病気に倒れた悲劇的経歴が有権者らの強い同情を生み、全国的な鳩山ブームが巻き起こった。その結果、民主党は三五議席から一八五議席と大幅に躍進し第一党となり、鳩山は組閣後に腰を落ち着けて政策に取り組むことになった。鳩山民主党は、憲法改正と自衛軍の創出、自主外交路線による日ソ国交回復を主張して選挙を戦った。しかし、憲法改正や改正の必要な自衛軍創出については、必要な国会の三分の二を占める議席は自民党結党後も得られず、実現性に乏しかった。そのため鳩山首相が積極的に取り組んだのは、ソ連との国交回復交渉だった。

三月後半になって、鳩山首相は前駐英大使で総選挙に初当選したばかりの松本俊一衆議院議員を日ソ交渉の特命全権に任命した。松本を任命した理由には、鳩山が重光外相をはじめとする外務省主流が日ソ交渉に消極的なのを感じていたことが考えられる。また、杉原と同時期に吉田政権下のY項パージで公職追放された松本が、反吉田路線とも言うべき日ソ国交回復交渉には適任だと思ったのだろう。実際、鳩山は「外務省の人事と考え方は、大体、吉田一色で固められている」と回顧録に記している[28]。松本全権も、重光外相と外務省主流の慎重派と、鳩山の意向を汲んだ河野農相のような積極派の対立を強く感じていた[29]。

しかし外務省内も慎重派一色だったわけではなかった。当時、条約局の事務官だった中島敏次郎は、松本のような積極的な立場を「支持する人たちが本省の局長の中にも何人かいた」と証言する。例えば条約局内部でも、下田武三局長は重光外相同様に慎重派だったが、その下の高橋通敏法規課長は促進派であり、「私ども事務官が挙げる文書が、上へ上がっていくと、二つ別の意見がくっついたりして苦労した覚えがあります」と中島は語っている[30]。

日ソ交渉方針は鳩山のブレーンである杉原と重光腹心の谷正久外務省顧問の間で一カ月ほどかけて調整された結果、外務省によって「訓令第一六号」と題して作成された。そこでは日本人抑留者の解放や国連加盟に対する拒否権不行使、漁業問題に加えて、領土問題では色丹・歯舞の返還の貫徹が書かれている[31]。この内容は、二島返還で交渉をまとめようと考えていた鳩山首相、二島返還は不可能と考えていた日ソ交渉に反対な外務省主流や自由党吉田派の双方に都合が良いものであった。重光外相は最終的には二島でもいいが、それまでは千島について「終始一貫して強気」で交渉すべきだと考えていたと手記に記している[32]。

◆日ソ交渉の展開

第一ラウンドの日ソ交渉はロンドンで、六月から九月にかけて行われた。交渉の早い段階で抑留者の解放と国連加盟については、ソ連の了解が得られた。領土問題では両国の溝がなかなか埋まらないことに業を煮やしたソ連のニキータ・フルシチョフ第一書記の命で、八月五日に非公式に二島返還が松本に伝えられ、九日に交渉の場で正式に提案された。この提案を受けて松本全権は「交渉の終結も間近い」と感じ、東京に報告した。しかし、この報告を受け取った重光は長らく返事をしなかった。

その頃、鳩山首相と河野農相は重光外相との対立を高めていた。鳩山は自分の考え方を米政府に伝えようと、河野農相と岸信介民主党幹事長を訪米させようとしていたが、日米安保条約の改定を願っていた重光が自分を訪米団にねじ込んだ。この時の鳩山の当惑は回顧録にも窺える[33]。しかも後日、河野農相が訪米の前にロンドンに寄るのは日ソ交渉に関連があるのではないかという毎日新聞の記事を読んだ重光外相は、軽井沢にいる鳩山に電話で問い質した[34]。この時期、自由党との合併の動きもあり、重光は鳩山と腹心の河野が副総理兼外相である自分を何かとないがしろにしていると感じていた。

河野農相が八月一一日にロンドンに着くと、ソ連提案に対する東京の判断を待ちわびていた松本全権は、二島返還で日ソ交渉はまとまりそうだと説明した。ところが重光の怒りを聞いていた河野は、「東京の事情はなかなか複雑」だから、重光外相や岸幹事長との訪米が「終わるまで交渉をあまり進めないでおくように」松本に伝えた[35]。

外務省内では、予期しなかったソ連からの二島返還案に対応を迫られた。対ソ交渉反対派は前述のように不可能だと考えて二島返還の訓令を支持していたが、ソ連案が出されるとより高いハードルを主張するようになった。それが四島返還および南樺太・北千島の国際連合付託である。新しい訓令は重光の訪米出発後に谷顧問から鳩山に伝えられ、ロンドンの松本に八月二七日にようやく打電された[36]。

ソ連としてはフルシチョフの指示で出された二島返還案が最終案であり、日本側の四島返還案は飲めなかった。そのため、日ソ交渉の第一ラウンドは打ち切られ、松本全権は一〇月一日に帰国した。その間、ロンドンでの交渉の様子が外務省から鳩山首相に詳細な報告を伝えられなかった。鳩山は回顧録で、「外務省は、いくら催促しても、それらしいものを私の手元に廻してよこさない。来るのは、おおざっぱな電報だけである」と不満を語っている[37]。

鳩山民主党内閣は少数与党という政治的弱みを持っていた。松本全権は「常に右の自由党と左の社会党の間に圧迫され、その指導力は極めて弱く……このことは日ソ交渉の上にも強く反映」していたと感じていた。自由党と民主党との保守合同は鳩山内閣の政治的不安定を解消する目的があった。

◆自民党結党の影響

一一月一五日に自由民主党が結成され初代総裁となった鳩山は、「党の使命」と「党の政綱」に「現行憲法の自主的改正」という文言を組み入れた。ここでも改憲を訴え、脱吉田路線を宣言したのである。しかし鳩山首相は国会両院三分の二以上の賛成を必要とする憲法改正については、政権基盤が弱い自分の内閣で達成できるとは考えておらず、その筋道だけでも作りたいと考えていた。鳩山は民主党単独政権下で憲法を詳細に検討および審議する調査会をつくる憲法調査会法案を提出したが、審議未了廃案になっていた。自民党結党半年後の一六五六年六月に鳩山は念願の憲法調査会法を成立させたが、鳩山政権下では一度も会合が開かれなかった。

このように自民党の結党は、鳩山に改憲の筋道をつけることを可能にしたが、もう一つの政治課題である日ソ交渉には悪影響を与えることになった。松本全権は「民主党単独内閣の時でさえ、鳩山内閣の重光外相が鳩山総理の早期妥結論をけん制し、ともすれば私のロンドン交渉の足を引っ張っていた……自由党と民主党とが合同して一つの政党になってみると、重光外相と旧自由党系の人々が結合して、俄然反日ソ交渉の勢力は比重を増大した」と解説している。自民党の結成準備会で決定された緊急政策案では「歯舞、色丹、南千島を無条件に返還せしめる」ことが採択された[38]。外務省の新方針がそのまま自民党方針にもなり、鳩山内閣の交渉をより強く縛ることになったのである。

この時期に平和条約によって国後と択捉を放棄したという、それまでの政府見解も大転換している。一九五六年二月一一日の国会答弁で森下國雄外務政務次官が政府統一見解として、「平和条約にいう千島列島の中にも両島(国後・択捉)は含まれていない」と表明した[39]。外務省出身で社会党の森島守人《もりと》衆議院議員は、ソ連課長を務めた法眼《ほうげん》晋作《しんさく》外務省参事官が政府見解を転換させたという。日本が放棄した千島列島について法眼が「南千島は含まぬのだという意見を出し、それを谷顧問が鳩山首相に伝え、それが日本側の条件を四島返還に方針を転換する松本全権への訓令に反映されたことは「偽らざる事実」と衆議院外務委員会で森島は発言している[40]。日本が国後・択捉を放棄しなかったという新見解は自民党方針に加え、鳩山首相の四島返還の立場を強めることになった。

こういった日本側の政治状況と政府見解の変化のため、一九五六年一月から三月にかけてロンドンで開かれた日ソ交渉の第二ラウンドは領土問題で暗礁に乗り上げた。漁業問題については別途、四月からモスクワで開かれることになり、鳩山首相は重光外相が推す西晴彦駐英大使を抑えて、河野農相を政府首席代表に任命した。河野代表は五月一四日に日ソ漁業交渉を妥結させたが、重光外相はこの結果に猛反発した。とくに共同声明で、漁業交渉結果の実現には七月末までに日ソ交渉を再開し国交回復を果たす必要がある点について、河野代表に漁業交渉以外の権限は与えていないはずだと閣議で反対意見を述べた[41]。これによって重光と鳩山・河野の対立はさらに強まった。

◆鳩山首相の決断

七月に行われる日ソ交渉では、漁業交渉の結果により何らかの形で妥結しなければならないという圧力がこれまで以上に高まった。そのため松本全権に加えて大物政治家を全権にする必要が出てきた。鳩山が砂田重政自民党全国組織委員長を全権にしようとすると、自分の知らないところで人事が決められることに重光外相が記者会見で反対意見を述べた。そこで、岸信介党幹事長が重光を全権に推薦する。岸も鳩山も重光が受託するとは思っていなかったが、重光は政治指南役の大麻唯男から交渉の成功は重光内閣への道につながると言われ、全権指名を受ける決断を下した[42]。

日ソ交渉の最終ラウンドはモスクワで七月三一日に始まった。重光は日記に「モスクワに骨を埋めん覚悟にて、東の空をはるか拝みし」と自分の覚悟を和歌で表現している[43]。河野農相が漁業交渉をまとめた後、自分が国交交渉全体をまとめ上げるのだとの気負いがあったのだろう。松本全権から見ると、重光は「最初に極めて強硬な態度を示さなければ妥協に至るものではない」と考えていたらしく「ほとんど不必要に思われるまで最初は強硬な態度を示した」。重光の強硬姿勢は「日本の世論からは拍手を受けた」が、「両全権団の間の対立が強く表に出て、引き返せない所」までいったと松本はいう[44]。

ところが八月一一日のドミトリー・シェピーロフ外相との第三回会談でソ連側に妥協の余地はなく、同外相が一四日にはモスクワを離れることを知ると、重光は態度を豹変させる。翌一二日、重光は二島返還のソ連からの平和条約案に署名すると言い出した。驚いた松本は「重光外相の反省を求めた」が、重光は「自分の一存でこのソ連案をのんで差し支えない」とまで言い張る。松本が調印前に政府に報告する義務があるというと、重光は渋々その意見に従った。東京では一三日午後に臨時閣議が開かれ、その結果、鳩山首相から「ソ連案に同意することを差し控え」るよう指示があった。重光は、「われ全責任を持って解決せんとして東京に邪魔さる」と悔しさを日記に記している[45]。強気で押してもソ連が妥協しないことがわかると、重光はどうしても自分の手で平和条約をまとめて、大麻に言われたように政権獲得につなげたかったのだろう。

しかし八月一五日、ロンドンで開かれるスエズ運河に関する国際会議に政府代表として参加を命じられた重光外相はモスクワを発ち、一九日に訪英中のダレス米国務長官に米国大使館で面会した。重光が日ソ交渉の領土問題を説明すると、ダレス長官は千島列島をソ連に帰属させることはサンフランシスコ平和条約でも述べられておらず、ソ連案を飲むことは日本が条約以上のことを認めることとなる。そうなれば米国も沖縄を併合すると語り、重光を恫喝した[46]。そのため、重光は二島返還の日ソ合意を断念せざるを得なかった。

最終的に鳩山首相と河野農相がモスクワを訪問し、日ソ交渉をすることになった。鳩山訪ソ前に自民党は交渉案として、色丹と歯舞の即時返還と国後・択捉の沖縄日本復帰時の返還を党議決定した。日ソ交渉に反対する勢力は鳩山退陣を要求し、交渉の無期延期を主張した。自民党の党議に縛られた日ソ交渉は妥結せず、結局平和条約は締結されないまま、共同宣言の形で日ソ国交回復を決定した。

自民党内の反鳩山勢力は、党議を無視して交渉をまとめた首相の行為に強く反発した。鳩山は反対を鎮めるために辞意を表明し、それによって自民党内の関心は対ソ問題から次期首班選びに速やかに移った。鳩山は日ソ国交回復という反吉田的目的を達成したことに満足し、辞職とともに政界も退いた。

3　岸信介と日米安保改定

一九五六年一二月、鳩山の辞任を受けて行われた自民党の総裁公選を経て、首相となった石橋湛山であったが、病気のため就任二カ月で退任する。その後継として、副総理格で外相に就いていた岸信介が首相となった。岸は鳩山と同じく反吉田路線である憲法の改正を望んでおり、鳩山政権下で成立した憲法調査会法に基づき、憲法調査会を開き改憲への糸口をつくることにしたが、実際の改憲に向けた政治的状況が整ってないことも理解していた。憲法調査会の会合は七年にわたって計二〇〇回以上開かれたが岸政権下では結論に達せず、報告書の作成は後継の池田勇人政権に持ち越された。

岸が自らの最重要政治課題においたのは、吉田が締結した日米安保条約の改定であった。中ソへの接近によって米国偏重の外交からの転換を図った鳩山とは違い、岸はより対等な米国との安保関係を持つことによって、自主外交を展開できるようにしようとしたのである。

鳩山政権下で重光外相が訪米を希望したとき、民主党幹事長だった岸信介は、河野一郎農相と共に同行することになった。鳩山首相は対ソ交渉で自分の指示通りに動かない重光外相に全幅の信頼を置いていなかったので、そもそも河野と岸だけを訪米させようとしたことは前述のとおりである。ダレスとの会談は日ソ交渉が主題であったが、会談で重光は西太平洋における集団的自衛を視野に含めた安保条約改定を提案した[47]。これに対して、ダレスはグアムが攻撃されたときに日本が助けに来られるのかと、重光に問いただす。まず米国と協議し武力行使するかどうかを決定すると答える重光に、憲法で軍隊の海外派遣を禁じている以上、無理なはずだとダレスは実現性を疑い安保改定を拒否した[48]。この様子を間近に見た岸は、「日本自身の防衛という立場を強化するとともに、日米安保条約を対等のものにすべきだ」と感じたという[49]。

◆安保改定への機運

岸が石橋内閣の外相を務めていた一九五七年一月、群馬県の米軍演習場で米兵が薬莢《やっきょう》拾いをしていた日本人女性を射殺するという、いわゆる「ジラード事件」が起こる。この事件によって国民が強い憤りを覚え、不平等条約改正の機運が生まれていることは岸も実感していた。

さらに岸を動かしたのは、同年二月の首相就任後まもなく、衆議院本会議の代表質問で浅沼稲次郎社会党書記長から受けた、日米安保条約についての質問であった。米国の日本防衛義務や期限が明記されていないこと、駐留米軍の配備に日本側の希望が反映されないこと、といった不平等な箇所を改正すべきだと迫られたのである。このときの岸首相の答えは改定する段階にないという慎重なものであった。岸が慎重な態度をとったのは、前述した二年前の訪米で重光外相が安保改定に触れたとき、「ダレスから『日本にそんな力があるかね』と、かんではき捨てるように一蹴された光景」が脳裏に焼き付いていたからだと、岸は回想している[50]。しかし、憲法改正に発展する可能性があることを知りながらも、社会党が安保改定を迫ったことにも岸は感服し、安保改定を「岸内閣の使命であり、政治家として国民に対して責任を果たす所以であると確信する」ようになったという[51]。翌三月には、岸首相は外務省に安保改定の検討を指示し、ダグラス・マッカーサー二世駐日大使と訪米について頻繁に打ち合わせを重ね始めた。

岸首相は安保改定交渉を呼びかける訪米前の五月に、国防会議を開き「国防の基本方針」を決定し、岸政権における防衛努力の強化を宣言した。さらに訪米直前の六月一四日の国防会議で陸上自衛隊一八万人、海上自衛隊艦船一二万四〇〇〇トン、航空自衛隊飛行機一三〇〇機の整備目標を打ち出す「防衛力整備計画」を打ち出す。岸は「日本もきちんとした防衛計画を樹《た》ててこれに基づいて防衛整備を行っていく決意を内外に示しているんだから、安保改定という我々の提言に対して、重光の提案とは別にアメリカはこれを扱うだろう」と考えたのだという[52]。

また岸は、訪米前にビルマ、インド、パキスタン、セイロン、タイ、台湾とアジア諸国を訪問した。そこには、「アジア諸国と開発と繁栄のために日本が経済外交を推進」し、「アジアの日本」という立場をバックにして米国と交渉したいという考えがあったと岸は明かしている[53]。また、訪米後にもベトナム、ラオス、マラヤ、シンガポール、インドネシア、オーストラリア、ニュージーランド、フィリピンを歴訪した。後年、安倍晋三首相がＡＳＥＡＮ諸国との協力関係を強め、インドやオーストラリアを含めた安保ダイヤモンド構想で日米同盟を強化しようとしたのは、祖父である岸のやり方を見習ってのことだろう。岸のアジア重視の方針は、同年九月に発表された外交三原則のひとつである「アジアの一員としての立場の堅持」に反映された。

同年六月、岸は訪米しドワイト・アイゼンハワー大統領との会見で、「二年前、ダレス氏も覚えておられると思うが、重光外相は現条約において日本は『従属』の立場にあると信じ、『対等な』安保条約に改定することを求めた。私はそういう感情は持たない」と、重光の要求と違う点を強調しつつ、同時に条約には改正すべき点があると訴えた。これをアイゼンハワーは好意的に受け止め、細かい点は国務省での会談で伝えるようにと岸に語った[54]。翌朝のダレス国務長官との会談で、岸は第一に米軍の配備について事前協議が必要であること、第二に安保条約と国連憲章の関係を明確にすること、第三に条約の期限を設けることを提案した。

米政府は岸を高く評価していた。ダレス長官は大統領宛のメモで、「岸氏は戦後日本で最も有力なリーダーだという徴候を見せている……彼は米国との包括的なパートナーシップを願い、短期の政治的な便宜ではなく、長期的な目標を考えている」と伝えている。しかし同時に、「今は現行の条約の条文を再交渉する時期ではない」と慎重な姿勢を明らかにする一方で、「（岸氏が帰国した後も）以後の会話を続けられるような基礎を訪米中に築くことはできる」と、岸の要望を拒否しないことを大統領に告げた[55]。ダレス長官は、このメモの内容どおりに日米安全保障委員会を設け、安保関係の対話を開始することを岸に告げた。

同年一〇月にソ連による世界初の人工衛星スプートニク号の打ち上げ成功（スプートニク・ショック）が条約改正の動きに拍車をかけることになった。日本では西側陣営に与したことが正しい選択であったかを疑問視する声が強まり、現行の安保条約に対する不満が再燃した。岸はマッカーサー駐日大使と会見を重ねた。

翌一九五八年になると日本の世論に強い危惧を感じていたマッカーサー大使は、ワシントンに安保改定によって日本を西側陣営につなぎとめる必要性を具申した。大使はウォルター・ロバートソン国務次官補宛の手紙で「現在日本は事実上米国と提携しているが、その提携は確固としたものではない。というのは日本人の多くは、米国が双方の利益のためではなく自分の都合のいいように一方的なやり方で提携を強制していると感じているからだ」（強調は原文から）と、安保改正を訴えた[56]。また、大使はダレス長官あての手紙でも、「安保改定をいつまでも先延ばしにしたり行動を起こさなければ、日本との関係は深刻な悪化を招き、日本で米国との関係を弱めようと画策する勢力を強めることになる」と、直ちに改定に取り組むよう求めた[57]。さらに八月の国務省宛の電報では、「再び強調するが、岸ほどうまく、しかも率直に一緒に仕事ができる人間は日本には存在しない」と、岸内閣のうちに改定を行うことを強く進言している[58]。

◆岸による全面改定の決断

同時期に第二次台湾海峡危機が起こり米中関係が緊張すると、ワシントンでも日米関係をより緊密にしてアジアの安定に繋げる安保条約の改定を望む気運が高まった。改正を具現化する方法としては、現行条約自体は残して補足的取り決めを行う方法と相互援助型の新しい条約を締結する二つの方法が考えられた。藤山愛一郎外相の回想録によると、「新条約にすれば膨大な行政協定をつくり替えねばならず、それに国会審議も大変だということから、外務省は『修正』で行く案」だった[59]。外務省の北米二課長だった東郷文彦の回想録によると、日米の軍事協力について合意の確認することと、在日米軍の域外使用並びに核兵器の持ち込みについて事前同意を求めるという補足取り決めだけ行う方針であった[60]。しかし、岸首相は藤山外相が同席するマッカーサー大使との会談で、「条約を根本的に改定すると云うことになれば国会において烈しい論議が予想されるが、激しい論議を経てこそ日米関係を真に安定した基礎の上に置くことができるのであって、できれば現行条約を根本的に改定することが望ましい」と自分の考えを述べた[61]。

当初、米政府は相互的な条約を新しく締結するには、日本の海外派兵を伴わなければならないと考えていた。しかし岸はマッカーサー大使と秘密会談を重ね、「憲法の範囲内での相互防衛条約」という海外派兵を伴わない形での全面改正を受け入れてもらうよう説得した[62]。マッカーサー大使は、条約の相互性は日本の基地提供だと割り切るべきだとワシントンに進言し、最終的にダレス長官もその考えを受け入れた。その結果、同年九月、ダレス長官は藤山外相に条約改正交渉を開始する用意があることを伝えた。

それに先立つ七月に岸首相は政府与党連絡会議を発足させた。これには岸首相に加えて、藤山外相、佐藤栄作蔵相、池田勇人国務相、三木武夫経済企画庁長官、赤城宗徳官房長官、河野一郎自民党総務会長といった実力者たちがメンバーとして参加した。岸は安保改定を外務省のみに任せるのではなく、この連絡会議で話し合っていくことを決定した。これによって、岸は政策を遂行するうえで「党内をいわば手なずける」ことを図ったのである[63]。

加えて岸は、河野総務会長に頼んで、政務調査会の下にそれまで廃止されていた外交調査会を立ち上げ、そこで安保改正の党内議論を行うことにした。反主流派は当初この外交調査会を拠点として藤山・岸の交渉に強く反対の声をあげた。しかし同会内で主流派支持が強くなると、反主流派は九月五日に「外交問題研究会」を結成し、藤山外交反対を軸に反岸政権の動きを開始した。

こういった党内の動きに悩んだ藤山は、「外交問題の党内取りまとめは吉田さんをさしおいてはできない」と考え、吉田元首相に相談するため頻繁に大磯の私邸を訪ねた。しかし、吉田は自分が締結した条約がなくなることが嫌だったのだろう、「手をつけないでいいじゃないか」と藤山に応えた。吉田が反対だったため、池田勇人をはじめとする旧自由党系の議員たちは、安保改正に慎重な立場をとっていた[64]。

◆外務省主導の日米交渉

一九五八年一〇月から東京で新条約作成のための日米交渉が始まった。外務省で交渉を担当したのは藤山外相に加え、山田久就次官、アメリカ局から森治樹局長と田中弘人参事官、東郷文彦北米二課長、条約局から高橋通敏局長と藤崎万里参事官、井川克一条約局長が参加した。米国側はマッカーサー大使の下に、アウターブリッジ・ホーシー公使とウィリアム・レンハート公使、リチャード・スナイダー書記官が参加した[65]。日本側から見た交渉課題は、米軍の日本防衛義務の明文化、米軍の基地使用や核持ち込みなどの事前協議、条約の適用範囲と日本の防衛義務地域、条約の期限などであった[66]。

交渉会合で最初に取り上げられたのは条約の期限であった。この種の条約の期限は二〇~三〇年が一般的なので、日本側は米国は二〇年を要求してくると予測していた。そこで、藤山外相は一〇年の期限を主張した。マッカーサー大使は意外にも一切反論せず、ワシントンの了解をとった後、あっさりと一〇年間で合意した[67]。

初期段階の日米交渉で激しいやり取りがあったのは、旧安保条約締結時にも問題になった「継続的かつ効果的な自助及び相互援助を基礎」とすることを要求するバンデンバーグ決議をめぐってであった。当然、米国側は議会承認のために、決議の内容を安保条約に入れたい。一方の藤山外相はこの条項を入れると「いかにも日本が防衛力の増強をはかるかのような印象を与えて好ましくない」として突っぱねた。結局、両国は「憲法上の規定に従う」という条件付きで同決議の内容を条約第三条に入れることに合意した[68]。

もうひとつ難航したのは、条約の適用範囲であった。当初、米国側は太平洋地域の米領土に対する武力攻撃を共通の危険と認めて対処する」という文言を提案してきた。これについても日本側は、ハワイやグアムに武力攻撃があった場合、武力以外の面であっても協力するのは難しいと反対した。マッカーサー大使は日本側の主張を理解し、「太平洋地域」という表現をひっこめた、結局「日本国の施政下にある領域」で合意が図られた[69]。

一番の問題は、在日基地使用で基地の域外使用と核兵器の持ち込みに関する事前協議条項であった。現行の安全保障条約の第六条では「日本国の安全に寄与し、並びに極東における国際の平和及び安全の維持に寄与するため」、米軍が日本の施設、区域を使用することが定められ、その細目は「岸・ハーター交換公文」で決められた。同公文の内容をどう定め、どう表現するかが問題であった。結局、「在日米軍の配置の重要な変更」「装備の重要な変更」「直接戦闘作戦行動のための基地使用」という三点が定められたが、最も微妙な問題だったのは、核兵器の持ち込みを意味する「装備の重要な変更」だった。特に、核搭載艦船の日本寄港が事前協議の対象となるかが問題であった。米国はすでに軍艦船に核が搭載されているかについては「肯定も否定もしない」方針を決めており、日本政府との事前協議には応じられないことは明らかだった。二〇一〇年に民主党政権下で作成された日米密約に関する報告書では、日米双方とも問題の重要性を認識しつつ交渉の対象としないことで暗黙の了解があったという結論を下している[70]。

この安保改定をめぐる日米交渉は表向きひと月に一回の頻度で外務省で行われ、その経過を記者発表していた。しかし公式な交渉とは別に、帝国ホテルを使っての秘密会合がほぼ一週間に一回、交渉が煮詰まった時には三日に一回の割合で開かれるようになり、合計一四、五回重ねられた。こうして、一一月末頃までには条約の骨組みがほぼ固まった[71]。

◆政治的混乱と退陣決意

ところがこの頃、政治的集団犯罪の予防と防止を狙いとする警察官職務執行法(警職法)の改正問題が国会でも め始める。戦前戦中、日本が治安維持法下の警察国家であったことへの反省から、米国による占領期に警察の権限が大幅に弱められた。改正案は警察が治安を維持しやすくすることを目的としていたが、野党は警察国家への先祖返りだと強く反対した。一一月一日に自民党が強引に会期延長を決め、法改正の成立に持ち込もうとすると、総評をはじめとする労働組合が四〇〇万人を動員する全国一斉ストを断行し、国会も一万人を超えるデモ隊に囲まれた。このため、岸は警職法改正をあきらめるしかなかった。これによって、岸政権の基盤は急速に弱まることになった。

その当時、自民党内には「八個師団」と呼ばれる八つの派閥があった。そのうち岸派と岸の実弟の佐藤栄作が率いる佐藤派は岸を恒常的に支持、逆にいつも反対していたのは三木・松村派と石橋派の二派閥だった。あとの四派閥は支持したり批判勢力になったりしていたが、その中でキャスティングボートを握っていたのが、吉田茂が自らの後継と考えていた池田勇人率いる池田派だった。その池田は反岸勢力の三木武夫とともに、閣僚を辞任して岸政権を揺さぶった。

警職法改正をめぐる騒ぎで安保条約改定交渉は中断されたが、一九五九年一月に岸が自民党総裁に再選されると、非公式交渉が再開されることになった。すると、条約区域に沖縄・小笠原を含めるか否かでまたもや自民党内が割れる。松村謙三や三木武夫など旧改進党系は「沖縄・小笠原を含めれば軍事同盟への道を開く」と主張し、河野一郎や池田勇人、佐藤栄作は含まなければ「改定の意味がない」と反対した。結局、藤山外相は「条約区域は日本の行政権の及ぶ範囲とする」という試案を出し、返還されれば対象区域になるという折衷案で事態を収めた[72]。

沖縄・小笠原問題が収まると、今度は河野一郎が安保条約と同時に地位協定などの行政協定も大幅改定すべきだと主張し始めた。米国側が行政協定の大幅改定には反対していたため、岸首相・藤山外相も反対の立場をとっていた。しかし四月初めになると大幅改定の主張を無視できなくなり、「行政協定は幅を持たせて交渉する」と言明するようになる[73]。同月一一日に自民党総務会で条約改定要綱、行政協定要綱が了承され、一三日から日米公式交渉が再開した。

岸は池田を安保成立のためのキーマンと見て、たびたび大磯に吉田を訪ね、池田に協力を説得するよう要請した[74]。大きな転機となったのは六月の内閣改造だった。岸は半年前に閣僚を辞任した池田に入閣を要請した。岸はインタビューで、池田が「入閣してくれれば、背後における吉田さんの影響力をもって池田君が安保改定に協力してくれると踏んでいた」と語っている[75]。安保改定を成立させたい岸と池田を首相にしたい吉田の間に、何らかの密約があったのだろう。池田側近の宮澤喜一の証言によると、入閣を要請する際に岸は、池田に「自分の後すぐ弟(佐藤栄作)というわけにはいかないからなあ」と後継に池田を推すことを示唆したという[76]。実際、岸退陣後の自民党総裁選では、自分の側近である藤山愛一郎が立候補したにもかかわらず、岸は池田を支持している。

池田が通産相として入閣したことによって、安保改定をめぐる自民党内の政治力学は大きく変わった。首相退陣を条件にすれば反対派も賛成にまわると認識したうえで、岸は九月一三日の自民党外交調査会で「どんなことがあっても安保改定は私の手で実現する」と決意を伝えた[77]。安保改定後の退陣を暗黙の了解とし、岸は改定にかんする政府原案に対する自民党総務会の了承をとりつけた。

岸首相は自らを政府代表団の首席代表に指名し、一九六〇年一月に訪米、新安保条約に署名した。新条約は国会で承認されはしたが、国内の学生運動などデモの動きは激しく、衆院議長を本会議場に連れていくために、五〇〇人の警察官が導入されたほどであった。条約承認の前日、首相官邸は暴徒におそわれるので立ち退いてほしいという警視総監の勧めにも応じず、岸は「安保改定が実現されれば、たとえ殺されてもかまわないと腹を決めていた。死に場所が首相官邸なら以て瞑すべし」と、首相官邸に残った[78]。六月二一日、新条約が米国上院でも承認され成立したことを確認すると、岸は首相を辞職した。

4　反吉田路線の政治過程

吉田政権における外交政策決定過程の特徴は、首相自身がY項パージなどを通じて外務省に強い支配力を行使し、ほぼ独裁的に方針を決め、池田蔵相という自分の腹心を日米交渉に活用して政策を進めてきたことである。そういった政策決定過程で、日米間に同盟関係を築くことで日本の安全保障を確保し、日本は最小限の軍備を維持する一方、経済発展に重点を置くことを可能にする「吉田ドクトリン」と呼ばれるようになった路線を確立した。その過程で、吉田は占領期に米占領軍主導で決められた憲法を奇貨とし、米国からの再軍備要求を退けた。池田に自分が全責任を負うと語っているように、自分の手によって独立を成し遂げたいという強い思いに根ざした自発的な行為であった。

そうした吉田の、憲法を是とする態度を苦々しく感じていた鳩山一郎も岸信介も、占領軍に押し付けられた憲法を改正したいと望んでいた。しかし、護憲勢力である社会党をはじめとする野党が国会の三分の一の勢力を獲得していたため、改憲は非現実的であった。鳩山は改憲への道筋をつけるために憲法調査会法を成立させ、岸が調査会の会合を開催し始めた。

改憲をあきらめた鳩山が自発的に打ち込んだのは、吉田の英米重視から転換して自主外交を求める日ソ国交回復であった。その決定過程は、鳩山・河野の党人派の積極的な姿勢と重光・外務省の慎重な姿勢との対立が特徴的であった。親米英を主流とする外務省では、長い吉田政権下でそれに反対する「革新派」と呼ばれる勢力は追放されていた。鳩山は政権を獲ると、吉田から追放された杉原元条約局長をブレーンにして日ソ交渉に乗り出した。当初、色丹・歯舞の二島返還を主張した外務省は、ソ連が条件を呑みそうになると、四島返還に交渉のハードルを上げた。四島返還を主張していた重光は、ソ連が妥協しそうにないと判断すると、急に二島返還で交渉をまとめあげようとして鳩山に制止される。最終的に、鳩山首相が訪ソし、領土問題を棚上げする形で国交回復交渉をまとめ上げることになった。

ナショナリストの岸は吉田が定めた旧安保条約を不満に思い、鳩山政権では手の付けられなかった、より対等な安保条約を米国と結ぶことによって、日本がより自立することを望み、安保改定を自らの政治課題とした。訪米前にアジア諸国を歴訪し「アジアの日本」を印象付け、アイゼンハワー大統領に安保条約の改定を直談判した。この訪米後、日米安全保障委員会が設けられ、安保関係の対話が始まった。岸首相は公式な交渉が始まるまで、マッカーサー大使を再三訪れ、日本側の主張を伝えた。外務省は現行条約の部分的修正で改定する案を考えていたが、岸は新条約の締結を主張した。

公式交渉が始まると、細かい条約の内容については藤山外相と外務省の専門家集団が駐日米国大使館と交渉を行ったが、岸首相も大事な場面で度々マッカーサーと会談している。自民党対策としては、政府与党連絡会議を設けて党内世論を収めようとしたが、とくに警察官職務執行法案の挫折後、党内をまとめることが難しくなった。結局、岸は吉田元首相を通じて池田派の協力を仰ぎ、安保改定後の退陣によって自民党の了承を取り付けた。岸は安保改定を最重要課題に設定し、まさに政治生命を賭けてそれを達成したのである。

ここでもう一度吉田・鳩山・岸の事例を振り返り、序章で紹介したハーマンの分析枠組みを通して、政策決定過程を形成した要因を見てみよう。ハーマンの枠組みでは、①政治指導者の主導、②官僚組織の率先、③国内政治構造の変化、④外的ショック、という四つの要因が政府内の政策決定過程を変化させるとしている。この三人の首相は自発的に課題を取り上げており、強い政治指導者としての主導があったのは間違いない。しかし、その政策決定過程は前述したように異なる。

吉田は外務省内の反対勢力を排除して講和交渉を進めていった。そのおかげで、官僚の政策ベクトルの方向も長さも吉田と一致を見せていた。国内政治的には全面講和か多数講和かといった議論があったが、早く主権を回復し、独立を達成したいという点ではコンセンサスがあったといえる。外的要因としては冷戦の激化と朝鮮戦争の勃発によって、米国の方針が日本政治・経済の強化に転換したことや、朝鮮特需によって日本経済の自立が可能になったことも大きい。これらの要因が吉田の独裁的ともいえる講和推進を後押しした。

鳩山は、重光外相と吉田路線を継承する外務省主流の協力を十分に得られなかった。そのため、吉田に追放された杉原をブレーンとし、外務省が消極的だったソ連との国交回復交渉を始めた。同様に追放の憂き目に遭った松本元駐英大使を交渉者として、外務省の方針に逆らった交渉を進めていった。鳩山後継を狙う重光外相とのベクトルの方向は最後まで一致せず、最終的に重光は外交交渉から外された。国内政治構造の変化では、自民党が結成され、与党内に入った旧自由党勢力が鳩山の足を引っ張った。外的環境としての冷戦激化も米国の態度の硬化をもたらし、交渉を後押しすることはなかった。結局、鳩山首相が自らモスクワに出かけ、領土問題を棚上げし、平和条約締結をあきらめる形で国交回復を果たすことになった。

岸首相の場合、アジア歴訪の後訪米し、安保改定の交渉を開始する約束を取り付けた。不平等な点の改正という目標を達成することを明らかにし、事務当局が考えていた部分的修正ではなく、岸が新条約による改定を目指す方針を決断した。この決定によって、官僚の政策ベクトルの方向も長さも岸のものと一致するようになった。外相と外務省幹部による対米交渉が進む間にも、首相自らが駐日米大使と頻繁に会って意向を伝えた。国内政治的には警職法で首相の主導力が著しく低下したため、反対勢力のうち池田派を味方につけるため、吉田元首相に要請し池田の再入閣を模索した。外的要因としては、スプートニク・ショックに見られたソ連の軍事技術向上とジラード事件が日本国内の日米安保体制に対する不安を高め、それが米政府の安保改正に態度を変えたことが挙げられる。

まとめると、吉田政権の場合、占領期というユニークな状態が独断的な政策決定過程を可能にしたと言える。吉田は反対勢力の追放も辞さない過激な手段を用いて外交当局をコントロールしたが、鳩山は外務省とは距離を置く形で日ソ交渉を、岸は外務省を立てる姿勢で対米交渉を進めた。自民党の結党後は旧自由党と旧民主党の対立が根強く、鳩山も岸も政権運営には苦労を強いられることになった。冷戦激化という国際政治の変化は、吉田の講和と岸の安保改正の後押しをしたが、鳩山の日ソ国交回復にとっては逆風となったと言えるだろう。

註

1——"Interview with Press Correspondents Primarily Concerning Plan for United Nations Administration of Japan," in Government Section, Supreme Commander of Allied Powers, *Political Reorientation of Japan* (Washington, D.C.: Government Printing Office, 1949), p. 765-66.

2——George F. Kennan, *Memoirs 1925-1950* (New York: Pantheon Books, 1967), p.359. 清水俊雄訳『ジョージ・F・ケナン回顧録——対ソ外交に生きて』読売新聞社、一九七三年。

3——九原則とは、①予算均衡、②収税の強化、③重点産業への融資優先、④賃金安定、⑤価格統制、⑥外国為替管理の強化、⑦輸出振興、⑧原料と工業製品の増産、⑨食料供出計画の能率改善である。これは、米国政府の方針として一二月一〇日に極東委員会宛に発表された。"Statement of the United States Government," 10 December 1948, *Foreign Relations of the United States (FRUS) 1948 VI*, p. 1059-60.

4——ドッジ・ラインについては、以下に詳しい。池田勇人『均衡財政』実業之日本社、一九五二年、宮澤喜一『東京－

ワシントンの密談』中公文庫、一九九九年。

5——朝鮮戦争の日本経済に対する影響については、この論文に詳しい。Sherwood M. Fine, "The Impact of the Koran War on the Japanese Economy," in *The Occupation of Japan: The Impact of the Korean War,* ed. William F. Nimmo (Norfolk Virginia: General Douglas MacArthur Foundation, 1990), pp. 137-42.

6——戦犯として自動的に追放された白鳥以外に公職追放の処分にあった革新派外交官とそのシンパには、栗原正、松宮順、大橋忠一、田代重徳、斎藤音次、石澤豊、塚本毅、松本俊一、重松信雄、杉原荒太、仁宮健男などがいた。戸部良一『外務省革新派』中公新書、二〇一〇年、二九一～二九七頁。

7——"The Special Assistant to the Under Secretary of the Army (Ried) to the Assistant Secretary of State (Butterworth)," 10 May 1950, *FRUS 1950 VI,* p. 1195-96. ワシントンにおける池田とドッジの会見についての日本側資料としては、池田勇人『均衡財政』二二二～二四三頁および、宮澤喜一『東京‐ワシントンの密談』四五～七〇頁。

8——"Memorandum by the Supreme Commander for the Allied Power (MacArthur)," *FRUS 1950 VI,* pp. 1227-28.

9——池田蔵相は静養していた吉田をたずねた後、秘書の宮澤喜一にこう語ったという「総理は、警察予備隊が出来ることになって非常に喜んでいる。よかったね、よかったね、と何度も繰り返していた」。宮澤喜一『東京‐ワシントンの密談』七三頁。警察予備隊の創設については以下に詳しい、柴山太『日本再軍備への道』ミネルヴァ書房、二〇一〇年、第六章。

10——まず前文で、国連が非加盟国（この時点で日本はまだ非加盟）の安全についても憲章で責務を負っていることを確認し、戦争を放棄した日本のような国が安全な世界を将来することが「国際連合の究極の目標であること」を米国は確信すると謳っている。また本文では、米国は「国連のために」軍備を持たない日本の安全を確保する（第一条）、国連が日本への侵略行為の存在を決定したときは、米国は「侵略を排除するため直ちに一切の措置をとる。日本は、その憲法の許す一切の援助及び協力をなす」（第二条）、上記の目的のため米軍が日本に常駐する（第三条）と、米軍の日本駐留は国連の目的を遂行するためであることを強調している。さらに日米安保条約は国連総会の承認を必要とし（第十一条）、国連決議によって条約は効力を失う（第十二条）と、国連の決定に基づく条約にしようとしていた。「日米安保条約草案」一九五〇年一〇月一一日。細谷千博ほか編『日米関係資料集　一九四五‐九七』東京大学出版会、一九九九年、七九～八一頁。

11——西村熊雄『サンフランシスコ平和条約』鹿島秘話研究所編「日本外交史」二七、鹿島研究所出版会、一九七一年、九四頁。

12――「わが方の見解」、外務省条約局法規課「平和条約の締結に関する調書」は、細谷千博ほか編、八四~八五頁からの引用。

13――西村熊雄外務相条約局長の備忘録(一九五一年一月一三日付)。坂元一哉『日米同盟の絆――安保条約と相互性の模索』有斐閣、二〇〇〇年、三一頁からの引用。

14――宮澤喜一『東京-ワシントンの密談』一六一頁。

15――伊藤昌哉『池田勇人、その生と死』至誠堂、一九六六年、六九頁。

16――鳩山一郎『鳩山一郎回顧録』文藝春秋新社、一一一頁。

17――吉田茂『回想十年』第一巻、新潮社、一九五七年、一六八頁。

18――宮澤喜一『東京-ワシントンの密談』一九三~二〇〇頁。

19――田々宮英太郎『鳩山ブームの舞台裏』実業の世界社、一九五五年、九九頁。

20――重光葵『続重光葵手記』中央公論社、一九八六年、六六五頁。

21――鳩山一郎『鳩山一郎回顧録』一三九頁。

22――日本民主党「立党宣言・綱領・政策大綱・党則」一九五四年一一月二四日。

23――升味準之助『日本政治史4』東京大学出版会、一九八八年、二二〇頁。なお、升味は出典を河野一郎『河野一郎自伝』としているが、同書にはその記述は存在していない。

24――鳩山家文書。和田春樹『北方領土問題』朝日新聞社、一九九九年、二三〇~三一頁に引用。

25――西村熊雄条約局長は「この條約に千島とあるのは、北千島及び南千島を含む意味であると解釈しております」と答弁している。衆議院平和条約及び日米安全保障条約特別委員会、一九五一年一〇月一九日。

26――久保田正明『クレムリンへの使節』文藝春秋、一九八三年、一六~一八頁、および若宮啓文『ドキュメント北方領土問題の内幕』ちくま選書、二〇一六年、九四~九六頁。

27――鳩山一郎『鳩山一郎回顧録』一七四~一七六頁。

28――同、一六二頁。

29――松本俊一『日ソ国交回復秘録』朝日選書、二〇一二年、一八~一九頁。

30――中島敏次郎『外交証言録―日米安保・沖縄返還・天安門事件』岩波書店、二〇一二年、四一~四二頁。

31――久保田正明『クレムリンへの使節』三三～三四、七四～七五頁。
32――重光葵『続重光葵手記』七一七頁。
33――鳩山一郎『鳩山一郎回顧録』一六二～一六五頁。
34――重光葵『続重光葵手記』七三一頁。
35――松本俊一『日ソ国交回復秘録』四四頁。
36――和田春樹『北方領土問題』二四二～二四六頁、および松本俊一『日ソ国交回復秘録』四八頁。
37――鳩山一郎『鳩山一郎回顧録』一七七頁。
38――松本俊一『日ソ国交回復秘録』六五～七二頁。
39――森下國雄の答弁、衆議院外務委員会、一九五六年二月一一日。
40――森島守人の発言、衆議院外務委員会、一九五六年二月二三日。
41――久保田正明『クレムリンへの使節』九五～一〇五頁。
42――同、一一〇～一一五頁。
43――重光葵『続重光葵手記』七九三頁。
44――松本俊一『日ソ国交回復秘録』一一三頁。
45――重光葵『続重光葵手記』七九六頁。
46――松本俊一『日ソ国交回復秘録』一二四～一二七頁。
47――提案書の写しは、坂元一哉、一四八～一四九頁に引用されている。
48――"Memorandum of a Conversation, Department of State, Washington, August 30, 1955," *FRUS 1955-1957 Vol. XXIII, Part 1*, pp. 96-104.
49――原彬久編、『岸信介証言録』毎日新聞社、二〇〇三年、一一三頁。
50――岸信介『岸信介回想録』廣済堂、一九八三年、二九八頁。
51――同。
52――原彬久編『岸信介証言録』一三一～一三二頁。
53――同、一三二～一三三頁。
54――"Memorandum of a Conversation, White House, Washington, June 19, 1957, 11:30 a.m.," *FRUS 1955-1957 Vol. XXIII,*

Part 1, pp. 371-74.

55——"Memorandum From the Secretary of State to the President," *FRUS 1955-1957 Vol. XXIII, Part 1*, pp. 346-48.

56——"Letter From the Ambassador to Japan (MacArthur) to the Assistant Secretary of State for Far Eastern Affairs, April 18, 1958," *FRUS 1958-1960 Vol. XXIII, Part 1*, p. 24.

57——"Letter From the Ambassador to Japan (MacArthur) to Secretary of State Dulles, April 18, 1958," ibid., pp. 22-23.

58——"Telegram From the Embassy to the Department of State, August 1, 1958," ibid., p. 46.

59——藤山愛一郎『政治わが道』朝日新聞社、一九七六年、六三頁。

60——東郷文彦『日米外交三十年』中公文庫、一九八九年、六一頁。

61——同、六四頁。

62——原彬久編『岸信介証言録』一七九～一八三頁。

63——同、一八四頁。

64——藤山愛一郎『政治わが道』九三～九五頁。

65——東郷文彦『日米外交三十年』七二頁。

66——藤山愛一郎『政治わが道』七五～七六頁。

67——同、七六頁。

68——同、八二～八三頁および、東郷文彦『日米外交三十年』七五～七七頁。

69——東郷文彦、七八～八一頁。

70——坂元一哉「第二章　核搭載艦船の一時寄港」有識者委員会「いわゆる『密約』問題に関する有識者委員会報告書、二〇一〇年三月九日。

71——藤山愛一郎『政治わが道』七七～七八頁。

72——同、九三～九五頁。

73——原彬久編、『岸信介証言録』二〇〇頁。

74——岸はインタビューで「とにかくこの新条約を成立させるためには、池田君の力を借りねばならん……吉田さんに、あまり露骨ではなしに頼みましたよ」と語っている。同、二四九頁。

75——同、二一二頁。

76――同、二〇八頁。
77――岸信介『岸信介回想録』五〇三～五〇四頁。
78――同、五六三頁。

第2章

吉田路線への回帰

——佐藤政権の沖縄返還交渉

自民党の内部には、結党以来、それまでの政党の流れを汲んださまざまなグループが存在した。それが前章で見たように、岸政権下で「八個師団」と呼ばれるほど派閥が制度化し、その政治的な動きが活発化していった。それぞれの派閥はその領袖を首相の座に就けることを最終目的とし、有力な領袖を持つ派閥は首相の支持率の低下などで指導力が弱まると首班獲得に向けた動きを表面化させるようになる。その結果として自民党内の派閥間で擬似政権交代が起こると、前政権の外交政策に反対の立場をとっていた場合や、国内外の政治状況が変動した場合、外交安全保障路線を大幅に変更することも珍しくなかった。

本章では、鳩山と岸が改憲や自主外交を目指して吉田路線に挑戦した後、池田政権の後を継いだ佐藤栄作が再び吉田路線に舵をきり、講和条約締結時に吉田がやり残した沖縄返還を果たす過程を追う。佐藤首相は改憲議論を封印し、武器輸出三原則、非核三原則など平和路線を推進することで野党を懐柔し、沖縄返還を実現させようとしたのである。

1　沖縄返還への着手

◆改憲議論の封印

岸の辞任後、岸派の支持もあり池田勇人が首相に就いたが、世上では安保騒動の興奮が未だ冷めやらず、国民は自分たちの声が届かないところで基本的な国家の外交方針を決定した自民党を傲慢に感じていた。そうした世論を背景に、池田首相は安保問題の議論を封印し、「経済成長重視」の方針を打ち出した。岸政権で始まった憲法調査会の最終報告の完成が近づいていた一九六三年一一月、「私が総裁の間は(憲法)改正はしない」と明言した[1]。池田政権末期の一九六四年七月に同調査会の報告書が内閣と国会に提出された。岸が望んでいたのは、「押しつけ憲法」を改正し「自主憲法」を制定することに対する調査会のお墨付きだった。調査会ではこの論点が中心的に扱われ、賛否両論が活発に議論されたものの、最終報告では統一見解を出さず両論併記となったため、岸が望んだような結果は出なかった。この後、岸の孫である安倍晋三政権に至るまで、半世紀以上も憲法改定の動きは封じられることになる。

安全保障問題を避けた池田首相が打ち出したスローガンが「寛容と忍耐」であった。池田は首相になると、芸者遊びとゴルフをやめると公言し、高価な娯楽を享受できない「国民と一体に」なるために死ぬまで約束を守った。そういった池田の実直な態度は国民に肯定的に受け入れられた[2]。池田は岸政権の通産相時代からの腹案だった「所得倍増計画」を打ち出し、安保騒動ですさんだ国民感情を楽観的な経済政策で払拭しようとした。これが引き金となって設備投資ブームが起こり、日本経済は高度成長期を迎えた。一九六四年四月には日本はＩＭＦ八条国への移行とＯＥＣＤ加盟を達成し、先進国の仲間入りを果たした。

岸が日米安保改正でより対等な日米関係を確立することによって「政治大国」を目指したのに対し、池田は

「経済大国」を目指した。池田の経済成長路線に満足した国民に、憲法改正という政治課題を積極的に支持する理由は乏しかった。

池田の後継となった佐藤栄作も、憲法改正には消極的だった。佐藤は組閣直後の記者会見で「新憲法の精神は現在国民の血となり肉となっている。私はこの時期に私自身を含め国民が憲法を読み返してみたらと思う」と語った[3]。佐藤政権下の一九七二年六月、憲法調査会長の稲葉修は当面の自衛力の保持などを盛り込んだ憲法改正大綱草案を作成したが、これが党内で真剣に議論されることはなかった。後に三木政権で法相となった稲葉は、衆議院法務委員会で憲法改正について「自民党員は綱領に準則して努力すべきだ」[4]と訴えたが、三木武夫首相に同委員会で「(稲葉は)内閣の方針に反して憲法改正をやろうというような考え方は持っていないと信じて疑わない」と答弁され、またもや改憲の動きは封じられた[5]。

これ以降、改憲議論は長らくタブー視されるようになった。改憲を推し進めようとした岸信介は「憲法改正の機運をくじいた一番の元凶は、池田勇人君ならびに私の弟の栄作が総理大臣の時に、憲法は定着しつつあるとか、私の時代にはやらんといったことだね。だから憲法改正論は私で切れてしまった」と嘆いた[6]。自民党政権で改憲が現実性を帯びた議論として復活するのが、岸の孫である安倍晋三の政権であることは興味深い。安倍首相の改憲への決意には、祖父の悲願達成という側面もあろう。

佐藤政権における安保政策の停滞は憲法改正だけにとどまらない。一九六五年二月には、いわゆる三矢研究事件が起こった。これは、外国からの攻撃という有事に備えて、どのような法整備が必要かを調べる防衛庁内部の自主研究であったが、それを発見した野党議員が国会で大きく取り上げ糾弾した。この事件をめぐる政治的紛糾は、日本政府が有事法制の整備に取り組むことを長期にわたって政治的に不可能にした。

◆沖縄返還の外交アジェンダ化

佐藤首相が最大の外交課題に取り上げたのは、沖縄返還であった。それが佐藤の政治アジェンダとして最初に上がったのは、一九六四年七月の自民党総裁選のことだった。この年の初め、佐藤は総裁選に備えて政権構想を準備する「Sオペレーション」と呼ばれたプロジェクトチームを発足させた。後に外相になる愛知揆一が中心となり、官僚や政治記者が集められた[7]。そのなかで来るべき佐藤政権において、「日米交渉で、(沖縄の)施政権返還を文書をもって正式に米国に要求する」と沖縄問題に取り組むことを提案した[8]。この総裁選で佐藤は池田首相に惨敗するが、記者会見で「政権を獲得したら、沖縄返還問題に取り組む」と述べた。佐藤は同年一一月に病に倒れた池田の支持を受け、首相の座に就くことになる。

この頃、外務省でも沖縄をめぐる小さな変化があった。それまで沖縄は外務省内では地理的な位置づけからアジア局が担当していた。しかし一九六〇年代に入り、沖縄に対する援助供与など日本政府の沖縄への関与が大きくなるにつれて、沖縄の高等弁務官府や在京米大使館との折衝が多くなり、一九六四年六月に主管がアメリカ局北米課に移されたのである[9]。

同課の首席事務官だった枝村純郎は、一九六〇年に改訂された日米安保条約が初めて一〇年目の期限を迎えるにあたって「沖縄・小笠原の異常な状態、いわば植民地支配の状態を抱えているなかで一九七〇年を迎えるとすれば、大変なことになる」という問題意識を持っていた。同年秋に在米大使館に一等書記官として赴任する千葉一夫が訪米前に訪ねた時に、枝村は沖縄・小笠原問題に取り組むように勧めた[10]。

戦時中海軍に任官した千葉は、無線で米軍の沖縄上陸作戦を傍受する体験を持っており、沖縄問題に強い関心を持ち取り組み始めた[11]。枝村が一九六四年の秋にワシントンへ出張すると、千葉は国防総省の沖縄・小笠原担当の係官と会合をもち、沖縄返還の必要性を訴えた。沖縄住民に自治能力がないという米側の発言に、千葉は「沖縄住民の自治能力を云々するのは問題外だ。コンゴが独立した時には大学卒は二九人しかいなかったが、沖縄には大学が四校もある」「いくら基地が重要だと言っても、住民の協力がなければ維持できない」と主張した[12]。これらの発言はもちろん日本政府の公式見解ではなかったが、政府関係者が米政府担当者に対し初めて沖縄返還に言及した事例となった。

佐藤は一一月に首相に就任すると、翌一九六五年一月に訪米し、リンドン・ジョンソン大統領と会談した。外務省が佐藤首相のために用意したトーキングペーパーには沖縄返還に関する明確な表現はなかったが、佐藤は沖縄返還に言及した[13]。その結果、会談後の日米共同声明では、総理大臣が「沖縄の施政権をできるだけ早い機会に日本へ返還されるよう願望を表明し」、大統領が「この願望の実現を許す日を待望している」と応じた[14]。佐藤首相の要望がさらりと受け流された印象である。

外務当局が同共同声明で骨を折ったのは「琉球諸島の住民の安寧の向上を図るために両国が協力しうる他の問題についても協議」することに同意したという部分である。佐藤訪米に同行した枝村首席事務官は、「この部分が、アメリカに異民族支配のコストを悟らせることに役立った」、また同時にこの後日本政府がこの条項を使って「あたかも沖縄が本土の一つの県であるかのごとくいろいろな施策を提案していった……こうした姿勢が、沖縄住民が日本国民であることを常時アメリカ側にリマインドするのに役立つこととなる」と回想している[15]。

◆決意表明「戦後は終わっていない」

同年八月には、佐藤は日本の首相として初めて沖縄を訪問する。当時、日本政府で沖縄問題を担当していたのは、総理府の特別地域連絡局(特連局)であった。佐藤首相の訪沖を準備しているとき、外務省から首相秘書官に出向していた本野盛幸が「どうも特連局の書いてくるものは、もう一つパンチがきかないから、君も入ってくれ」と枝村に要請した。そして、本野と枝村、それに加えSオペレーションにも参加していた共同通信記者、麓邦明の三人が佐藤首相の主なスピーチを書いていった[16]。

佐藤は沖縄訪問中の八月一九日に演説で「私は沖縄の祖国復帰が実現しない限り、わが国にとつて『戦後』が終っていないことをよく承知しております。これはまた日本国民すべての気持でもあります」と語り、佐藤政権として沖縄返還に取り組むことを宣言した[17]。下田武三外務次官はこの発言に驚いたようで、「外務当局にとっては、全くの青天の霹靂であった。のみならず当時の国際情勢には、この声明の裏付けとなりうるものは何もなかった」と回想録に記している[18]。当時、下田次官の秘書官を務めていた中島敏次郎は、「事務当局としては、反対ではなかったのでしょうけれども、沖縄返還にはあまりにもいろいろな難しい関門があると考えていました」と証言する[19]。

先述したように、このスピーチの準備には枝村が参加しており、外務当局が全く知らなかったわけではない。枝村によるとスピーチ内容の報告を受けた安川壮北米局長(一九六五〜六八年はアメリカ局から改名)が自分限りで決済して、下田次官に上げなかったらしい。もし沖縄問題で終始慎重な立場をとっていた下田次官が事前に内容を知っていたら、スピーチの内容変更を求めたに違いなく、「安川局長は、そのような下田次官の認識をご存じで、あえて次官に上げずに処理されたのだと思う」と枝村は証言する[20]。

一九六六年夏頃から、どのような形で沖縄が返還されるのかという議論が始まる。その発端になったのは、森清総理府総務長官が沖縄で非公式に述べた、教育権だけ先に分離して返還してもらおうという提案だった。これを検討するため、総務長官の諮問機関として沖縄問題懇談会が発足した[21]。懇談会では分離返還を支持する声が起こったが、外務省からも部分返還は主権不可分の原則に反するからと反対があった。翌一九六七年一月に佐藤首相が「一括返還」を公言したため、日本政府の方針は一括返還で固まった。

2 日米交渉の開始

◆「早期返還」と「本土並み」

一括返還になった場合、当時考えられた二つの現実的な選択肢は、米軍基地の態様は現状のままで早期返還を図るか、基地の態様を沖縄の意向に沿った形に変更できるまで返還の時期を待つか、であった。翌二月に下田次官は「沖縄の施政権の全面返還を実現させようとするなら、米軍に沖縄基地を自由にさせるかどうかについて、日本国民がはっきりした態度を示す必要があろう」と議論を投げかける発言をした[22]。これによって沖縄返還をめぐって、核付き返還か、基地自由使用か、本土並みか、基地の全面撤去かなどが論点となった。同年一月に新しく北米局長になった東郷文彦は着任直前のメモに、「沖縄の基地の自由使用を認めるならばアメリカは施政権を返還できない理由はない」「基地の使用に対する日本の政治的責任を取る姿勢が必要」と下田次官と同様、基地の自由使用を認める立場を示している。下田発言があった頃、佐藤首相は三木外相同席の外務省事務当局との会議ではっきりとした方針を示さなかったと東郷は記している[23]。

沖縄返還で終始慎重な態度をとっていた下田次官は同年六月に駐米大使に転出し、牛場信彦外務審議官が後任の次官となった。下田は交渉の前線から退く意図をもっていたと自伝で語っている。というのも、米国との事務折衝は東郷北米局長など「強力なスタッフを擁する外務本省」と在日米大使館との間で交渉するのが得策だと考えたという。しかしワシントンの日本大使館における記者会見で、沖縄の基地の自由使用を認めるべきだという米国寄りの慎重な発言を繰り返した。そのため、「日本の大使なのか、米国の大使なのか」という批判の声もあがった[24]。こういった下田の発言に対して担当である枝村北米課長は違う考えをもっていた。この頃、北米課が起草した下田への電報案(実際に送られたかは不明)には「今後とも十分慎重に対処ありたく」「我が国として核配備及び戦斗作戦行動の許容等につきどこまで柔軟性ある態度をとりうるかは、今後の日米間の協議を通じて探求して行きたい」と書かれており、下田発言を牽制している[25]。

同年秋に佐藤首相が訪米することが決まると、外務省は沖縄返還の具体的な方針を策定する必要があった。七月一五日に三木外相がアレクシス・ジョンソン駐日米大使に会って米国の意向を尋ねるが、逆に「日本は日本の安全のため、極東の安定のために、アメリカがいかなる軍事力を保持することを望むのか」と日本側の考えをはっきりさせることを迫られた。これを受けて翌八月に、外務当局が佐藤首相の意向を確認しようとするが、佐藤はこの時点でもアメリカ側の要求を引き出せというばかりで、最終的な考えは「ここにある」と下腹を叩くだけで具体的な指示は出さなかった。北米課長に昇進していた枝村はその場に同席していたが、その腹がずいぶん薄く見えて「大丈夫かな」と思った、と回想録に記している[26]。

◆「両三年以内」の返還合意

同月二六日に佐藤首相は解決策を模索するため、後に米国政府との間の密使を務めることになる若泉敬・京都産業大学教授と昼食を共にし、情勢判断を聞いている。若泉の話は核軍縮問題が中心であったが、佐藤の関心は沖縄問題に対するワシントンの有識者や政府関係者の意見だった。同日付けの『佐藤栄作日記』には「若泉敬君と中食。食後懇談。米国の沖縄その他についての意見を聞く。なんと云ってもベトナムで頭が一ぱい」と書かれている[27]。この二カ月後、佐藤側近の福田赳夫自民党幹事長が若泉に会い沖縄問題への協力を要請し、若泉はそれを快諾する[28]。

佐藤訪米前の九月には三木外相が訪米し、日米閣僚会議が行われた。そこではディーン・ラスク国務長官もロバート・マクナマラ国防長官も核や基地使用の問題について協議に応じる姿勢を見せた。そのため一一月の首脳会談に向けて、日米両政府は共同声明の草案作りの作業に入ることになった。

その交渉過程で「日本に施政権を返還する方針の下に沖縄の地位について継続的な検討を行う」という米国の了解はすんなりと得られた。日本政府はできるだけ早い時期に返還するという時間的要素を加えることを要求したが、首脳会談までに米国側の合意を得られることはなかった。

一〇月に若泉はワシントンに行き、以前ジョンズ・ホプキンス大学高等国際問題大学院への留学中に知り合った、ウォルト・ロストウ大統領特別補佐官に会った。同補佐官からはジョンソン大統領がベトナム戦争で政治的に困難な立場にあり、それについて佐藤首相から経済的な支援などを行えるような発言が欲しいと要請があり、その見返りとして沖縄返還では好意的な返事がもらえるだろうという見通しが伝えられた。帰国した若泉は、沖縄返還交渉について返還の可能性が高いことを佐藤に報告した[29]。

一一月一日、総務長官の諮問機関から首相への諮問機関に改組されていた沖縄問題懇談会が中間報告を発表した。そこでは、「両三年の内に施政権の返還時期を決定する」ことが提案された。その五日後、佐藤首相は若泉に会い、「具体的なやり方は君に任せるから、ぜひ、この〝両三年内〟の目途づけという点をコミュニケの中に入れるように」米政府を説得するように依頼する。若泉は同月一一日に佐藤首相の信任状を手にワシントン入りし、ロストウ補佐官と密会した。「両三年内」という期限を入れることをロストウは拒むが、若泉は一三日に再度交渉し、ナショナルプレスクラブでの佐藤首相の演説で米国のベトナム政策支持を表明する代わりに、期限を入れることで大統領を説得してもらうよう要請した[30]。

同じ一三日、若泉からの提案を聞かされたジョンソン駐日大使は、シアトルからワシントンに向かう飛行機の中で佐藤首相との面会を申し込んだ。大使は大事なのは核抜きや基地自由使用などの返還の条件であり、その障害が除かれない限り締め切りを設定すべきではないと佐藤に告げ、そのうえで最終判断は大統領が下すと述べたと証言している[31]。なお下田大使は、同機内で「両三年内」という表現にジョンソン駐日大使の了解をとったうえで、自分が佐藤首相に進言したのだと回想録に書いている。ただし、下田の主張は東郷やジョンソン大使の証言とは食い違っており、その信憑性は低いと思われる[32]。

佐藤首相は宿舎であるブレアハウスで、東郷北米局長に「within a few yearsに返還の時期の目途をつける」という文言を大統領に申し入れると打ち明けた。それを聞いた東郷局長は「内心これは難しいことになったな」と思ったという[33]。その夜、宿舎で若泉の報告を受けた佐藤は「君の骨折りのおかげで、なんとか望みが出てきたけれど、まだ難しいようだね」と感想を述べた[34]。その日の日記に佐藤は「特使として当地にやってきた若泉敬君とロストフとの交渉模様を約一時間半に亙《わた》り聞く。なかなか難物のようで、明日の会談がきづかはれる」と書いている[35]。

一一月一四日午前中の日米首脳会談はテタテ(tete-a-tete)と呼ばれる、通訳官は付くものの首脳二人だけで行われるものだった。通訳官による首脳会談の議事録を読んだ楠田実秘書官は、この会談で佐藤が沖縄返還に「ターゲット・デートが欲しい。この二、三年の間に、いつ返せるかという目途をつけられないだろうか」と迫ったと書いている。ロストウ補佐官からの報告で、佐藤の訪米目的がこの点であることを知るジョンソン大統領は「ラスク、マクナマラと話をすると聞いている。自分は話が上がってくるのを待って検討しよう」と答えた。そこで「今日の会談の結果をこのような文言で共同声明に入れたいので考えて欲しい」と言って、佐藤は文案のメモを大統領に手渡した[36]。

ジョンソン大統領は佐藤との会談後、ジョンソン大使を執務室に呼びいれた。大統領は議会の反応を気にして、上院軍事委員会の大物委員長であるリチャード・ラッセルの意向を確かめるように大使に頼んだ。大使がラスク国務長官に大統領の意向を伝えると、長官がラッセル議員を訪ね、返還のタイムリミットを定めるのには強い反対の立場であることを知った[37]。そのため米政府は、議会を納得させる何らかの妥協案を模索する必要があった。

同日の夕方、マクナマラ国防長官は「これらの諸島はいずれ返還されることになっている。したがって問題は返還にあるのではなく、米国の基地にある」と、返還後の基地のあり方が焦点だという米政府の考え方を述べた。その夜、東郷北米局長をはじめ外務省幹部たちは「時間的要素にはコミット出来ない」という米国側の意向を「聞き流すわけにはいかず」、総理大臣が両三年内という期限を希望し、それに大統領が理解を示したという妥協案をウィリアム・バンディ国務次官補に手渡した。翌朝の会合で東郷がバンディに渡した文案をラスク国務長官が米国側の提案として、佐藤首相に提示した[38]。すでに東郷の文案を了解していた佐藤は、それを受け入れることにした。

ラスク長官との会合の後、佐藤首相は再びジョンソン大統領と二人だけの(テタテ)会談を行った。一時間半の会合を終えた大統領は執務室をでるなり、共同声明案は受託できないと別室で待っていた日米両国の交渉団に語った。それを聞いたジョンソン駐日大使は「私は愕然とした。いままでのわれわれの努力は無駄になってしまった……一座は三〇秒ほど完全に静まり返っていた。すると大統領は私の方を見ずに、首相にこう述べた『駐日大使は心臓発作に襲われたらしい。彼を安心させてやった方がいいようだ』」。つまり、ジョンソン大統領はジョークで皆を驚かせたのである。

その日発表された共同宣言では、「総理大臣は、さらに、両国政府がここ両三年内に双方の満足しうる返還の時期につき合意すべきであることを強調した。大統領は、これら諸島の本土復帰に対する日本国民の要望は、十分理解しているところであると述べた」と謳われている[39]。この日の日記に佐藤首相は「もともと『きよほうへん』を度外視してただ最善を尽くしたのみ。出来栄《できばえ》は後世史家の批評にまつのみ。陛下への報告が出来る事を悦ぶ」と満足感を表現している[40]。

外務省の中で見解の相違があったエピソードをここに特記したい。この日の大使公邸での夕食会の席上、下田大使が「一九五二年のサンフランシスコ平和条約の際に吉田総理がやり残された沖縄の返還の目途を吉田総理の直弟子の佐藤総理が実現された」と感涙にむせびながら挨拶した。前月二〇日に死去した吉田元首相に言及した発言に佐藤首相も涙を誘われたらしいが、「外務省内外で沖縄返還に慎重論ばかりを唱え」てきた下田の発言を積極推進派の千葉一夫一等書記官は冷めた目で見ていた。千葉は東京に残った枝村北米課長にわざわざ「俺は泣かなかった」と事務連絡を入れている。千葉同様に積極推進派だった枝村も「下田大使に対する複雑な思いには私も同感で、大いに共鳴した」と回想録に書いている[41]。翌一二月には千葉が帰国し、枝村の後任として北米一課長に就き、本格的に沖縄返還に取り組むようになる。

3　核兵器と沖縄返還

◆核兵器をめぐる議論

日米首脳による共同声明を受け、日本では沖縄返還は既定路線として捉えられ、核兵器に関する議論が活発になった。一二月一一日に成田知己社会党委員長が沖縄に先立って返還が決まった小笠原諸島への核兵器再持込の可能性を政府に質問した際、佐藤首相は「核を製造せず、核を持たない、持ち込みを許さない」という非核三原則を示した[42]。さらに翌一九六八年一月二七日の施政方針演説でも、「核兵器の絶滅を念願し、みずからもあえてこれを保有せず、その持ち込みも許さない決意であります」と明言している[43]。

沖縄返還をめぐる交渉のなかでも、核問題は大きな難問となった。米国軍が沖縄に核装備を残して置きたいのに対して、日本国内では野党を中心に非核三原則にそった核抜きの本土なみ返還を求める声が高まっていた。他方、外務省幹部などの間では、核抜きは非現実的だとする見方もあった。たとえば牛場次官は「本土並み（核抜き）の基地でなくてはならないなどと決めてかかると、沖縄返還の外交交渉はむずかしい」と記者クラブとの懇談会で発言している。これに対し、木村俊夫官房長官が牛場発言は政府の公式見解ではないと否定した[44]。佐藤首相は返還後の基地の態様については「白紙」であり、今後の日米交渉にゆだねる姿勢をとり続けた。

一九六八年は大統領選挙の年であったが、三月にジョンソン大統領が突如、大統領選に不出馬を表明した。これによって米国側にとって次政権の運営を縛ることになるような合意をすることが難しくなった。それでも世論が核抜きを要求する中、ポピュリスト的傾向が強い三木外相は日米協議で核抜き・本土並みを要求することを考えていた。東郷に局長を中心に外務省幹部は核抜きに悲観的な姿勢を見せており、三木に再検討を促していた[45]。しかし五月二七日に行われた日米協議の場で、三木はジョンソン大使に核抜きを主張した。ジョンソン大使は、返還後の沖縄にどの程度の抑止力を期待するか日本側の考えを示すことが先決だと三木の主張を退けた[46]。さらに三木は返還時期の設定を求めたが、ジョンソン大使は返還後の基地の態様について解決が見られないうちは返還時期を明確にできないと拒否した。大使は、同席した外務省幹部も「私の見解に同意した」と回想録に書いている[47]。外務省幹部の間では、核は絶対だめだとする三木外相の交渉姿勢は「無責任」との批判が出た[48]。その後、同年一〇月末の三木外相の退任まで、再び日米協議が開かれることはなかった。

外相を辞任した三木は一一月の自民党総裁選出馬にあたって政策大綱を発表し、そのなかで「基地の態様については本土並みを期して交渉する……佐藤首相は沖縄返還は自分の手で、とあたかも佐藤さんでなければ解決できないようにいう」と、沖縄問題を選挙の争点化しようとしていた。これに神経を尖らせた佐藤首相は佐藤派の総会で「私は沖縄返還に政治生命をかけている」と語り、「三木氏の本土並み発言が終局の目標を示すものならよいがこれから交渉に臨むものとして言ったなら非常に難しい問題にぶつかる」と外相時代の交渉態度を批判し、「私と考えを異にする人をつい最近まで外相にしていたのは私の不明だった」とこき下ろした。

◆沖縄シフトの内閣改造

一一月二七日の総裁選挙では佐藤は三木に倍以上の票差をつけ、三選を果たした。改造内閣では佐藤は自派の重鎮である愛知揆一を外相に就け、沖縄返還に向けた国会対策のため大物議員の保利茂を官房長官に、それまで同職に就いていた木村を官房副長官に降格するという異例の人事を行い、内閣官房を充実させた。

愛知外相は就任早々、一二月三日と五日外務省の幹部を湯島の私邸に招いて、安保と沖縄についての勉強会を催した。同月七日には、佐藤首相、保利官房長官、木村副長官を交えて、打合せの会合が開かれた。そこで、東郷局長は「ただ『本土並み』一本やりで返還せよというのみで事足りず」非常時における核の持ち込みなどを検討すべきだと事務局の意見を述べた。これに対して、同席した大河原良雄参事官の表現によると「アメリカにはいろいろと問題はあるだろう。しかしそんなことを言わずに、国内が非常に強く核抜き、本土並みの早期返還を希望しているんだから、それを最大限に受け止めた対応をしろ」と、佐藤首相は指示した。この日の日記に佐藤は、「事務当局も入れ大いに指導……東郷局長も今度はやや理解できたらしい」と書いている[49]。

愛知はさらに同月八日に、内閣法制局と防衛庁の官僚も加えて箱根で泊まり込みの勉強会を開いている。外務省からは牛場次官、森治樹審議官に加え、アメリカ局(北米局から再改名)から東郷局長、大河原参事官、千葉北米一課長、条約局からは佐藤正二局長、高島益郎参事官、中島敏次郎条約課長が参加した。この時に愛知外相は、核抜き・本土並みを目指した交渉をするが、「核付き」の返還の場合はどのような条約になるのか案を書いてほしいと発言した。これを受けて中島条約課長が後日、「核抜き」と「核付き」の場合の日米共同声明案を作り愛知に渡した。「核付き」の場合は沖縄だけに適用する特別協定を結ばなければならず、日米安保条約の内容を変更するので国会承認を必要とした交換公文が必要だと愛知に告げたわけである[50]。

一九六八年の暮れ近くになると、米国側も日本の国内政治を考えると核抜き・本土並みには応じなければならないと考えるようになる。ジョンソン大使は回想録で「一九六八年に実質的討議を進める中で、アメリカが結局は沖縄基地の自由使用および核兵器貯蔵に関して『本土並み』という制約を受け入れざるを得ないと、と私は考えるに至った……アメリカ政府は、中国および北朝鮮からの攻撃を抑止するために沖縄に核兵器を置くべきかどうか、その態度を決めていなかった。しかしラスク、マクナマラ、そのほかの国防省高官も、また私も核兵器なしでも対処できるという見解に傾いていた」と書いている[51]。

◆外務省内のダイナミズム

外務省アメリカ局のなかでも、東郷局長が慎重な態度をとっているのに対し、千葉北米一課長は核抜きでの沖縄返還を目指していた。千葉は官邸側の意向を汲み取り、東郷局長、森外務審議官、牛場次官と徐々に外務省内でも核抜きに対する支持を広げていった[52]。千葉はこの頃、下田での会議へ向かう列車で旧知のモートン・ハルペリン国防次官補代理から「米軍部に対しては素人の戦略論は不可、一貫して政治論で当たるべきである」と、核抜き返還を目指す上での助言を得ていた[53]。佐藤首相の密使だった若泉もハルペリンやリチャード・スナイダー国務省日本部長からの情報交換から、『核抜き』だけはニクソン新政権を相手に行けそうだ」という情勢判断を一二月二三日に佐藤首相に伝えている[54]。

にもかかわらず、下田駐米大使は慎重な立場をとり続けていた。一時帰国中の一九六九年一月六日に佐藤首相に会い、「依然『核抜き』返還が最大の難問である」ことを強調した。下田は記者会見でも、本土並みで対米交渉するのは責任ある外交のやり方ではないと発言し、問題視された。帰米前の同月一三日に再度佐藤首相を訪ねた際、核抜き返還を条件にすると早期返還は難しいという旨を繰り替えした。長考の後、佐藤は「下田君、やはり核付きの返還なんて考えられんよ。あくまで核抜きでいこう」と伝えた[55]。この場に同席していた保利官房長官は「この時の佐藤首相の信念的な見識は誠に立派だった。私らも実は半信半疑だったが、あの時に外務省当局や出先の意見によってあいまいに左右されていたら、ああいう形での返還はできなかった。首相として一世一代のリーダーシップをとったと強く感じたものだ」と回想している[56]。

この頃、東郷局長は「本土並み」が受け入れられない場合、「本土並み以上」を暫定的に限定するという妥協案を愛知外相に提示していた[57]。新ニクソン政権で国務次官に就任するため帰国するジョンソン大使に、愛知は妥協案を提案した。大使は「これはまったく新しい方針であり、私は愛知に慎重に考慮すると伝えた。私は非常に勇気づけられた」と高評価をしている[58]。

4 ニクソン政権と密使の活用

◆ニクソン政権発足と日米交渉

一月二〇日にリチャード・ニクソン政権が発足した。ロストウの後任としてハーバード大学教授のヘンリー・キッシンジャーが安全保障担当補佐官に就任したが、沖縄問題に関してはほとんど無知であった。だが日本にとって幸いだったのは、ジョンソン政権で沖縄問題に関わってきたハルペリンとスナイダーの両者がキッシンジャーの部下としてホワイトハウス入りし、また駐日大使だったジョンソンが国務次官として沖縄交渉の推進役を果たすようになったことである。しかし、日米間で正式な沖縄返還交渉が再開されるのは六月の愛知外相訪米まで待たなければならなかった。

その間、日本政府はこれまで「白紙」としていた交渉方針に、核抜き返還の意思を示していく。三月一〇日参議院予算委員会で、佐藤首相は前川旦《まえかわたん》社会党議員の質問に答えて、「持ち込みをするな、許すな、それが非核三原則の何であるということもありましょうから、そういう点は十分私も心得て交渉したい」「核兵器を持ったB52、これはもう私どもが沖縄が返還された後にそういうもののあることを許すべき筋のものではない」「ICBMがあり、ポラリスがあり、さらにB52があると、こういうことを考えると、ここに核は必要ないんだと、こういう主張は可能ではないかと、かように思っております」と発言した[59]。総理秘書官の楠田実は「ついにルビコンを渡った。そういう喩えがぴったりくるこの日の佐藤首相の答弁だった」と感慨を述べている[60]。その日の記者会見で、保利官房長官は「首相ははっきりとは言わんが、結局言わんとするところ、考えているところは……沖縄返還基地は本土並みにしか使えない。すなわち核抜き本土並みということだ」と発言した。これが政府方針の最初の公式発言となった[61]。

外務省アメリカ局でも、一一月に予定された佐藤訪米に向けて、核抜き・本土並みが日本側の交渉方針となった。三月に千葉北米一課長が訪米し、国務省・国防省・ホワイトハウスの高官に面会した。千葉はハルペリンの助言に沿って、訪米後に解散総選挙を予定しており沖縄返還が核付きだと佐藤首相は選挙に勝てないと政治的な面を訴えた。その帰朝報告として、千葉は核抜きよりも米国政府は基地の自由使用を重視しているとの情勢判断を首相官邸やアメリカ局に伝えた[62]。東郷アメリカ局長も四月に書いたポジション・ペーパー案に「返還後の沖縄に存続すべき米軍基地については、施政権返還と同時に安保条約及びこれに関連する諸取り決めがそのまま適用されるべきである」と、愛知外相に進言した特別取り決め案を取り下げて、本土並みを交渉方針にすることを明らかにした[63]。

この核抜きを目指す交渉方針を掲げて、六月に愛知外相が秋の首相訪米時の共同声明案を交渉にワシントンを訪れた。愛知はニクソン大統領との表敬訪問では、一一月の佐藤訪米までに沖縄問題に決着をつけるよう要請した。その後、訪米の最大目的であるウィリアム・ロジャーズ国務長官との会談では、日本側の共同声明案を提示した。そこでは、安保条約など関連取り決めをそのまま適用する、核抜き・本土並み返還とする、沖縄の米軍基地は韓国の安全保障に重要だということが明記されていた。これに対して、ロジャーズ長官からは韓国だけでなく東南アジアを含めた極東全体に言及してもらいたい旨の発言があった。この会談中に下田駐米大使は、極東で米軍が駐留する地域への出撃については特別の措置を適用するという独自の米国寄りの案を提示している。またジョンソン国務次官からは、返還後の核持ち込みについての秘密取り決めの提案があったが、日本側はそれを拒否した[64]。この点については、東京において米大使館と外務省の間で日米合同作業グループを設置し交渉を続けることになった[65]。

外務省は外相訪米を成功と受け止めた。とくに核抜き返還については、最終的には大統領の決定だと伝えられたが、肯定的なニュアンスに受け止められた。実は五月二八日に「緊急時における核の貯蔵と通過の権利を保持することを条件に、交渉の最終段階で、核兵器の撤去を考慮する用意がある」という大統領決定が国務・国防長官あてに送られていたのである[66]。外相訪米中の六月三日に、ニューヨークタイムズ紙がこの決定をスクープしたため、米国側は大きく利益が損なわれたと考えた。ニクソン大統領は回顧録で「この早まった暴露はアメリカの交渉上の立場を大いに傷つけた。日本側が、交渉開始前から、われわれがどこまで折れる用意があるかを知ってしまったからである」と書いている[67]。しかし米国にとって幸いなことに、日米外相会議の場で記事の内容が否定されたため、日本側は報道を真剣に受け止めなかった。

愛知訪米で明らかになったのは、米国は核抜き・本土並みの沖縄返還について日本の政治状況を考え前向きに対応しようとしているが、それにはスクープにでも出たように朝鮮半島有事などの緊急時に核の持ち込みや基地使用の自由が保証されるという条件が必要だということであった。下田大使の特別取り決めを決めれば良いという提案は国会承認が必要であり、政治的に受け入れられないと外務本省は拒絶した。ジョンソン国務次官から提案されたように、米国は秘密文書でも良いから有事の核持ち込みと基地の自由使用について確約が欲しいということだが、これについても外務省は拒否する立場だった。沖縄基地問題では、日米政府の間には未だ大きな溝が残っていた。

◆「密使」の暗躍と「密約」

愛知訪米後の六月二一日、若泉は佐藤首相と面会する。この時、若泉は友人のロストウ補佐官の助言を受けて、外交ルートではなくキッシンジャーを通じて直接ホワイトハウスと交渉することを提案する。七月になって若泉は愛知外相からもキッシンジャーとの接触を要請される。その時、愛知は日本政府の交渉の基本方針として、①核抜き・本土並み、②事前協議は適正運用を図る、③緊急時の核持ち込みに対してイエスもありうる、④特別の取り決めや秘密協定は結ばない、との点を若泉に伝えた。若泉は同日、佐藤首相とも会い、外交当局の責任者である愛知外相にはこれ以上話さないという約束で、キッシンジャーに接触することを了承した[68]。

電話でハルペリンを通じてキッシンジャーとの面会を取り付けた翌日の七月七日、若泉は木村官房副長官と面会することになった。外務省は特別取り決めも秘密協定も拒否する立場をとっていたため、首相官邸には本土並み返還の可能性について楽観的な報告をしていなかった。木村は外務省が本土並みという佐藤首相の基本方針を貫こうとせず、この点で譲歩するのではないかと心配していた。木村は「牛場君にしても東郷君にしても、外務省はどうもアメリカに弱腰で、彼らに交渉を委《まか》しておいてはダメだという気がしてます……どうしても、首相官邸とホワイトハウスの間にホットラインが必要だ」と若泉に伝えた[69]。

渡米した若泉は、七月一八日にキッシンジャー補佐官と面会した。事前にハルペリンから有事の核の持ち込みについて確約が必要だと伝えられた若泉はキッシンジャーに、日米首脳の間にホットラインを築きたいと伝えた。そのうえで問題解決方法として、有事の核の持ち込みについては名目上事前協議を必要とするが、実質的には自由使用と変わらないという線でまとめたいという提案を出した。キッシンジャーは提案を興味深く受け取り、これから外務省と国務省にも秘密で交渉を進めたいと、知っているのは日米首脳と彼と若泉の「四人だけ」にしようと語った[70]。

公式ルートとして日米共同声明案をめぐっては外務省とジョンソン後任のアーミン・マイヤー大使の間で交渉が行われた。マイヤー大使は外交官ではあったが、中東の専門家で日本に関する知識がなかった。そのため長年日米関係を担当してきたスナイダー補佐官が、ロジャーズ国務長官訪日に同行し、そのまま東京で公使に着任してマイヤーの補佐役を務めることになった。

日米間の交渉で、米大使館側は外務省が秘密取り決めを拒否するならば、共同声明で韓国、台湾、ベトナムに関する基地の自由使用を認めるよう要求した。日本側はベトナムが日米安保条約の対象地域であるフィリピン以北とする極東には含まれず、韓国と台湾に関しても同協定により事前協議が必要だと要求を拒否した。七月二八日のロジャーズと愛知の外相会談でも、この日米間の溝は埋まらなかった[71]。

国務長官訪日後も基地の自由使用の問題をめぐり、日米間で激しい交渉が繰り返された。八月初旬、東郷アメリカ局長は妻の入院先の病院で、共同声明案を書き下ろした。そのなかで東郷は「極東条項」を設け、「韓国の安全は日本自身の安全に緊要」であり、台湾は日本の安全に重要と言及することを、また核兵器については大統領が日本の政策（非核三原則）を尊重することを提案していた[72]。東郷による日本政府の声明案を受け取った交渉相手のスナイダー公使は「極東条項」のなかで韓国・台湾・ベトナムへの基地使用についてより具体的な表現を求める一方で、核の問題は大統領の最終判断にまかせると伝えた。

九月になって愛知外相が訪米し、ロジャーズ国務長官と会談することになった。この会談でも日本側は基地の自由使用については拒んだが、佐藤首相のナショナルプレスクラブでの演説で、韓国と台湾有事の際には「前向きに、かつすみやかに態度を決定する」という一方的な発言をするということで折り合いをつけることになった。ベトナムについては、返還時にもまだ戦争が続いている場合、「米国の努力に影響を及ぼすことなく沖縄の返還が実現されるように」協議するという表現で合意した[73]。

しかし核問題について日米政府間交渉の場では、佐藤訪米時に首脳間で決めることを米国側は主張し続けた[74]。一一月に入ってから東郷局長が核問題で未解決だと伝えると、佐藤首相は「本件は他言無用だ。俺も心配しており、君たちばかりに委せているのではない。責任は俺が取るのだから君たちは安心して思う通りやれ」と答えた[75]。東郷は激励されたと解釈しているが、密使を通じた交渉を示唆しているともとれる発言である。

この間、八月に若泉がカリフォルニアでキッシンジャーに会っている。このときは事態に進展がなく、若泉はニクソンに「可能な最大限の手助けをしたい」と佐藤首相が核問題の見返りを提供することをメモで手渡している[76]。これが後に、ニクソンが佐藤に繊維輸出の自主規制を求めることに繋がっていく。

しかし九月の外相訪米でも核問題が決着しなかったのに焦りを感じた佐藤首相は若泉を首相公邸に呼び、「もう一、二回、君には是非頼みたい……東京では、東郷とスナイダー、ワシントンでは、下田とジョンソンがやっているが、これでは詰めてもつまらん問題があるかもしれんから」と要請した[77]。若泉は同月二六日にキッシンジャーとの会見の約束を取り付けた。会見前に友人のハルペリンに会うと、緊急時の核の持ち込みについて秘密了解の文書が必要だという助言を受けた[78]。

二六日の会見で、キッシンジャーは基地使用の問題は事務レベルで決着がつくだろうと述べた後、「大事なのは繊維だ」と、ニクソン大統領が日本からの対米繊維輸出の自主規制を求めていることを伝えた。若泉がハルペリンの助言に従い、核持ち込みの秘密了解を提案しても、キッシンジャーは「今後も、核の問題については一切交渉も取引もさせないということにし、最終的にはニクソン大統領と佐藤首相との間で直接決める」というホワイトハウスの方針を伝えた[79]。その四日後に再会した時に、キッシンジャーは若泉に繊維輸出の自主規制を求める文書と「緊急時の核の再導入と通過」の保証を求める文書を手渡し、佐藤首相と相談するよう求めた[80]。

帰国後の一〇月三日に、若泉は佐藤首相に面会し文書を手渡し、ニクソンの要求を説明した。佐藤は「少し考えさせてくれ」と伝える[81]。この日の日記に佐藤は、「米国に派遣した若泉敬君が返ってきたので早速会ふ。思ったとおり、二、三の点で重大決意を要する様だ。又繊維干《関》係は当方で決心するようにと決心をせまられる」と記している[82]。佐藤は同月二三日に若泉と会った時にはまだ決心がつきかねていたが、二七日には「ニクソンがどうしても、それが必要だというのなら、会談の記録をまとめたものにして、それにサインしてもいい」と決断を伝えた[83]。

若泉が訪米する当日に首相公邸に行くと、佐藤は「核について特別の取り決めとか、協定、条約などは一切結びたくないんだが」と渋りだした。それに対して若泉が「合意議事録にして残し、首脳二人がイニシャルだけサインするというのはどうですか」と提案した。佐藤はそれが絶対に外部には出ないということを条件に「君に委すから、全部まとめてきてくれ給え」と要請した。しかし繊維問題については、この時になっても若泉に対し、佐藤は具体的な言質を一切与えなかった[84]。

一一月一一日のキッシンジャーとの会談の前に、若泉は合意議事録の文案をワシントンのホテルで書いた。繊維問題については多国間会談で解決するため、日米両国で秘密裏に話を進めることに同意する。核の持ち込みについては、緊急時における米国の必要を理解し事前協議で遅滞なく対応するという内容だった。一二日には、核問題は日米首脳会談の一日目に話し合われ、そこでは日米間がそれぞれ自国案を交互に相手に示し最終案で合意するというシナリオも作られた。繊維問題では年内に合意することと、五年にわたる輸出自主規制をすることが求められた[85]。

帰国後の一五日、若泉は佐藤首相に会い合意事項について報告した。佐藤は核の合意は喜んだものの、繊維問題には苦い顔を見せた。ニクソン大統領にとって問題の政治的重要性を強調すると、「よし、なんとかニクソンを助けよう」と佐藤は若泉に告げた[86]。この日の日記に佐藤は、「九時から若泉敬君に会ふ。若い学者先生の情熱をこめてのキッシンジャー補佐官との取引を、余又感激の中に報告をきく」と記している[87]。

一一月一九日、日米首脳会談が始まった。若泉とキッシンジャーの振り付けどおりに、日米首脳が対応し、まずそれぞれの声明案を交互に出し合った。佐藤首相が最後に、「日米安保条約の事前協議制度に関する米国政府の立場を害することなく」日本政府が対応するという文言を見せると、ニクソンは「この表現で米国民を納得せしめる用意がある」と、それに合意した[88]。この「米国政府の立場を害することなく」という言葉は、東郷局長が「条約局の苦心の策」と評価した表現である[89]。条約局でこの表現の起草者のひとりである栗山尚一は、これによって核の持ち込みを認めることができるので、若泉が交渉した密約は不必要だったと論じている[90]。

この日の会談後、両首脳は別室に移り、秘密文書に署名した。そこでは大統領の言葉として、「沖縄からすべての核兵器を撤去する」「極めて重大な緊急事態が生じた際、日本政府との事前協議を経て、核兵器の沖縄への再持ち込みと、沖縄を通過させる権利を必要とするであろう。米国政府は、その場合に好意的な回答を期待する」とあり、それに応える総理大臣の言葉として、「極めて重大な緊急事態の際の米国政府の諸要件を理解して、かかる事前協議が行われた場合には、遅滞なくそれらの要件を満たすであろう」と書かれている。これによって、共同声明より少し強い表現で核の持ち込みを認める約束をしている[91]。

二日目(二〇日)の経済問題をめぐる首脳会談は筋書き通りに運ばなかった。ニクソンが繊維問題は自分の大統領選時の公約であり、重要な問題である点を強調した。佐藤は「繊維についての国会の決議があり、自分はこれに拘束されている」と応え、キッシンジャーが要求した年内解決や自主規制の話を出さなかった。ニクソンはこの日、キッシンジャーが若泉経由ですでに佐藤に手渡してある繊維自主規制に関する米国の要求のメモを首脳会談の場で手渡し、「貴総理と自分とがお互いに考えを良く理解し合っていることが重要なことである」と、事前の確約を迫る発言をしている。この日は繊維問題について、はっきりした言質を佐藤が与えなかったため、外部に対する発表では経済問題を話し合ったと、その具体的内容に言及しないことで合意があった[92]。これについてキッシンジャーは若泉に国際電話で苦情を訴え、若泉は佐藤首相に連絡をとり確約させると伝えた[93]。

これを受けて三日目(二一日)の首脳会談では、佐藤首相が「現在ジュネーヴで行なわれている話合いに関し、外部に発表する意図はないが、一二月末までに話をつけ、その上ではっきりした形で約束をする。……申すまでもなく自分は、このことにつき十分責任をとる用意がある」と年内決着を確約している。さらにこれまで日本が拒否してきた細品目別に上限を設ける「包括的規制」に関しても「自分はその場限りの男ではない。誠意をつくすというのが自分の信条である。この問題には幾多の困難があり、米側だけでなく、日本側においても業界は強い利害関係をもっている。しかし、本日述べた趣旨で自分が最善をつくすことを信頼してほしい」と発言したことで日米間が合意した。この発言は公にされることなく、「密約」として語り継がれることになる。佐藤が繊維問題で「善処する」と答え、それが「最善を尽くす」と通訳に誤訳されたという誤った伝説も生まれた。しかし、この佐藤の発言によって長い沖縄返還をめぐる交渉が一区切りし、同日の共同声明によって一九七二年に沖縄が返還されることが決まった[94]。

5 沖縄返還交渉の政治過程

岸政権後に首相となった池田勇人と佐藤栄作は、吉田茂に選ばれ官僚から政治家に転じた、いわゆる「吉田学校」に属する直弟子のような存在であった。この二人には鳩山一郎や岸信介のように、吉田への対抗意識はなかった。池田は岸による日米安保改正によってすさんだ国内のムードを直すため安保問題に関する議論を封じ、経済発展を重視することで国民に明るい未来像を提供しようとした。佐藤も実兄の岸が進めようとした改憲議論を封じる一方で、吉田から遺された課題であった沖縄返還を実現させ、日本の戦後問題に終止符をつけようとした。こうした池田と佐藤の動きは吉田路線への回帰と言える。

沖縄返還は、佐藤がそれを口にしたとき、「焼身自殺」と称されたほど、実現性が低く政治リスクが高い公約だと考えられた。というのも、日本側が望む核抜き本土並みの返還に米国が合意するわけがなく、それ以外の形態の返還は国内政治的に受け入れられないと見られたのである。実際、交渉は容易ではなく、足かけ七年に及んだ。

官僚出身の政治家らしく、佐藤は当初、外務省という官僚機構主導の政策決定方針をとった。後に駐米大使に転出する下田次官や公式交渉の主役である東郷局長など、外務省上層部は核抜き本土並み返還に悲観的な立場をとり続けた。他方、担当課長を務めた枝村や千葉が佐藤首相の意向や沖縄住民の希望を受け、本土並み返還を目指し徐々に米国の理解を得ていく。

だが下田や東郷の慎重さを反映した交渉態度では、佐藤が望んだような交渉の進展は見られなかった。焦れる思いの佐藤は、ホワイトハウスにコネクションがある国際政治学者の若泉敬を密使として派遣する。ニクソン政権で安全保障担当補佐官に就いたキッシンジャーも、国務省主導の日米交渉を不満に思い、両首脳間にパイプを築くことを喜んで受け入れる。

このパイプが、両首脳の本音レベルでの落としどころを探るのに役立ったのは間違いない。外務省と国務省による公式ルートの交渉も結局、その落としどころに近づいた点で決着がついた。核問題では両首脳間で、朝鮮半島の有事の際に米軍の核の再導入と通過に対して日本が好意的な回答をするという秘密文書が交換されることになった。公式ルートの交渉結果でも、「米国政府の立場を害することなく」対応する旨が明記され、日本政府の確約の度合いはほぼ変わらないものとなった。

しかし、日米間にはニクソン大統領が強く望んだ、もう一つの「密約」があった。それは繊維問題である。この問題は公式ルートではリンクしないこととされ、一言も共同声明には触れられていないが、首脳間では交換条件と受け取られていた。次章で詳しく述べるように、田中角栄通産相が最終的に問題を解決するが、佐藤首相は当初真剣に問題に取り組まず、ニクソンを激怒させた。非公式ルートによる交渉は、核問題では円滑に落としどころに誘導することに成功したが、繊維問題では両首脳の対応の違いによって問題をこじらせるという弊害を生んだ。

前章同様、ハーマンの枠組みを使って佐藤政権の外交政策過程をもう一度振り返ってみよう。第一に政治指導者の主導であるが、佐藤首相が強い意志を持って、自発的に沖縄返還に取り組んだのは間違いない。その当時、返還の実現は不可能と思われており、あえて佐藤が政治的リスクをとったのは政権の崩壊につながるとさえ考えられた。しかし、この長期交渉が必要な沖縄返還はリスクをはらみながらも、佐藤政権の延命に貢献することになった。

第二の官僚組織の率先については、当初外務省上層部は本土並み返還に悲観的な立場をとっていた。そのため、米国に対して強く本土並みを主張せず、佐藤首相を焦らすことになった。そのため佐藤は密使を使い、首脳間で情報交換を行うことになった。これは交渉を円滑にし、交渉を成功裏に導くことに貢献した。他方、実務レベルの担当課長が本土並み返還を積極的に推進していったことは特筆すべきであろう。首相の政策ベクトルは、外務省上層部とは共有されていなかったが、むしろ実務レベルの中堅官僚とは当初から方向も長さも一致しており、このことが外交上の大きな成果につながったと言える。

第三の国内政治構造の変化については、ほとんど影響がなかった。自民党内では、佐藤政権が七年八カ月にも及ぶ長期政権となったため、首相の座を脅かす佐藤と同世代のライバルはいなくなっていった。また、池田政権以降の経済発展で予算が膨らみ、佐藤政権下で地域への利益誘導が顕著に行われることにより自民党の一党優位体制が築かれたことが、長期安定政権下での沖縄返還交渉を可能にした。

第四の外的ショックについては、戦後間もないころ圧倒的な経済力を持っていた米国もベトナム戦争が長引いたことによって米国の相対的な地位が低下し、それが佐藤の沖縄返還を有利に導いたということが言えるだろう。ベトナム戦争によって苦しい立場に追い込まれていたジョンソン大統領については、日本がベトナムに経済的な支援を行うことが沖縄返還への態度を積極的なものにした。ニクソン大統領については、繊維問題が事実上の交換条件とされたことで交渉妥結に繋がった。

佐藤政権以降も日本の経済的地位のさらなる上昇に伴い、米国の日本に対する要求レベルがますます高まっていくことになる。それでも冷戦期間中は、日本は吉田ドクトリンを維持し、安全保障面での米国に対する依存と自国の平和路線を継続することになる。

註

1――渡辺治『日本国憲法「改正」史』日本評論社、一九八七年、四三三頁。

2――伊藤昌哉『池田勇人その生と死』至誠堂、一九六六年、九三頁。

3――渡辺治『日本国憲法「改正」史』四五八頁。

4――稲葉修法相の答弁、衆議院法務委員会、一九七四年一二月二四日。

5――衆議院法務委員会、一九七五年五月一六日。

6――岸信介・矢次一夫・伊藤隆『岸信介の回想』文藝春秋、一九八一年、一二三頁。

7――この会議の参加メンバーは、愛知のほか後に総理秘書官となる楠田実、通産官僚の山下英明、共同通信記者の麓邦明、産経新聞記者の笹川武男と千田恒だった。千田恒『佐藤内閣回想』中公新書、一九八七年、一二二頁。

8――千田恒「明日へのたたかい」楠田実編著『佐藤政権・二七九七日（上）』行政問題研究所、一九八三年、六一頁。

9――枝村純郎『外交交渉回想』吉川弘文館、二〇一六年、二八～二九頁。

10――同、三二頁。

11――宮川徹志『僕は沖縄を取り戻したい』岩波書店、二〇一七年、一六～一七頁。

12――枝村純郎『外交交渉回想』二五頁。

13――同ペーパーには「米国による沖縄の統治は、すでに二十年の長きに及ばんとしており、沖縄住民の間に自治権その他政治的、社会的自由の拡大とさらに日本本土への復帰を望む気持ちが年とともに強まりつつあること、また日本本土の国民の沖縄問題に対する関心がますます高まりつつあることは当然と考える」とある。千田恒『佐藤内閣回想』五七頁。

14――「佐藤栄作首相とジョンソン米大統領の共同声明」一九六五年一月一三日。

15――枝村純郎『外交交渉回想』三九頁。

16――同、四〇～四一頁。

17――「佐藤栄作内閣総理大臣の沖縄訪問に際してのステートメント」一九六五年八月一九日『佐藤内閣総理大臣演説集』総理府、一九七〇年、一一一～一一二頁。
18――下田武三『戦後日本外交の証言（下）』行政問題研究所、一九八五年、一五七頁。
19――中島敏次郎『外交証言録』岩波書店、二〇一二年、六九頁。
20――枝村純郎『外交交渉回想』四四頁。
21――同会のメンバーは、茅誠司（元東大総長）、大河内一男（東大総長）、森戸辰男（元文相）、横田喜三郎（元最高裁長官）、武見太郎（日本医師会会長）、朝海浩一郎（元駐米大使）、長谷川才次（時事通信社社長）、林修三（前内閣法制局長官）、森永貞一郎（日本輸出入銀行総裁）、鹿内信隆（フジテレビ社長）と座長の大浜信泉（元早大総長）。
22――中野好夫編『戦後資料沖縄』日本評論社、一九六九年、五九七頁。
23――東郷文彦『日米外交三十年』中公文庫、一九八九年、一二五頁。
24――下田武三『戦後日本外交の証言（下）』一六五、一六七頁。
25――三木外務大臣発在米国下田大使宛電報「沖縄問題（意見具申）」一九六七年七月一三日。引用は中島琢磨『沖縄返還と日米安保体制』有斐閣、二〇一二年、五五頁から。
26――枝村純郎『外交交渉回想』五八頁。
27――佐藤栄作『佐藤栄作日記』第三巻、朝日新聞社、一九九八年、一〇九頁。
28――若泉敬『他策ナカリシヲ信ゼムト欲ス』文芸春秋、一九九四年、六八頁。
29――同、六八～七八頁。
30――同、七九、八六～九九頁。
31――アレクシス・ジョンソン『ジョンソン米大使の日本回想』草思社、一九八九年、一七四～一七五頁。
32――下田武三『戦後日本外交の証言（下）』一六八～一六九頁。
33――東郷文彦『日米外交三十年』一三六頁。
34――若泉敬『他策ナカリシヲ信ゼムト欲ス』一〇〇頁。
35――佐藤栄作『佐藤栄作日記』第三巻、一七四頁。
36――楠田実「新しい日米関係の幕開け」楠田実編著『佐藤政権・二七九七日（上）』二六八頁。
37――アレクシス・ジョンソン『ジョンソン米大使の日本回想』一七五～七六頁。

38——東郷文彦『日米外交三十年』一三八頁。
39——「一九六七年一一月一四日および一五日のワシントンにおける会談後の佐藤栄作総理大臣とリンドン・B・ジョンソン大統領との間の共同コミュニケ」一九六七年一一月一五日。
40——佐藤栄作『佐藤栄作日記』第三巻、一七六頁。
41——枝村純郎『外交交渉回想』六二～六三頁。
42——衆議院予算委員会、一九六七年一二月一一日。
43——佐藤栄作、施政方針演説、一九六八年一月二七日。
44——中島琢磨『沖縄返還と日米安保体制』一〇六頁。
45——東郷文彦『日米外交三十年』一五四～一五六頁、および中島琢磨『沖縄返還と日米安保体制』一〇八～一一〇頁
46——東郷文彦『日米外交三十年』一五六頁。
47——アレクシス・ジョンソン、二一八～一九頁。
48——中島琢磨『沖縄返還と日米安保体制』一一一頁。
49——東郷文彦『日米外交三十年』一五七～一五八頁、佐藤栄作、三五八頁、および大河原良雄『オーラルヒストリー日米外交』ジャパンタイムズ、二〇〇六年、一八三頁。
50——中島敏次郎『外交証言録』七八～八三頁。
51——アレクシス・ジョンソン『ジョンソン米大使の日本回想』二一九頁。
52——福井治弘「沖縄返還交渉——日本政府における決定過程」『国際政治』52、一九七五年、一一一頁、
53——千葉一夫「戦後外交史の中の沖縄」『外交フォーラム』一九九五年一二月、三〇頁。なお、千葉は一九六八年秋のことと書いているが、日米政策企画協議が行われたのは同年一二月四日であった。
54——若泉敬『他策ナカリシヲ信ゼムト欲ス』二〇六頁。
55——下田武三『戦後日本外交の証言(下)』一七七頁。
56——保利茂『戦後政治の覚書』毎日新聞社、一九七五年、一二四頁。
57——東郷文彦『日米外交三十年』一五八頁。
58——アレクシス・ジョンソン『ジョンソン米大使の日本回想』二二三頁。
59——参議院予算委員会、一九六九年三月一〇日

60――楠田実「新しい日米関係の幕開け」四二〇頁。
61――保利茂、『戦後政治の覚書』一二〇頁。
62――中島琢磨『沖縄返還と日米安保体制』一四八～一五〇頁、および宮川徹志『僕は沖縄を取り戻したい』九一～一〇〇頁。
63――中島琢磨『沖縄返還と日米安保体制』一五二頁。
64――同、一六三～一六七頁、および宮川徹志『僕は沖縄を取り戻したい』一〇〇～一〇五頁。
65――アレクシス・ジョンソン『ジョンソン米大使の日本回想』二六九頁。
66――National Security Decision Memorandum 13, May 28, 1969. 引用は若泉敬『他策ナカリシヲ信ゼムト欲ス』二五四～二五五頁から。
67――リチャード・ニクソン『ニクソン回顧録　第一部』小学館、一九七八年、八四頁。
68――若泉敬『他策ナカリシヲ信ゼムト欲ス』二七一～二七五頁。
69――同、二七七頁。
70――同、二八〇～二九八頁。
71――中島琢磨『沖縄返還と日米安保体制』一九三～一九六頁。
72――東郷文彦『日米外交三十年』一六四～一六五頁。
73――同、一六六～一六七頁。
74――訪米直前の会議で、マイヤー大使が佐藤首相に対して「大統領は総理との会談で双方にとりかくも重要な本問題を協議するまで何等の決定をしたくない次第である」と語っている。「佐藤総理・マイヤー米大使会談」外務省、いわゆる「密約」問題に関する調査結果報告対象文書（一九七二年の沖縄返還時の有事の際の核持込みに関する「密約」問題関連）、文書三－一、一九六九年一一月一一日。
75――東郷文彦『日米外交三十年』一六九頁。
76――若泉敬『他策ナカリシヲ信ゼムト欲ス』三二五頁。
77――同、三三六～三三九頁。
78――同、三四二～三四七頁。
79――同、三四七～三五一頁。

80 同、三五三～三五五頁。

81 同、三六二～三六六頁。

82 佐藤栄作『佐藤栄作日記』第三巻、五一二頁。

83 若泉敬『他策ナカリシヲ信ゼムト欲ス』三八六～三八七頁。

84 同、三九六～三九八頁。

85 同、四〇四～四三六頁。

86 同、四五〇～四五九頁。

87 佐藤栄作『佐藤栄作日記』第三巻、五三四頁。

88 「佐藤総理・ニクソン大統領会談（第一回一一月一九日午前）」外務省、いわゆる「密約」問題に関する調査結果報告対象文書（三、一九七二年の沖縄返還時の有事の際の核持込みに関する「密約」問題関連）、文書三‐二、一九六九年一一月二七日。楠田実「太平洋新時代」楠田実編『佐藤政権・二七九七日（下）』、行政問題研究所、一九八三年、六〇～六二頁。

89 キッシンジャーが回想録に米国政府側の案だと書いていたため、東郷はその後キッシンジャーにあった際、間違いを正している。東郷文彦『日米外交三十年』一七七頁。

90 栗山尚一『沖縄返還・日中国交正常化・日米「密約」』岩波書店、二〇一〇年、三九～四四頁

91 「一九六九年十一月二十一日発表のニクソン米合衆国大統領と佐藤日本国総理大臣による共同声明に関する合意議事録」「外務省、いわゆる「密約」問題に関する有識者委員会報告書」七四～七五頁。

92 「第2回佐藤総理大臣・ニクソン米大統領会談（要旨）」データベース「世界と日本」（代表：田中明彦）、一九六九年一一月二七日、http://worldjpn.grips.ac.jp/（二〇一七年一二月一八日確認）。

93 若泉敬『他策ナカリシヲ信ゼムト欲ス』五一八～五二一頁。

94 「第3回佐藤総理大臣・ニクソン米大統領会談（要旨）」データベース「世界と日本」（代表：田中明彦）、一九六九年一一月二七日、http://worldjpn.grips.ac.jp/（二〇一七年一二月一八日確認）。

第3章 自民党長期政権下の派閥抗争と外交

一九七二年六月、その前月に沖縄返還を果たした佐藤首相が退陣を表明し、「三角大福中」と称された次世代の派閥リーダーたちの出番となった。その中でもポスト佐藤の座を激しく争ったのは、佐藤が後継と目し岸派を引き継いだ福田赳夫と、佐藤派を割って自らの派閥を創った田中角栄であった。田中が総裁選に勝利するが、この時の確執は深く「角福戦争」と称された自民党の派閥対立はその後も長らく続くことになる。激しい派閥抗争は一九七〇年代を通じて総裁任期ごとの総裁交代と、それに伴う首班交代を招き、田中政権以降、短期政権が続くことになった。

本章では最初に、政権獲得の条件として日中国交正常化に取り組むことになった田中角栄の政策決定過程を見ていく。次に鈴木善幸政権によって悪化した日米関係を立て直すために、現実的な安全保障路線に舵を切り替えた中曽根康弘の外交政策過程を探る。

1　田中角栄と日中国交正常化

佐藤後継の田中角栄は日中国交正常化を外交の最大課題としたが、それは一九七二年七月の総裁選で初めて外交問題が最重要争点となる展開になったからである。佐藤政権下の一九七一年、日本は国連の中国代表権問題で決断を迫られていた。米国は複合二重代表制と台湾を除名するには国連総会で三分の二以上の同意が必要とする逆重要事項指定方式を提案するという台湾寄りの姿勢を示す一方で、同年七月にニクソン・ショックと呼ばれた、日本の頭越しの米大統領訪中発表があった。そのため日本の国内世論も財界を中心に中国寄りの考えが強まりつつあった。中国国連代表権問題は、本来外相の所管事項であるが、高度に政治的問題なので首相レベルにまで上げられたのである。佐藤首相は、後継者に迷惑のかからぬよう問題の先送りをしない決意をもっていた。同年九月二二日、佐藤は二重代表制と逆重要事項指定方式の共同提案国となることを発表した。時代に逆行するものだとの批判はあったが、佐藤首相は台湾との歴史的つながりを重視し、台湾寄りの決定をしたのである。

佐藤が後継に推していた福田赳夫はこの決定の際に外相を務めていたことに加えて、親台湾派のリーダーである岸信介から派閥を引き継いで領袖となったため、台湾寄りの姿勢をとっていた。また福田自身も大陸残留日本人の帰還や戦後賠償問題、分割占領への反対、天皇制維持への支持などをしてくれた、蒋介石台湾総統に強い恩義を感じていた。「その総統が率いる台湾が国際社会で非常に苦しい立場に立っているとき、恩義を忘れることなく対応するのは当然だ」と考えていた[1]。

これに対して佐藤政権下で反主流派と目されていた、派閥領袖の三木武夫、大平正芳、中曽根康弘は日中国交正常化の推進派であった。この中でも三木武夫は最も早い時期から日中国交正常化に積極的で、一九七〇年一月に中華人民共和国を中国の正統政府と認めるべきだと公言していた。米中接近声明後の一九七一年七月一九日には台湾との関係を断っても北京政府との正常化をすべきだと言い切っている[2]。田中の盟友である大平も一九七一年九月の宏池会議員研修会での「潮の流れを変えよう」と題した演説の中で、「北京との間に政府間の接触を開始する」必要性を訴えている[3]。中曽根も佐藤政権下で自民党総務会長を務めていたとき、日中国交正常化を支持し、佐藤首相に対しても前述の逆重要事項指定方式の共同提案者となることに反対を表明していた。佐藤退任をにらんで派閥の幹部らに「日中国交回復が大問題なんだから田中でいこうや」と説得し、田中にも国交正常化をせまった[4]。

田中自身も日中正常化が田中政権の外交課題になると考え、密かに外務省中国課長の橋本恕《ひろし》と会っている。橋本は一九七一年一月に、国交正常化へのシナリオを描き、田中に提出した。当時の外務省と自民党内の多くは、北京との間に国交を持たないのは非常に不自然であると考えていた。しかし、台湾との国交を断つわけにはいかないという、言わば「二つの中国」という立場をとる者が多かった。しかし、その路線では北京が国交正常化に応じるわけはない。橋本は田中に台湾との国交断絶を説いた[5]。田中は田中派のなかでも政策面の参謀ともいえる愛知揆一に橋本レポートを読ませ、橋本との会見に同席させた。そこでの話し合いで、田中と愛知は日米同盟を維持しつつ日中正常化は実現できるとの確信をもった[6]。

田中はこうした準備をしたうえで、一九七二年春ごろに三木と大平と三者会談を開いたが、その場で予想通り三木は日中国交正常化を迫った[7]。この三者は総裁選三日前の七月二日に再び会談し、田中・大平・三木の三派で政策協定を発表した。そこでは、「日中の国交正常化は、いまや国論である。われわれは、政府間交渉を通じて、中華人民共和国との間に、平和条約を締結することを目途として、交渉を行う」と宣言された[8]。中曽根康弘もそれに乗り四派連合を形成することになった。その結果、福田赳夫と岸信介らという保守派のブロックに対して、日中国交正常化を支持する派閥連合が田中を首班指名することになった[9]。

◆繊維交渉で試された外交手腕

田中は建設会社経営者から政治家に転身しており、議員になってから国土開発を中心に国内政策を専門にしてきた。しかし通産相時代に外交問題でも成果を挙げている。それは前章で述べたように、佐藤政権の沖縄返還とも深い関係のある日米繊維交渉だった。

キッシンジャー大統領補佐官の言葉を借りれば、繊維問題は「沖縄問題と直接の関係はなかったが、リンクされる運命にあるのは避けられなかった」のである。「米国の経済人、議会、経済担当政府高官が、沖縄問題を円滑に進めるためには、経済問題で日本から譲歩を引き出すべきだと強く要求」するなか、ニクソンが選んだのが繊維問題だった。ニクソンはキッシンジャーに「繊維問題をなんとかすべきだ」という短いメモを渡した[10]。繊維問題が選ばれたのは、ニクソンが大統領選挙運動中に南部をまわった際、日本製品に押され損害を受けていた繊維業界に、なんらかの手段で救済すると公約していたからだった。

すでに見たように一九六九年一一月の日米首脳会談において、繊維問題の年内決着を確約したことで共同宣言にこぎつけたが、佐藤には自ら率先して約束を果たす決意はなかったようだ。この日の日記に佐藤は「今この国で問題なのは「せんゐ」問題。然しこれとて寿府《ジュネーブ》で会議が初《ママ》まっておるのでこの解決に期待をかける他ない。とりきめの成立を望むのみ」と責任感の全く感じられない書き込みをしている[11]。

日米首脳会談が「イト（繊維）でナワ（沖縄）を買った」と評価され、その佐藤首相はその噂を打ち消すために約束の存在を隠し続けた。したがって大平正芳通産相にも特別な指示を与えず、ジュネーブでの多国間繊維交渉は決裂し、「年内決着」の約束は果たされなかった。翌一九七〇年一月の内閣改造で、佐藤は大平に代えて宮澤喜一を通産相に任命した。宮澤の通産相就任時に佐藤は「日米繊維交渉は気になる問題だから、ひとつ頼む」と話したものの、密約についてはその後も打ち明けていない。そのため宮澤は日本の輸出貿易管理令の主旨に反する輸出自主規制には反対の立場をとり、宮澤の下でも日米繊維交渉はまとまらなかった[12]。

同年一〇月に国連総会出席後にワシントンに向かい、佐藤首相は首脳会談でニクソン大統領に自ら繊維問題を持ちだし「ご期待どおりにならず、(大統領閣下を)困った立場においやったことを謝罪しなければなりません」と述べ、そのうえで「(私の)帰国とともに決着させねばなりません」「私の決断すべき時がきました」と決意を述べた[13]。佐藤の帰国後、一一月九日から牛場信彦駐米大使とピーター・フラナガンとの間で秘密交渉が行われたが、佐藤が積極的に指示した形跡はなく、一九七〇年一二月二三日に決裂した。ジョンソン国務次官は「なぜ実行できるという確信もないのに二度目の約束をしたのか、私にはまったく理解できなかった」と佐藤の首脳会談での発言に疑問を投げかけている[14]。

翌年三月に日本繊維産業連盟が一方的に輸出自主規制を発表した。これは米議会で権勢を誇ったウィルバー・ミルズ下院歳入委員長(民主党)の「二国間協定ができない場合、日本側の一方的自主規制でよい」という発言を米政府の意向を取り入れたものと思って、繊維業界が踏み切ったものだった[15]。しかし自分がライバル視した野党のミルズによる仲介に日本が従ったことに、ニクソンは激怒し「ジャップの裏切り」と罵ったと言われる[16]。ニクソンは公式の大統領声明を発表し、「欠陥を有する日本の業界案は受諾可能な解決をもたらすものではない……この措置はかかる交渉の途を実際上とざしてしまつた」と厳しく自主規制案を批判した[17]。

ニクソンの激怒の理由はライバルに手柄をとられたというだけではなかった。米国側の要求が通れば繊維業界から一九七二年大統領選向けに二〇〇万ドルの寄付をするという約束を取り付けていたからだとピーター・ピーターソン補佐官が明かしている[18]。一九七一年七月の大統領訪中の電撃発表、そして八月のドルの金兌換停止と円切り上げという二つの「ニクソン・ショック」が日本の頭ごなしに行われた背景には、このときのニクソンの怒りがあったのではないかと言われる。

一九七一年七月、佐藤首相の最後の組閣において、繊維問題の責任者である通産相に田中が就いた。佐藤は田中にも密約の存在を告げていないが、大臣秘書官だった小長啓一は田中がその存在を感じているようだったと語っている[19]。田中の通産相就任直後に、ニクソンから無任所大使として交渉責任者に任命されたデイビッド・ケネディ前財務長官が来日し、佐藤首相に米国側の要求を提示した。しかし佐藤は早期解決に努めるつもりはなく、ケネディ特使はワシントンに、ニクソン訪中の発表で繊維交渉に対する日本の態度が硬化していると報告した。ワシントンに帰ると、ケネディは強硬姿勢を示すことを提案する。そして九月八日に、ケネディは訪米していた田中通産相と福田赳夫外相の宿舎を訪れ、「一〇月一五日」までに紛争が解決しなければ制裁措置をとると「最後通牒」を突きつけた[20]。

翌日から始まった日米経済閣僚会議では、通産事務当局の説明を聞いて「米国の主張は理不尽である」と認識した田中通産相は大げさな身振りで、日本業界の自主規制計画は順調に実施されており、日本製品の輸出が米国産業に被害を与えている証拠はないと、日本側政府の主張を展開していった。小長秘書官は「随行の通産官僚たちは、大男で大声のコナリー財務長官を論破する大臣の弁舌を溜飲が下がる思いで聞き、密かに喝采をおくっていた」と証言する[21]。

帰国後、米側は敵国に対して適用する対敵通商法を発動してでも輸入制限措置をとると、さらに圧力を強めてきた。これを受けて田中は「君らの言う通り主張してきたが、主張するだけでは事態は解決しない。どうすれば局面打開ができるか考えよう」と通産省幹部会で発言した。小長秘書官は「先頭に立って強硬論を述べてきた大臣の言葉だけに、説得力があったし、省内にも方針転換の好機との空気ができていた」と語る。その空気を読み取った田中は「原則論に固執せず、譲歩しながら業界の被害を最小限にする方法で政治決着を図るしかない」と決断した。「事務当局も大臣の意向に沿って徹夜に次ぐ徹夜で具体案を作り上げ、直ちに米国との交渉、大蔵省との予算の詰め、繊維業界の説得、国会への根回し等を行い、その先頭にいつも大臣が立って」いたと小長は振り返る。

こうして決着の準備をした田中は、一〇月一二日にグアムから来日してきたケネディ特使との秘密会談のため、ヘリコプターで横田基地へ向かった。この日、田中は規制実施の三カ月延期と協定期間の短縮、繊維製品に対する輸入課徴金の免除などを求めた。一五日の期限までには、これら田中の要求は受け入れられ、日米間で覚書が調印されることになった[22]。

日米覚書の調印で田中通産相の仕事が終わったわけではない。輸出規制によって損害を被る繊維業者を補償するため、多額の予算措置をとらなければならない。田中自ら佐藤首相に電話し「繊維交渉の解決にはこれしかない。二〇〇〇億を納得してくれ」と説得した。その直後、水田三喜男蔵相に電話し「総理も了承している。二〇〇〇億円を出してくれ」と掛け合った。そのうえで、蔵相経験をもつ田中は誰が通産省担当の主計官なのかを把握しており、自分の名刺に「徳田博美主計官殿　二〇〇〇億円宜しく頼む」と書き込み、小長秘書官に届けさせた[23]。その結果、当時の通産省一般予算の半分近い多額の予算折衝をかちとり、田中は繊維紛争を政治的に解決した。これは、大平や宮澤といった前任者たちにはできない芸当だった。

田中は政治的に泥をかぶるような繊維交渉の担当者になったことに不満を覚えており、交渉相手のケネディ特使に「そんなことをすれば、わたくしの将来が危うくなる」とぼやいた場面があった。それに対しケネディは「いや、それどころが、そうなればあなたは総理大臣になれる」と返したと伝えられている[24]。ケネディの予言が当たり田中が首相となり、その指導力を遺憾なく発揮することになる日中国交正常化は、佐藤政権からの大きな政策転換となった。

◆国交正常化への動き

一九七二年七月七日、田中角栄は日中国交正常化のために盟友の大平を外相に、「趣味は田中角栄」と公言する腹心の二階堂進を官房長官に据えた。総裁選で正常化をせまった三木は無任所の副総理、中曽根は通産相に就任した。組閣後発表した総理大臣談話では、総裁選中の約束通り「中華人民共和国との国交正常化を急ぎ、激動する世界情勢の中にあって、平和外交を強力に推進してまいります」と宣言した[25]。

大平は外相に就任した初日に、橋本中国課長を呼びつけた。大平は佐藤政権時から中国問題について橋本に助言を求める旧知の仲だった。大平は橋本に日中国交正常化を極秘で準備するよう指示した。次官や局長を飛び越えて、大臣が一課長に指示し、しかも上司に報告もさせないというのは極めて異例のことである。というのも、法眼晋作次官は強硬な反共産主義で、外務省内では橋本だけが唯一の日中正常化の積極推進派だったからである。前外務次官で駐米大使を務めていた牛場信彦も正常化には反対だった。橋本はチャイナスクールでなく、中国語もできないのに長年中国課長をつとめ、「後にも先にも、彼ほど中国側の信頼を勝ち得た外務省員はいない」と称された人物だった[26]。しかし日中交渉の過程では法律的な問題も出てくるため、条約局の協力も必要になる。橋本は数日後、大平に法眼次官に報告することを許可してもらった[27]。女婿で外相秘書を務めていた森田一によると、大平が極秘にしていた理由は親台湾派に対する情報漏えいを防ぐためだったという[28]。

自民党内では根強い親台湾派がおり、日中正常化の大きな障害となることが予想された。大平は常々、「日中関係というけれども実際は日台関係だよ」と語っていた[29]。つまり、日中正常化よりも、それに伴う日華断交のほうが国内の反対が強く政治的に難しいということである。自民党内の反対をどう乗り切るかが、日中正常化の大きな課題であった。自民党内の親台湾派には、賀屋興宣や岸信介らを中心とする戦前派の長老組と、中川一郎、渡辺美智雄、浜田幸一、石原慎太郎ら、後に青嵐会を結成する若手による戦後派と二つのグループがあり、声が大きい強面の政治家が多かった。

他方、日本の経済界は田中政権成立前から日中国交正常化に傾いていた。前章で述べた一九六九年一一月二一日の沖縄返還をめぐる佐藤・ニクソン共同声明の「極東条項」で台湾が「日本の安全にとって極めて重要な要素」と謳われ、直後の佐藤首相のナショナル・プレスクラブで韓国と台湾有事の際、日本は米軍の基地使用に速やかに対応することが宣言された。このことが中国の日本への対応を硬化させることになった。翌一九七〇年四月に、周恩来は対外貿易四原則を発表し、台湾と取引する日本企業と貿易しないと宣言した[30]。翌五月に中国は、住友化学・三菱重工・帝人・旭ダウの四社との貿易停止と、日華協力委員会の有力メンバーである三井物産・三菱商事・丸紅飯田・伊藤忠の四大商社の締め出しを発表した。名指しされた住友化学を始め、鉄鋼・繊維・産業機械などのメーカーは「周四原則」を受け入れた。この後一九七一年七月のニクソン訪中声明、一〇月の中国国連加盟が続いたことによって、日本の経済界は日中正常化を強く望むようになっていた。

日中正常化への流れは政界でも起こっていた。一九七〇年一二月には財界人出身で外相も務めた藤山愛一郎を会長とする超党派組織である「日中国交回復促進議員連盟」が発足した。これには社会党・公明党・民社党・共産党の全議員二八三名に加え自民党議員九五名が参加、無所属一名を合わせて総勢三七九名と、国会議員総数七四三名の過半数を超えた。翌一九七一年九月には同連盟の藤山会長以下、代表団が中国を訪問し、中国側の中日友好協会との間で共同声明を出した。そこでは日中国交正常化の原則として、①中華人民共和国が唯一の合法政府、②台湾は中国の不可分の領土、③日華条約は不法であり廃棄されるべき、④中国の国連参加と台湾の追放、という四原則が発表された。中国の国連参加後は第四の条件が外され、初めの三つが「日中国交回復三原則」と呼ばれるようになる。これに前後して、社会・公明・民社の三大野党が独自の代表団を中国に派遣し、日中正常化の原則や主張を発表している。

◆「竹入メモ」と党内・対米・対台湾の手続き

のちに大平外相側近や中曽根が、田中首相には就任直後に日中正常化にためらいがあったと証言しているが[31]、就任一週間後の七月一三日、自民党内にあった「中国問題調査会」を総裁直属の「日中国交正常化協議会」に改組して、党内の意見取りまとめに取り組む姿勢を見せた。同協議会は小坂善太郎元外相を会長に、自民党衆参両議院四三一名の過半数を優に超える二四九名が参加した。会長を筆頭に副会長や事務局長には正常化賛成派が就いたが、反対の親台湾派の議員の多くもこれに参加していた。同月二四日に同協議会の総会が開かれ、そこで田中首相は自民党内での正常化問題の検討を依頼し、小坂会長が九月一〇日を目途に基本姿勢を決定することを明らかにした。

中国政府は田中政権の発足に強い期待を抱いていた。内閣発足二日後に、周恩来国務院総理がイエメン政府代表団歓迎の席上で、「田中内閣は七日成立、外交に関し、中日国交正常化の早期実現を目指すと明らかにしたが、これは歓迎に値する」と、日中正常化への期待を表明した[32]。周総理は田中内閣成立直後、姫鵬飛外交部長（外相）外相を筆頭に外交部内に日中正常化を扱う「日本組」を組織した[33]。そして七月一六日に訪中した佐々木更三元社会党委員長に、周は田中首相と大平首相の訪中を歓迎するとのメッセージを託した。

また、そのころ上海舞劇団の団長として来日していた孫平化と、中国の東京の出先機関である覚書貿易弁事処東京連絡事務所の所長に就任する蕭向前が正式に周総理からの訪中招待のメッセージを大平外相に伝えようとしていた。これまで国交がなく、与野党議員の非公式な訪中でしか、中国側の情報をとれなかった大平は、同連絡事務所を窓口として日中間の接触を進める考えを記者会見で明らかにした[34]。

公明党の竹入義勝委員長が訪中し、七月二七日から三日間、のべ一〇時間にわたって周総理との会談を行った。初日の二七日に周は、共同声明を出し国交を樹立、平和条約の締結は後回しにするという基本方針を伝えた。この方法だと政府間の交渉だけで国会承認を必要としないので、日本政府側にとってのハードルが低くなる。そのうえで、日米安保条約と先述の台湾を含む極東条項を明記した一九六九年の日米首脳共同声明を問題視しない、賠償請求を放棄するという、日本政府が懸念していた二つの点で中国側が重要な譲歩を約束した。二日目の会談で周総理は、もし米国に先じて日本が中国と国交樹立することに米政府の了解が必要なら、周から直接米国を説得すると述べた。そして、復交三原則に関して中国の声明案として、日中間の「戦争状態は、この声明が公表される日に終了する」、北京政府が「中国を代表する唯一の合法政府である」を示したが、日華条約については具体的に触れなかった。なお周は、大平が公言したような東京連絡所を窓口にして交渉するやり方はやめるよう伝えた[35]。竹入委員長は中国案を綿密に書き留め、周総理の確認を得たうえで帰国後の八月四日に、田中首相と大平外相に見せた。これが「竹入メモ」として知られるものであり、この情報を得たことで田中も訪中を政治日程に組み込むことになる。

竹入が官邸を訪れる前日の三日に、外務省は「わが国の中国政策について」という政府見解を出していた。そこでは、国交正常化への基本姿勢や、交渉の現状、台湾との断交を含む問題点が報告されていた。この日、大平外相はこの政府見解について日中国交正常化協議会の幹事会で、「台湾との外交関係をそのままにしていては日中双方が国交正常化について合意することは困難だと思う」と説明した。この発言に出席していた親台湾派が強く反発し、幹事会は紛糾した。小坂会長が「外相発言は政府の公式見解ではなく、一つの問題点の指摘にすぎない。今後さらに外相を招き、協議会で論議をつめることにしたい」とその場をおさめた[36]。

この後、納得のいかない賀屋ら親台湾派は、台湾の取り扱いについて外務省に対して質問書を提出した。これに対し、八月一五日に外務省は回答書を自民党に提出し、中国も台湾も「ひとつの中国」と主張しているため、中台双方と国交を持つことはできない旨を詳細に説明した[37]。親台湾派が問題にしているのは台湾との断交であり、中国との正常化の流れを止めることはできないことは自民党議員の多くは自覚していた。そのため同月二二日には、自民党総務会で日中国交正常化の促進と田中首相の訪中を承認することが党議決定された。

与党内の手続きのほかにも、政府内にも内閣法制局という大きなハードルがあった。法制局は現行の国会で承認された日華平和条約を終了するには、条約中に廃棄条項が明記されていないため、国会承認が必要だという立場をとっていた。これに対し、外務省は当事国が合意すれば当該条約はいつでも終了させることができるという国際法の一般論からの主張をした。国会にかけることになれば紛糾は確実であり、田中訪中時の国交正常化は不可能となる。法制局と外務省は八月中に三回にわたり一〇時間のハイレベル協議を行い、日華平和条約を検討しなおした。その結果、日本が北京政府を中国を代表する政府だと認める日中国交正常化が達成された時点で、日華平和条約は存在の意義を失うため、国会承認の対象とならないという結論に達した[38]。

党内と政府内の手続きの後、田中首相と大平外相はハワイに飛び、八月三一日と九月一日の二日にわたってリチャード・ニクソン大統領と会談した。一日目の会談で田中は「日米関係への配慮のうえに立って国益を守ると言う前提で話し合う」と日米安保に支障が出ないようにする方針を伝え、ニクソンは「うまく行くことを望む」と答えた。二日目の会談では大平外相から、訪中時に「もし合意が成立すれば直ちに外交関係を樹立することとなると思う」との見通しが伝えられたが、米国側からは何の問題点も指摘されず承認が得られた[39]。

その後九月五日の協議会幹事会で自民党の基本方針をまとめることになった。先述したように親台湾派は一枚岩ではなく戦前派と戦後派に分かれており、戦前派が総裁選で福田支持に回ったのに対し、戦後派は田中を支持した。同幹事会では、小坂会長が案を出したのに、戦前派と戦後派がそれぞれ対案を提出し、正常化推進派も案を出したため、四案が提出されることになった。小坂会長が困惑していると、戦後派の中川一郎と渡辺美智雄が会長案の一部修正で問題解決することを提案し予想外の態度軟化を示したため、戦前派も反対できず幹事会の意見がまとまった。田中の政務担当秘書だった早坂茂三は、この時の戦後派の態度軟化は「すべて田中の非公式な個別説得によるものだった」と明かしている[40]。そこには、金銭のやり取りもあったことが推測できる。

幹事会で決定された「日中国交正常化基本方針」では、正常化交渉で日本政府が留意すべき点として「我が国と中華民国との深い関係にかんがみ、従来の関係が継続されるよう、十分配慮のうえ交渉」するよう書かれていた[41]。「従来の関係」が外交関係を含むかどうかを故意に曖昧にした玉虫色の表現にすることで、推進派にも反対派にも受け入れさせたのである。この幹事会案は三日後には協議会総会で承認され、その直後に総務会で党議決定された。これによって自民党の党内調整は、党内で意見の不一致をはらみながら一段落した。

この後、九月一七日に自民党副総裁に任命された椎名悦三郎が台湾を説得するために台北を訪問する。反日デモの手荒い歓迎を受ける中、椎名は台湾との外交関係を維持できなくなるという内容の田中首相からの親書を療養中の蒋介石総統に届けさせた。同月一九日には蒋経国行政院長と会見し、政府方針ではなく自民党方針である、台湾と「従来の関係を継続する」方針で中国と交渉することを伝え、そこには「外交関係」も含まれると説明した。もちろんこれは政府方針から離れた問題発言ではあるが、「そう交渉したが結局ダメだった」と言い逃れることもできるわけである。蒋院長も椎名発言が必ず守られるとは信じていなかったと思われるが、この訪問によって台湾への筋を通したことになり、自民党の親台湾派に対するガス抜きとはなった[42]。

◆田中訪中と国交正常化

党内手続きと米国からの承認を経て、さらには台湾への仁義もきったうえで、田中首相と大平外相は九月二五〜二八日に北京を訪問した。右翼からのいやがらせを受けるなど、二人にとっても決死の覚悟での訪中だった。クリスチャンである大平は、親しい新聞記者に「僕は(反対勢力に)いつ殺されるのか分からないのだ。もし天が僕を助けてくださるなら、この交渉は成功するだろう」と語っている[43]。四日間の訪中の間、田中首相と周恩来総理が出席する首脳会談が四回、大平外相と姫鵬飛外相による実務的な外相会談が三回行われた。

初日の第一回首脳会談では、冒頭に田中首相から「これまで国交正常化を阻んできたのは、台湾との関係との関係である……これをうまく処理しないと、国内にゴタゴタが起こる。日中国交正常化を実現するときには、台湾に対する影響を十分考えてやるべきだ」と発言があった。さらに大平外相から「ひとつは日華平和条約の問題であり、中国側がこの条約を不法にして無効であるとの立場をとっていることも十分理解できる。しかし、この条約は国会の議決を得て政府が批准したもの」と主張された。もう一点、大平は日米安保への影響を憂慮したが、それについて周総理は竹入に語ったように、「日米関係には触れない」と約束した[44]。これによって、日中交渉の焦点が、台湾関係と日華平和条約になることが確定した。

この夜、周総理主催の晩さん会が人民大会堂で開かれたが、そこでの田中首相のスピーチが波紋を呼んだ。「我が国が中国国民に多大のご迷惑をおかけした」という発言が、「めんどうをかけた」という意味の「添了麻煩」と訳されたのである。この表現は橋本中国課長が国内右派からの批判を考えて「何日も何日も考え、何回も何回も推敲し」「精魂を傾けて書いた文章」だった[45]。このスピーチを翻訳した外務官僚は迷惑をかけたという表現を逐語的に訳したので誤訳ではないと主張しているが[46]、訳語が与えるニュアンスが文脈からして不適切だったことは否めない。

第二日目午前中に行われた第一回外相会談では、日中両国から出された共同声明案を基に、日本側の意見が高島益郎条約局長から説明された。そこでは台湾問題については、「サンフランシスコ平和条約によって、台湾に対するすべての権利を放棄した我が国は、台湾の現在の法的地位に関して独自の認定を下す立場にない」と、中国側の立場に同意することはできないと宣言され、前日に大平外相が指摘した日華平和条約を不法とすることはできないという主張が繰り返された。さらに中国の賠償放棄に評価しつつも、中国案の「中日両国人民の友誼のため、中華人民共和国政府は日本国に対する戦争賠償の請求権を放棄する」という表現は、日華平和条約が「当初から無効であったことを明白に意味する」ものであり同意できないと指摘された[47]。

同日午後の第二回首脳会談では、冒頭から周総理からの爆弾が破裂する。まず田中の「迷惑」発言について、周は「中国人の反感をよぶ。中国では迷惑とは小さなことにしか使われないからである」と批判した。賠償問題について「蒋が賠償を放棄したから、中国はこれを放棄する必要がないという外務省の考え方をきいて驚いた……蒋介石が放棄したから、もういいのだという考え方は我々には受け入れられない。これは我々に対する侮辱である」と怒りを露わにした。これに対して田中は「大筋において周総理の話はよく理解できる」と理解を示したうえで、賠償問題では「中国側の態度にはお礼を言うが、日本側には国会とか与党の内部とかに問題がある……国交正常化するのであるから、日本国民大多数の理解と支持がえられて、将来の日中関係のプラスになるようにしたい」と周総理に理解を求めた[48]。

同日夕方、第二回外相会談が開かれたが、そこで焦点となったのはやはり日華平和条約と台湾の問題だった。日華平和条約を無効だとする中国側は今回の共同宣言によって戦争終結を宣言したいが、日本側は同条約ですでに戦争は終結しているという立場をとっている。大平外相から、戦勝国の中国が一方的に戦争状態の終了をする案と、両国が「今後全面的な平和関係が存在する」ことを宣言する案を出した。これに対して姫外相は「戦争状態が終了する時期の問題は重要」とし、日本案に反意を示した。もう一点の台湾問題については、中国が台湾を中国の一部であることを表明し、日本側が中国の立場を「十分理解し、ポツダム宣言に基づく立場を堅持する」という案を大平が示した。ポツダム宣言に言及するのは栗山尚一条約課長の発案だったが、これによって中国が懸念する「二つの中国」や台湾独立に賛成することはないことを示したのであった[49]。この案を姫は「再度検討してみる」とひきとった[50]。

その夜、大平外相は交渉の行きづまりを感じながら、田中首相宿舎の食堂に入った。大平の沈痛な表情を見た田中は「失敗した時の全責任は俺がすべてかぶる。君らはクヨクヨするな。こういう修羅場になると大学出はダメだな」と発破をかけた。大平が「そんなこと言ったって、明日からの交渉をどう進めて行ったらいいんだ。名案があるのか?」と尋ねると、田中はニヤリと笑って「どうやるかは、ちゃんと大学を出た君らが考えろ」と答えた。これでみんな大笑いとなって場が和み、大平が気を取り直して外務官僚と別室で作戦をねり直したと橋本課長が明かしている[51]。

この夜の作戦会議の話題は、日華平和条約が締結されてからの状態をどう表現するかであった。日本は平和な状態にあったと主張し、中国は戦争が継続していたと主張していた。そこで、橋本中国課長が「戦争状態にあった、無かったと、そういう法律問題で行くから話がおかしくなる。文学的表現でいこう」と考え、「不自然な関係」が共同宣言をもって終結するという表現を提案した[52]。三日目の朝、大平外相は万里の長城見学への車中でこの案を姫外相に提示した。この日、第三回首脳会談が開かれたが、議題は国際関係についてで、共同声明の交渉に直接的に関わるものではなかった。しかし唐突に田中首相が尖閣問題について触れると、周総理は「尖閣問題については今回は話したくない。今、これを話すのはよくない。石油が出るから、これが問題になった」と話題にするのを避けた[53]。

同日夜に第三回外相会談が開かれ、中国側が日本案に似た「不正常な状態」が共同声明によって終結するという表現で同意、その代わりに前文に「戦争状態の終結と日中国交の正常化という両国国民の願望の実現」という表現が加えられることになった[54]。また、台湾問題については、台湾が中国の一部であるという中国の立場を「十分理解し尊重する」という表現にすることが確認された。さらに、共同宣言では台湾の断交について触れず、署名後の記者会見で日華平和条約の有効性を否定することで日本と台湾との国交終了を宣言することになった。問題点がこれで解決され、翌二八日の第四回首脳会談で合意が確認された。二九日には台湾政府に対して、東京と台北の二カ所で日中共同声明が調印されることにより、北京政府との国交が樹立され、その結果台湾政府との国交を継続できなくなったことが通告された。その後で、日中共同声明の調印式が人民大会堂で開かれ、日本は七九番目の中国承認国となった。

2 中曽根康弘と日米同盟強化[55]

長期政権を狙った田中首相が一九七四年に金脈スキャンダルで失脚すると、その後継にはクリーンなイメージをもった三木武夫が、自民党副総裁の椎名悦三郎による「裁定」という異例な形で政権に就く。しかし三木は党内第四の小派閥を率いる領袖であり、通常のように派閥連合によって選ばれていないことから、党内の支持基盤が自派以外に存在しなかった。三木政権のロッキード事件への厳しい対応が田中派を中心に激しい反発を招き、「三木おろし」と呼ばれる反三木運動が党内に起こった。一九七六年一二月、第三四回衆議院議員総選挙での敗北の責任を取って三木が退陣すると、田中派と大平派の支援を得た福田赳夫が無選挙で総裁に選ばれた。しかし二年後には田中派の支持を得た大平が総裁選に立候補し、初めての党員による投票を伴う自民党総裁公選で福田を破った。この後、反大平の福田派と三木派が野党提出の内閣不信任案の採決に欠席したため、同案が成立し大平首相は衆議院の解散を決行した。凄まじい派閥抗争によるストレスは大平の心身をむしばみ、第三六回衆議院議員総選挙キャンペーン中の一九八〇年六月一二日、大平は心筋梗塞で急逝する。その後継には大平派の鈴木善幸が就くが、鈴木政権が日米同盟を見直す姿勢をとったことから、岸信介らの親米派が倒閣に動き、鈴木は政権を投げ出した。このように一九七〇年代から一九八二年までは、主に田中派と反田中派の間で激しい派閥抗争が行われ、二年おきに政権交代が起こった。

一九八二年一一月に発足した中曽根内閣は、五年にわたって続く長期政権となった。そのため、外交面でも様々な成果をあげたが、これまで見てきたような日米安保改定や、沖縄返還、日中国交正常化といった、政権の命運を賭するような単独で目立った業績はない。しかし、中曽根政権が発足したとき、日米関係や日韓関係は危機的とも言える状況だった。鈴木首相が日米首脳会談後に、「日米同盟に軍事的側面はない」と発言し大きな問題に発展した。また、韓国への経済援助問題が未解決のままで、前任者の鈴木善幸政権下で一九三〇年代の日本軍の大陸における活動を「侵略」ではなく「進出」と表現したとされる教科書検定問題が日韓間の感情をもつれさせ、解決を難しくしていた。

◆日韓関係の修復

中曽根首相は対韓国援助問題を最優先事項として扱い、最初の外遊先に韓国を指定した。訪韓に備えて、中曽根は鈴木政権下で発足した第二次臨時行政調査会（臨調）の有力メンバーだったことから親しかった伊藤忠商事相談役の瀬島龍三を秘密裡に韓国に送った。瀬島は戦時中、大本営陸軍部の参謀であったことから、日本の士官学校に通った韓国の軍幹部に知己が多く、韓国内に幅広い人脈をもっていた。日本の政情を話すため韓国を訪問する機会も多く、全斗煥《チョンドファン》大統領とも近かった[56]。瀬島を密使に選んだことについて、中曽根は著者のインタビューに、「首相就任直後に全大統領に直接電話して、日韓関係を改善したいことを伝えると、あなたがそのつもりなら協力すると大統領は答えた。そのときの感触から、秘密裏に進めたほうがうまくいくと直感した。また、一月の訪米までに対韓経済援助問題を解決する必要があったが、外務省を通じた外交ルートでは時間がかかりすぎると考えた」と、内情を明かしている[57]。瀬島の訪韓は数度に及び、韓国側の交渉相手であり前大統領の腹心でもある権翊鉉《クオンイクヒョン》・民主正義党事務総長と交渉を重ねた。その結果、全大統領から経済援助は「中曽根政権の困らない範囲でいい」という内諾を得ることができた[58]。瀬島を密使に活用した中曽根の作戦は大成功を収めたのである。

ブレーンの瀬島を活用した秘密交渉で経済協力問題解決の素地を整えた中曽根は、一九八三年一月五日に、六日後の一一日に訪韓することを電撃発表した。これは、日本の首相として初の公式訪問であったが、マスコミはもちろん秘密交渉によって経済援助問題がおおよそ片付いていることを知らない。意気揚々とソウルの金浦空港に降り立った中曽根であったが、韓国国民の反応は冷たかった。訪韓に随行した長谷川和年首相秘書官は、「日本代表団一行が車列を組んで市中に向かったが、沿道には多くの国民が厳しい寒気の中を立ち並び、まったく無表情、無感情でこれを見送った。笑顔、拍手等は一切なかった」と記している[59]。

しかし訪韓中、中曽根は二度にわたり全大統領と首脳会談をもち、日韓関係や国際情勢について幅広く意見交換し、心を分かち合った。全大統領主催の晩餐会では、中曽根はスピーチの冒頭と最後の部分、計五分ほどを韓国語で演説し、首相就任前から特訓してきた韓国語レッスンの成果を披露した。中曽根の努力は晩餐会出席者を感動させたばかりか、この様子がテレビ放映されたことから韓国国民にも温かく受け入れられた。冷淡であった国民の対応は大きく変わり、中曽根が帰国する際には多くの群集が沿道に詰めかけ手を振ったという。そのとき中曽根は「両国民間の心を引き離していた氷が一気に融けた感じ」がしたという[60]。

この時の訪韓以来、全大統領とは家族同士の付き合いが始まったと中曽根は語る。この体験から、中曽根は、「国家間の信頼と友好というのは、最高指導者間の個人的な友情と信頼によるところが多い」と感じた。外務官僚が敷いたレールを動くばかりでなく、自らの努力によって築いた「各国首脳との信頼と友情を軸にした」国家外交を、中曽根は「手作り外交」と呼んだ[61]。首脳会談にさきがけ側近を通じた秘密交渉を重ねたおかげで、「全大統領とは同志的なつながりができた」と、中曽根は語る[62]。

◆ロン・ヤス関係

中曽根の「手作り外交」の中でも最も有名な事例はロナルド・レーガン大統領との関係だろう。中曽根の訪韓と日韓経済援助問題の解決は、日韓関係の悪化を懸念していた米国を喜ばせた。さらに防衛予算については、ソ連の軍事拡大に対抗するうえで、米国からは七％程度の予算拡大が要請されていたため、一九八二年一二月の予算編成では、中曽根は直接、竹下登蔵相に防衛予算拡大を頼んだ。ところが緊縮財政のなかで、各省折衝が終わって大蔵省の竹内光秀主計局長が報告したのは、五・一％増の予算拡大だったそれを中曽根は、六・五％に「予算を組み替えるよう」に指示した。「各省折衝後だから変えられない」としぶる竹内局長に対して、「予算は内閣が作るものだ。竹下蔵相に相談しろ」と要求した。「竹下大臣が総理は頑固だから言うことをきくしかない、と指示をだしたと聞いている」と、中曽根は誇らしげに著者に語った[63]。

これらに加え、中曽根は一九八三年一月の初の訪米までに、後述する日本の対米軍事技術移転の決定やチョコレートとタバコ関税の引下げなどの「手土産」を用意した。「レーガン大統領には今度の日本の首相は違うという印象を与えたかった。そのためには手ぶらで行くわけにはいかない。実績を示す必要があった」と、中曽根はそのときの心境を著者に語った[64]。

こういった日米関係改善に努力した中曽根は、レーガン大統領と「ロン・ヤス関係」と呼ばれる親しい関係を築いた。中曽根の総理秘書官をつとめた外務官僚の長谷川和年は、初訪米の一九八三年一月のホワイトハウスにおける朝食会で、レーガン大統領のほうからファーストネームで呼び合おうと提案があったと論文で明かしている。中曽根の回顧録でも、ガストン・シグール大統領補佐官と長谷川秘書官の間で「下話」があり、初訪米時のレーガンの提案につながったとの見解を披露している[65]。自らの提案からファーストネームで呼び合うことを決めたレーガン大統領だが、一九八四年六月のロンドンサミットの時に、「中曽根首相はいつもロンと呼びかけてくるし、手紙もロンから始まり、ヤスというサインをしてくる。私も彼をヤスと呼んでいるが適切なんだろうか」と、ウィリアム・シャーマン国務次官補代理にたずねた。「そのとき、私はもちろんそうすべきです、中曽根首相もそれをお望みです、と大統領に答えたんだ」と、シャーマンは著者に懐かしげに当時を振り返ってくれた[66]。こうして「ロン・ヤス関係」が定着し、初の首脳会談ではレーガン大統領に対して「あなたはピッチャーになれ、私はキャッチャーになる。時には、ピッチャーもキャッチャーの言うことを聞いてもらいたい」と中曽根が語ったほど、日米首脳間に強い信頼関係が築かれるようになった[67]。

初会談の四カ月後のウィリアムズバーグ・サミットでは、西ヨーロッパにおけるソ連のSS20という中距離核ミサイル配備に対抗して、パーシングⅡという精度の高い中距離核ミサイル配備の必要性を訴えるレーガン大統領を、中曽根は積極的に支援した。中曽根はこのサミットにおける貢献を自らの最大の外交成果だと考えているが、当時を振り返って著者にこう語った。「当時はまだ冷戦の真っ只中であり、ソ連の核配備に対して自由主義陣営が結束する必要があった。だが、フランスのミッテラン大統領は唯我独尊的な人物で、米国のミサイル配備について統一した政治声明をだすことに反対した。そこで、私がこれまで日本は平和憲法があるので、安全保障で意見を述べることはなかったが、安全保障は東西不可分である。日本に帰れば私は袋叩きに会うだろうが、そのリスクを賭けて言いたい。G7参加国が団結しなければ得をするのはソ連だけである。私の立場と真情を理解してほしい。と、ミッテラン大統領に語ったところ、大統領は絶句した。そのときにレーガン大統領がすかさず、その方向で政治声明案をつくることにするといった」と、自分の発言によって会議の流れを大きく変えることに、中曽根は貢献した。「よほど、レーガン大統領は私の発言に感謝したのか、翌朝、ジョージ・シュルツ国務長官がわざわざ礼を言いにやってきた」と、語った[68]。この時の活躍は日本でも大きく報道され、日本の首相も国際舞台で活躍するようになった、と多くの日本人を感激させている。大河原良雄駐米大使も「ウィリアムズバーグ・サミットでの中曽根総理の発言や行動が、アメリカに対し、とくにレーガン大統領に対し非常に好ましい印象を与えた」と高く評価している[69]。サミット直後の六月九日の毎日新聞による世論調査では、中曽根内閣の支持率が三四％から四〇％に上がり、サミットで日米関係を強化させたことが、中曽根政権の支持基盤を強めることにもなった。

ソ連のSS20配備に関しては、後日談もある。そもそもソ連が米欧を核攻撃するのに適切なSS18という戦略核ミサイルではなく、SS20という欧州にしか届かない中距離ミサイルを配備したのは、NATOを離間する狙いがあった。これに大きな危機感を抱いた西ドイツのヘルムート・シュミット首相は、反核感情の強いドイツ国内にレーガン大統領が薦めるパーシングⅡの導入を決定した。この動きに困惑したソ連はウラル山脈以西のSS20の撤廃を交換条件に、西ドイツの核ミサイルの撤去を米政府に提案した。一九八六年二月レーガン大統領はこれを受け、中曽根首相宛にヨーロッパにおける中距離核ミサイルの全撤去とアジアにおける半減をソ連に迫るという案を親書で伝えてきた[70]。

これに対して、日本の外務省はアジアに半分でも中距離核ミサイルが残れば、アジアが置き去りにされた印象になり、日米間に距離が生まれる恐れがあると考えた。外務省は、アジアでの核バランス論議が起こり、米国の太平洋における安全保障戦略に支障が出るという議論を米国政府に訴えた。そこで代替案として、欧州とオホーツク沿岸の中間点にあるバルナウル基地へSS20を配備することをソ連に提示するよう中曽根首相からレーガン大統領への親書で示した。その結果、米政府は日本の立場を尊重するという正式な回答を送った。そして一九八七年七月には、レーガン大統領はミハイル・ゴルバチョフ書記長から、欧州だけではなくアジアにおいてもSS20をすべて撤去するという日本が望んだ以上の譲歩を引出した。岡本行夫北米局安保課長は、「うまくいった第一の理由は『ロン・ヤス』関係に象徴される日米の首脳レベルで信頼関係があったこと」だと振り返る[71]。

◆後藤田官房長官の活躍

中曽根首相だけではなく、内閣官房も外交問題で活躍した。中曽根が見込んで官房長官に抜擢した後藤田正晴は、期待された行政改革の分野だけではなく、外交問題でも抜群の調整能力を発揮している。一九八一年にキャスパー・ワインバーガー米国防長官が大村襄治防衛庁長官との会談で日本の技術供与を要請したときから、米国政府は日本政府に対して数度にわたって、軍事技術の供与を打診していた。ところが鈴木政権は、国際紛争参加の可能性がある国に対して軍事関連の技術供与を禁ずる「武器輸出三原則」に基づいた反対に会い、何も出来ずにいた。外務省と防衛庁は賛成にまわったものの、安倍晋太郎通産相と角田《つのだ》礼次郎内閣法制局長官が強く反対したのである。安倍は通産相として日本の技術を保護する立場にあり、他のヨーロッパや中東、アジアの国から同じ依頼がきたときに断れなくなる事態を恐れていた。角田は現行法の解釈から武器輸出三原則に反する技術供与には反対だった。

中曽根は政権に就くとまもなく、後藤田官房長官に対米技術供与実行の方向で調整を行うよう指示した。前回通産相として反対していた安倍は中曽根内閣の外相となり、反対する省から賛成の省の大臣となった。新しく通産相になった中曽根派の山中貞則に、後藤田は日米安全保障体制の枠内での技術供与にし、第三国への技術供与を封じることを提案すると、山中はそれに合意した。むしろ、説得がよりむずかしかったのは、官僚の角田法制局長官のほうだった。しかし角田は自治官僚出身で、警察官僚であった後藤田が自治省に出向していたときのポスト後継者として先輩後輩の関係にあった。後藤田が、技術供与は政策の変更であって法の解釈ではなく、法制局長が口出しすべき問題ではなくなったと伝えると、後輩の角田はそれに納得せざるを得なかった[72]。後藤田の卓越した調整能力によって、一九八三年一月一四日、武器輸出三原則に例外を設け、中曽根内閣は対米軍事技術供与を閣議決定した。

しかし、後藤田がいつも中曽根の指示通りに動いたわけではない。中曽根首相が進めようとしたペルシャ湾への掃海艇派遣に対しては、強く反対し中止させている。著者が行ったインタビューでも、後藤田は「総理の考えが国益に反すると考えられる場合、官房長官が反対するのは当然」と躊躇なく答えている[73]。

一九八七年に米政府がイラン・イラク戦争のさなか、クウェートの石油タンカーを護衛するのに米国海軍を派遣する作戦を開始したとき、中曽根首相は自衛隊の掃海艇を派遣しペルシャ湾岸の安全航行の確保に貢献し、世界に貢献する日本というイメージをつくろうとした。中曽根からの相談があった時、後藤田官房長官は強く反対したが、中曽根もそれでは引き下がらず、九月の日米首脳会談で安全航行の確保のためになんらかの貢献をする旨を表明し巻き返しをはかった。これに対し後藤田は、交戦海域になっているペルシャ湾に掃海艇を派遣するのは平和国家としての国是に反するものであり、これには断固反対という姿勢を崩さなかった。最後には「海上自衛隊あるいは海上保安庁の船の派遣は閣議決定で決めるんでしょうな。重大な政策の決定ですから、当然閣議決定すべきものと思う。しかし、そのとき私は閣僚としてサインしませんよ」と後藤田は中曽根に告げた。閣議は全会一致が原則である。閣議でつぶす、やりたければ自分を罷免してやれ、と伝えたのである。さすがに、中曽根も後藤田を罷免してまで実行には踏み切れず、掃海艇派遣を断念した[74]。

この後、ペルシャ湾の安全から最大の利益を受ける日本が何の貢献をしないわけにはいかないと考えた外務省幹部は、海上保安庁の巡視船を派遣することを考えた。通信機能を持った巡視船を派遣し、航行中の日本のタンカーに安全情報を連絡する情報センターとするという案である。岡本北米局安保課長は海上保安庁を所管する運輸省を訪ね、事務レベルで交渉をまとめた。当初は渋っていた橋本龍太郎運輸相も最終的に賛成したが、後藤田官房長官は「海上自衛隊の掃海艇がダメだから海上保安庁の巡視船を出すという外務省は姑息だ」と考え、今度も閣議決定にサインしないと中曽根首相に通告して、この案も潰した[75]。

◆後藤田による内閣官房強化

このように、時には首相と対立する局面もありつつ、後藤田の官房長官就任が官邸を著しく強化したことは否めない。後藤田は、一九八三年九月の大韓航空機撃墜事件の際、「秘書官以外の補佐官もなしで、関係省庁の調整、米ソ韓など国際外交関係、マスコミ対策、国会対策などその処理に全力を費やした」という。他の政治家が、これを同じように代替することが可能であったかは大いに疑問である。後藤田はそのとき「内閣中枢に危機管理を司る国家安全保障の機構を設置することの必要性を痛感していた」という[76]。とくに航空機撃墜の情報が、防衛庁や外務省などの縦割りの弊害で横の連絡による確認が取れなかったことを危惧していた。

当初後藤田は、次官相当の官職経験者五人を内政・外政・安全保障・情報・広報担当のいわば、「第一、第三、第四といった具合の官房副長官として任用し、ともすれば国家行政組織法の法定職務分担に従って縦割り行政となりがちで、とかく横の連絡調整を欠く諸省庁の行政に、アメリカ大統領特別補佐官に似た総理補佐官制を導入する」ことを考えていた[77]。つまり官房長官が中心となり、補佐官たちを動かして危機に対処していく体制を作るという構想である。

内閣官房をさらに強化するため、後藤田長官は「積極調整権」を内閣官房に付与しようとした。従来の内閣法では、複数の省庁が内閣官房に調整を求めてきたときにしか権限が生じない「消極的調整」の役割しか内閣官房は持っていなかった。そこで後藤田は新たに、必要に応じて会議を招集したり、どこの省庁もやりたがらない業務を割り当てるなどの「積極調整権」を与えることを提案したのである。この構想に対し、各省庁は「屋上屋を架す」ことになると強く反対した。なかでも強硬に反対に回ったのは外務省と防衛庁で、当時の防衛庁事務次官は「(もっぱら各省庁で調整済みの議題が上程され、案件の是非を問う場ではないとされていた)次官会議で反対発言をしてでもこの改革案に反対する」とまで発言した[78]。

その結果、「第二、第三官房副長官」構想は修正され、それまでにあった内閣官房の補佐スタッフを集めた「内閣審議室」の機能を、内政・外政・安全保障の三室に分けて担当させる。それに加えて、総理府広報室の長に「内閣広報官」を兼務させると同時に、情報の総合調整を中心としていた内閣調査室に対して自ら情報を調査するという機能を付与して「内閣情報調査室」に強化した。これによって、内閣官房に、内政審議室、外政審議室、安全保障室、広報官室、情報調査室、という「五室制度」が誕生したのである。

この後藤田の強い要望によって、一九八六年七月に誕生した五室制だが、中曽根首相は当初「必ずしも積極的ではなかった」と、後藤田は明かしている[79]。中曽根自身も著者とのインタビューで、「もし総理大臣に力があれば、内閣に機関を作る必要はない」という考え方を明らかにした[80]。しかし、安全保障や緊急事態において内閣官房の機能を強化させるという点では同意したようで、五室制の導入が決定すると中曽根首相は、その人事に「最優秀分子をもってきてもらいたい。そして審議室長というものは局長と次官の中間程度のものをもってこい、そして本省に帰るときは次官で帰るといったくらいの人材にしてもらいたい」と、後藤田官房長官に要求した[81]。「どうせ内閣に新しい機関をつくるのであれば、意のままに使えるように人材選びに注文をつけた」と中曽根は著者にそのときの心境を語ってくれた[82]。

内閣五室制ができると、中曽根はそれぞれの室長を活用した。初代広報官をつとめた警察庁出身の宮脇磊介《らいすけ》は、中曽根首相には必ず一対一で面会するように求められたという。宮脇は、「首相というのは生の情報から遠ざけられた孤独な存在で、首相の手元に届く情報は官僚機構のフィルターを通り、修正されたものがほとんどだ。私の役目は、情報が首相にとって耳に痛いものであっても、生のまま伝え、それに基づいた分析を提供することだった。中曽根首相が一対一の面会を求められたのは、私の届ける情報や分析が特定の省庁の利益に反することが多かったからだ」とインタビューに答えている[83]。初代の外政審議室長を務めた国廣道彦・元駐中国大使も、「中曽根政権の間は、毎週三〇分、一対一で首相に報告した。その報告の内容は他人には一切明かさなかった」と語っている[84]。中曽根は一対一で報告を求めた理由について、「宮脇や国廣が個人でもってくる情報だから耳を傾けた。私は省庁のもってくる情報というものは信用しなかった」と、いかに室長たちの情報に期待していたかを明かした[85]。

結果的に、中曽根内閣ではそれぞれの室長が「首相と官房長官に直接仕えているのだという意識が強かった」と国廣はいう。「もちろん組織上は、五室の長は事務の官房副長官の部下であったが、中曽根内閣の藤森昭一と竹下内閣の石原信雄、両副長官とも自分の直接監督下にあるという扱いを私たちにはあまりしなかった。首相や官房長官に報告した事項については、副長官にも事後報告した。副長官に相談に行ったときはいろいろ助けてもらったが、具体的な指示を受けたことはほとんどなかった」のである[86]。橋本行革以後、内政・外政・安保の三室の長が廃止になり、新しいポストが「副長官補」と事務の副長官の部下であることが明確化されたのに比べ、このころは室長たちの組織上の自由度は大きかったと言える。

後藤田の強い意志で設けられた内閣五室制であるが、実際には「陰に陽に」各省庁の抵抗にあう。外政審議室の発足について、外務省は自省出身の室長を支持しつつも、外交一元化の原則から審議室には警戒的なこともあった。他の省庁などはさらに警戒的だった。後藤田は、外務省さえ「非協力的」だったと言い切る。また、安全保障室については、防衛問題を扱う防衛庁と、災害対策をあつかう国土庁と消防庁、ハイジャック事件などの犯罪行為を扱う警察庁が強く反対姿勢を示した。国会審議においても、安全保障室の任務について質疑が集中した。野党やマスコミは、安全保障室の新設は非常時における「中央集権化の動き」であると批判し、中曽根首相と後藤田長官がともに内務官僚出身であることから、「内務省の復活」だと攻撃した[87]。

国会で安全保障室の任務を問われたときに、後藤田長官は「重大緊急事態」の対処であり、「例えば」といって挙げたのが、①ハイジャック、②ミグ25亡命類似事件、③大韓航空機撃墜事件のような特殊国際重大事件、④治安問題を伴う大災害、の四つであった。しかし、野党や各官庁はこれを例示列挙ととらえず、限定列挙ととらえ、これらの場合にしか同室は中心になれないと考えられた。さらに安全保障室の設置を含めた「安全保障会議設置法」では、災害を扱う国土庁の反対の結果、四つめの災害の例がはずされていた。そのため、阪神大震災やオウム事件が起きても安全保障室は機能しなかったのだと、初代安全保障室長をつとめた佐々淳行は解説する[88]。

外政審議室については、その仕事の大部分は、経済摩擦に費やされることになったと、國廣・初代外政審議室長は明かす。というのも、「外交上の政治・安全保障の問題は、外務省が外政審議室の助けを借りずに自分たちで総理、官房長官との間で処理しようとした。経済問題は外務省と各省の所轄にまたがるので、内閣官房が調整するのに適したと考えられた」からだと、國廣は説明する。外政審議室には、外務省に加えて、通産、大蔵、農水各省と経済企画庁から一人ずつ、計五人の課長クラスの審議官が室長の下につき、主に貿易問題の対処にあたった。しかし、「審議官たちは私に協力しなければならない一方で、出身省からは私を説得するように言われて板ばさみになって大変苦労した。彼らの助けなしには仕事はできなかったろう」と國廣は部下の苦労を振り返る。

外政審議室の主な役割は直接交渉することではなく、交渉のための国内調整であった。國廣は、「切った張ったの交渉をするうえで、利害関係の対立の仲介にはいるため、嫌われることも多い。そのため、関係省庁が外政審議室に対して非協力的な場合もあった」と言う。それでもかなりの成果を出せたのは、後藤田官房長官の「虎の威」を借りたからであり、外政審議室長の力だけで各省庁の調整が進まないときは、「それでは、一緒に官房長官のところへ行こう。そして直接説明してくれと〝脅す〟ことが時たまあった。現実にはほとんど多くは、そこまで行かずに解決できたのだが、効果的だったのは事実だ」と国廣は内幕を語っている[89]。

外政審議室は総理府の機関でもあったため、外政審議室のスタッフが補佐するのは総理府関連のものが多かった(例えば旧台湾人日本兵に対する弔慰金の支払いなど)。国廣は中曽根首相が直接指示したような案件は部下の審議官を使いにくいため、自分で直接処理することが度々あったという。国廣は外政審議室長の職務として、次の三つのことを念頭においていたという。第一に、対外関係で総理が知っているべきだと思うことについて情報を集め報告する。第二に、総理に役に立つと思うことについて意見を述べる。第三に、総理ないしは官房長官から関係方面と相談や調整するよう指示があったことについて努力する[90]。後藤田の「第二、第三の副長官」構想は反対に遭いつぶされたが、少なくとも中曽根内閣では、実態としては後藤田の構想に近い形で機能していたようだ。

3 政治主導の政策過程

前章までの対外政策の事例でも、首相の主導力が強かった様子を描いてきたが、田中の日中国交正常化と中曽根の日米関係強化ではさらにその主導性が強まっている。田中の場合は、もともと外交関係のない中国が相手だったため、外務官僚による事前交渉ができなかった。その結果、中国に乗り込んで直接交渉するうえで、首相と外相の交渉能力が大きく物を言った。中曽根の場合、官僚主導を否定し大統領的な首相を目指し、独自の外交路線を築こうとした。

日中国交正常化では、大平が述べていたように日中交渉だけではなく、台湾との関係をめぐる党内調整が重要であった。自民党内に日中国交正常化協議会を設け、その中で台湾派を説得する仕組みを田中は作った。幸い台湾派は一枚岩ではなく、戦後派を個人説得で切り崩すことによって、田中は自民党から正常化交渉への承認を取り付けた。さらに、自民党の椎名副総裁を台北に派遣し、台湾との国交断絶の前に仁義を切った。さらに訪中前には米国を訪問し、ニクソン大統領からのお墨付きを得た。

北京での具体的な交渉では、田中首相は自分が責任を取るからと、大平外相と外務官僚に全権を委任した。大きな問題は、日華平和条約に対する見解と台湾問題だった。台湾問題については、台湾が中国の一部であるという中国の立場を「十分理解し、尊重する」ことに加え、ポツダム宣言に言及することによって二つの中国に賛成することはないことを保証した。一番の問題は日華平和条約は不法であり共同宣言によって初めて戦争終結するという立場をとる中国に対して、同条約の有効性をする日本との見解の相違だった。これについても、「不正常な状態」を共同宣言で終結することにし、戦争終結の時期については曖昧にすることで決着をつけた。

ハーマンの枠組みで分析すると、田中首相の主導力があったことは間違いないものの、自発的ではなく総裁選に勝利するために日中国交正常化に取り組んだ可能性が高く、さらに訪中中の交渉については大平外相と外務官僚に全権が委任されていた。第二点の官僚の率先については、親台湾派が多い外務省の中で孤立していた橋本中国課長を重用し、条約局の知恵を活用することによって、交渉を成功裏に収めることができた。必ずしも外務省全体と政策ベクトルが一致していたとは言い難いが、キーパーソンとなる担当者と一致していたことが外交成果につながった。第三点の国内政治構造の変化については、田中首相が政権奪取するために他の派閥からの要求で日中国交正常化に手をつけることになった。第四の外的ショックとしては、まず中国の国連参加があり、ニクソン大統領が訪中したことによって、日本国内にも中国との国交正常化を望む声が強くなったことが要因として挙げられる。

中曽根首相の場合、自発的に外交問題で主導権を握りたいという姿勢を明らかにしている。まず、韓国との関係を良好にするために、個人のブレーンである瀬島を通じて、韓国と事前交渉させている。また、全大統領と個人的な関係を築くことによって、日韓関係を改善しようと、スピーチのために韓国語の練習までしている。また冷めていた日米関係を良くするために、訪米前に防衛予算の増額、対米軍事技術供与、チョコレート・タバコ関税の引き下げを決めた。さらにウィリアムズバーグ・サミットでレーガン大統領をサポートし、絶対的な信頼関係を築いた。

官房長官に田中派の幹部である後藤田を任命したことは、中曽根にとって大いに意味があった。元警察庁長官を務めた後藤田は官僚組織を熟知していたため、対米軍事技術供与の事例では官僚の反対を抑え込んでいる。また、後藤田は官邸強化を図り、首相の補佐機構として内閣五室体制を作り上げた。

ハーマンの枠組みで分析すると、中曽根は官僚組織に頼らず、自らの主導力を発揮しようとしたことが分かる。しかし同時に官僚機構を活用することもできるようになり、新しく作られた内閣五室体制を利用することで政策ベクトルを共有することができた。国内政治構造の変化としては、田中派と反田中派の対立構造に起因して短命政権が続いたが、中曽根政権下で田中派が分裂し、また田中角栄が脳梗塞で倒れたことから対立構造が解消され、中曽根の長期政権継続を可能にすると共に、様々な外交的成果を挙げることに貢献した。最後の外的ショックについては、前任の鈴木政権が韓国や米国との関係を悪化させたために、中曽根の関係改善に対する使命感が強くなったものと考えられるだろう。

註

1——福田赳夫『回顧九十年』岩波書店、一九九五年、一七七頁。

2——朝日新聞、一九七一年七月二〇日。

3——森田一『心の一燈、回想の大平正芳その人と外交』第一法規、二〇一〇年、九〇～九五頁。

4——中曽根康弘『天地有情』文藝春秋、一九九六年、二六二～二六六頁。

5——橋本恕の証言、清水幹夫「橋本恕氏（元大平外相時代の中国課長）に聞く　日中国交正常化交渉」大平正芳記念財団編『去華就實　聞き書き大平正芳』大平正芳記念財団、二〇〇六年。

6——早坂茂三『早坂茂三の田中角栄回想録』小学館、一九八七年、二一六～二一八頁。

7——森田一『心の一燈』一〇〇～一〇一頁。

8——「田中・大平・三木三派政策合意事項」、中野士郎『田中政権八八六日』行政問題研究所、一九八二年、七九頁。

9——中曽根康弘と森田一の証言。新潟日報社編『日中国交正常化——いま明かされる舞台裏』新潟日報事業社、二〇一二年、一二五、一二九頁。

10——Henry Kissinger, *White House Years* (Boston: Little, Brown and Company, 1979), pp. 326-30.

11——佐藤栄作『佐藤栄作日記　第三巻』五三八～五三九頁

12——宮澤喜一『戦後政治の証言』読売新聞社、一九九一年、一四一～一六九頁。

13——Memo for the President's File Memorandum of Conversation, October 24, 1970. 引用は石井修「第二次日米繊維紛争（一九六九－一九七一年）（2・完）」『一橋法学』第九巻第一号、二〇一〇年三月、一〇～一一頁から。

14——アレクシス・ジョンソン『ジョンソン米大使の日本回想』二八一頁。

15——岸本弘一「総仕上げと幕引きの苦悩」楠田実編『佐藤政権・二七九七日（下）』、行政問題研究所、一九八三年、二二三～二二四頁。

16——Michael Schaller, *Altered States: The United States and Japan since the Occupation* (New York: Oxford University Press, 1997), p. 224.

17——「日米繊維問題に関する大統領声明」一九七一年三月一一日『わが外交の近況』一九七一年版。http://www.mofa.go.jp/mofaj/gaiko/bluebook/1971/s46-shiryou-3-10.htm（二〇一七年一二月一九日確認）。

18——Peter G. Peterson, *The Education of an American Dreamer* (New York: Twelve, 2009), pp. 153-55.

19——『二〇〇〇億円宜しく頼む』日米繊維交渉の裏に沖縄（角栄のふろしき）小長秘書官の証言（4）」日本経済新聞、二〇一七年一二月一一日。

20——石井修「第二次日米繊維紛争」三〇～三一頁、三八～三九頁。

21——小長啓一「日米繊維交渉——電光石火の裁き」『私の中の田中角栄』財団法人田中角栄記念館、一九九八年、一二〇～一二一頁、およびI・M・デスラー・福井治弘・佐藤英夫『日米繊維紛争』日本経済新聞社、一九八〇年、二七二～二七三頁。

22——平林勉「慰労の直筆の封筒、家宝に」『私の中の田中角栄』一四六～一四八頁、およびI・M・デスラーほか『日米繊維紛争』二八二～二八五頁。

23——「二〇〇〇億円宜しく頼む」、および小長啓一への著者インタビュー、一九九二年一二月一四日。

24——I・M・デスラーほか『日米繊維紛争』二七四～二七五頁。

25——田中角栄『田中内閣総理大臣演説集』日本広報協会、一九七五年、四～五頁。

26——栗山尚一『沖縄返還・日中国交正常化・日米「密約」』一二六～一二七頁。

27——服部龍二『日中国交正常化』中公新書、二〇一一年、四五、五五～五七頁。

28——森田一『心の一燈』一〇四頁。

29——中江要介『らしくない大使のお話し』読売新聞社、一九九三年、五三頁。

30——四条件とは、①韓国と台湾を援助する企業、②台湾・韓国に投資している企業、③ベトナム・ラオス・カンボジアへ軍事物資を輸出する企業、④在日米系合弁企業、とは貿易しないというものである。

31——中曽根康弘『天地有情』二六六頁、および森田一『心の一燈』一〇八頁。

32——倪志敏「田中内閣における中日国交正常化と大平正芳（その二）」『龍谷大学経済学論集』第46巻第5号、二〇〇七年三月、五一頁。

33——同、五三頁。

34——同、五五頁。

35——「竹入義勝・周恩来会談記録」石井明ほか編『記録と考証　日中国交正常化・日中平和友好条約締結交渉』岩波書店、二〇〇三年、四～五一頁。

36——早坂茂三『政治家田中角栄』中央公論社、一九八七年、三七二～三七六頁。
37——「台湾問題の政府統一見解全文」日本経済新聞、一九七二年八月一六日。
38——丹波實『わが外交人生』中央公論新社、二〇一一年、二二一～二二四頁。
39——「日米首脳会談(第一回会談)」一九七二年八月三一日、「日米首脳会談(第二回会談)」一九七二年九月一日、服部龍二「田中首相・ニクソン大統領会談記録」『人文研紀要』第六八号、二〇一〇年、四一三～四四四頁。
40——早坂茂三『政治家田中角栄』三七八頁。
41——「日中国交正常化基本方針」一九七二年九月八日、
42——椎名の台湾訪問については、田村重信・豊島典雄・小枝義人『日華断交と日中国交正常化』南窓社、二〇〇〇年と松本彧彦『台湾海峡の懸け橋に』見聞ブックス、一九九八年に詳しい。
43——阿部穆「運命論者だった大平さん」大平正芳回想録刊行会『大平正芳回想録　追想編』大平正芳回想録刊行会、一九八一年、二二〇～二二一頁。
44——「第一回首脳会談」石井明ほか編、五三～五六頁。
45——NHK取材班『周恩来の決断　日中国交正常化はこうして実現した』日本放送出版協会、一九九三年、一五二頁。
46——服部龍二『日中国交正常化』一四〇～一四三頁。
47——「別紙1　日中共同声明日本側案の対中説明」、「日中共同声明文案大綱」石井明ほか編、一一〇～一一六頁、一一八～一一九頁。
48——「第二回首脳会談」石井明ほか編、五六～六〇頁。
49——栗山尚一『沖縄返還・日中国交正常化・日米「密約」』一三三～一三七頁。
50——「第二回外相会談」石井明ほか編、八六～九一頁。
51——橋本恕「英雄と英雄の対決・日中国交正常化」『私の中の田中角栄』田中角栄記念館、一九九八年、一二七～一二九頁。
52——橋本恕の証言、清水幹夫、前掲。
53——「第三回首脳会談」石井明ほか編『記録と考証』六〇～六九頁。
54——「第三回外相会談」石井明ほか編『記録と考証』九四～一〇九頁。
55——中曽根政権を扱ったこの項は、拙著『官邸外交』朝日新聞社、二〇〇四年、第四章に基づいている。

56――中曽根康弘『天地有情』、文藝春秋、一九九六年、四四五〜四四六頁。
57――中曽根康弘、著者インタビュー、二〇〇四年三月一五日。
58――後藤田正晴『内閣官房長官』講談社、一九八九年、二八〜三〇頁。中曽根康弘『政治と人生』講談社、一九九二年、三一二〜三一三頁。
59――長谷川和年、「中曽根外交」『中曽根内閣史――理念と政策』世界平和研究所、一九九五年、一七八頁。
60――中曽根康弘『天地有情』、四四六頁。
61――同、四四八頁。
62――中曽根康弘、著者インタビュー。
63――同。
64――同。
65――長谷川和年、「中曽根外交」一八二頁、および中曽根康弘『天地有情』四四〇〜四四一頁。
66――ウィリアム・シャーマン、著者インタビュー、二〇〇四年四月二日。
67――中曽根康弘、著者インタビュー。
68――同。
69――大河原良雄、三五〇頁。
70――五百旗頭真・伊藤元重・薬師寺克行編『岡本行夫　現場主義を貫いた外交官』朝日新聞出版、二〇〇八年、一四二頁。
71――同、一四九頁。
72――後藤田正晴『内閣官房長官』三〇〜三五頁。
73――後藤田正晴、著者インタビュー。
74――後藤田正晴『内閣官房長官』一〇五〜一〇八頁。
75――五百旗頭真・伊藤元重・薬師寺克行編、一三〇〜一三三頁。
76――佐々淳行「中曽根内閣と国の管理」、『中曽根内閣史――理念と政策』三〇七頁。
77――同。
78――同、三〇八頁。

79——後藤田正晴『情と理——後藤田正晴回顧録（下）』講談社、一九九八年、一七〇頁。
80——中曽根康弘、著者インタビュー。
81——後藤田正晴『情と理』一七〇頁。
82——中曽根康弘、著者インタビュー。
83——宮脇磊介、著者インタビュー、一九九三年三月一〇日。
84——国廣道彦、著者インタビュー、二〇〇四年三月一五日。
85——中曽根康弘、著者インタビュー。
86——国廣道彦、著者インタビュー。
87——後藤田正晴『情と理』、一七〇～一七二頁。
88——佐々淳行『危機管理宰相論』文藝春秋、一九九五年、二二九～二三〇頁。
89——同。
90——同。

第4章

非自民連立政権から自社さ連立政権まで

一九九二年一〇月、東京佐川急便事件によって、田中角栄以来の流れを汲む、自民党内の最大派閥・経世会の金丸信会長が議員辞職に追い込まれ、後任の派閥会長に小渕恵三が就いた。当時、経世会では「七奉行」と呼ばれる実力者が拮抗していたことから、この人事に反発した羽田《はた》孜《つとむ》と小沢一郎が率いるグループが経世会を離脱、羽田派を結成した。翌一九九三年六月、宮澤喜一政権下で政治改革法案が廃案になると、野党から提出された内閣不信任案をめぐって羽田派を中心に自民党内に造反議員が続出し、同案が可決されることになる。宮澤首相は衆議院を解散し総選挙によって国民の信を問うことを選択するが、自民党を離れた武村正義が率いるグループが新党さきがけを、同じく羽田派が新生党を結成し、選挙戦を争うことになった。

新党ブームに沸いた第四〇回衆議院議員総選挙（七月一八日投開票）で、自民党は単独過半数を得ることができず、連立工作を行ったものの、結局、八月六日に非自民の七党（参議院だけに議席を持つ民主改革連合を合わせると八会派）が日本新党の細川護熙党首を首班とする連立政権を樹立し、三八年間にわたる自民党長期政権に終止符を打った。

国民の大きな期待を受けて誕生した細川政権だったが、政治改革法の成立後の一九九四年四月、細川首相が金銭スキャンダルを原因として突然辞任する。その後を継いで発足した羽田孜内閣もわずか二カ月で退陣に追い込まれると、自民党が社会党と新党さきがけと連立することで、社会党代表の村山富市を首班とする政権を成立させた。村山首相は一年あまりで退陣するが、自社さの連立の枠組みを維持した形で橋本龍太郎政権が発足し、その後連立は解消される。本章では、細川政権から橋本政権に至る一連の対外政策決定過程の変遷を見ていくことにする。

1　細川連立政権下の政策決定過程

細川首相は、異なる政治目的を持つ七党八会派をまとめながら、国内的には宮澤政権で頓挫した政治改革を成立させ、国際的にはコメ市場の開放によって関税と貿易に関する一般協定（GATT）のウルグアイ・ラウンド交渉を成功裏に収めるという、非常に政治的に困難な問題に取り組まなければならなかった。

組閣では、新党さきがけの武村正義代表を官房長官に、新生党の羽田孜党首を副総理兼外相、社会党の山花貞夫委員長を政治改革担当相、公明党の石田幸四郎委員長を総務庁長官、民社党の大内啓伍委員長を厚生相、社民連の江田五月代表を科学技術庁長官という具合に、連立与党の各党党首を閣僚に据えた。このうち山花は社会党委員長を辞任後も閣僚を続けたため、後継委員長の村山富市が入閣できず、社会党だけが党首が内閣に参加しない状態となった。

連立与党の党首が揃って入閣すると、与党間の調整のために幹事長クラスからなる代表者会議が形成された。社民連が解党し日本新党に吸収され、日本新党はさきがけと統一会派を組んだため、社会党の久保亘《くぼわたる》書記長、新生党の小沢一郎代表幹事、公明党の市川雄一書記長、民社党の米沢隆書記長、新党さきがけの園田博之代表幹事という五人がメンバーとなった。代表者会議の下に自民党の政策調査会に相当する政策幹事会とその部会に当たるプロジェクトチームが編成されたが[1]、政治的に影響力の強い問題は五人による代表者会議で諮られることが多く、政権と代表者会議の権力の二重構造が出来上がったと見られた。細川は首相在任中の日記を編集した書籍を刊行しており、そこに収録されたインタビューで「実感から言えば二重権力という感じは全くなかった」と述べている[2]。しかし、著者のインタビューに対しては代表者会議について、「八つの会派が集まった連立政権だから、あれしか方法はなかった。政策分野ごとの部会制は不可能だった」と、新政権の運営における苦しい事情を語っている[3]。

他方、細川政権での代表者会議の影響力を異常だと感じていた者も多い。例えば、建設相だった社会党の五十嵐広三は「与党代表者会議がいわば閣議の上に位置するような格好で、ときどき重要政策をドーンと一方的に下ろしてくるようなことがあった」と語り、最終的な予算折衝のときにも蔵相の横に与党代表者会議のメンバーが陣取り影響力を及ぼしていたことを明かしている[4]。官房長官を務めた武村正義も連立政権の意思決定機関として代表者会議が「実権を握った」と証言している[5]。

◆ウルグアイ・ラウンドにおけるコメ市場開放

細川首相はＧＡＴＴウルグアイ・ラウンドの解決を政権の最重要外交課題と考えた。インタビューで細川は、「日本は世界の中にあるのであり、ウルグアイ・ラウンドを成功させなければならないと政権ができる前から考えていた」と語り、一般に細川政権の最大の業績と考えられた小選挙区制を導入した政治改革について「ウルグアイ・ラウンドの片手間にやったこと」とまで言い切るほど最重視していたことを明かした[6]。

細川がコメ市場開放に向けた強い意志を示していたことを裏付ける側近の証言がある。日本新党の企画調整部長を務めた金成洋治は、「日本新党と新党さきがけが当初予定していた合併をしなかったのは、コメ問題が根底にあった」と語っている[7]。日本新党は「政策要綱」にコメ市場の部分開放は不可避であると明言していた[8]。他方、コメどころである滋賀県選出の武村正義や長野県選出の田中秀征が主導権を握る新党さきがけは、最後まで両党合意でコメ市場開放に対する立場を明確にするのに反対した。これに対し細川は、さきがけとの合併を断念してでも市場開放の立場を明らかにしたかったという。

コメ問題は日本政治の聖域とも考えられており、強力な農業団体や地方を代表する圧力を抑えなければならない。日本は世界第二位の経済大国であり、その当時最大の貿易黒字を誇っており、最も貿易から恩恵を受けているはずの日本がウルグアイ・ラウンドを失敗させれば、国際社会から大きな批判を招くことは明らかであった。しかし、一九九一年にアーサー・ダンケルGATT事務局長から出された最終合意案にある「例外なき関税化」を日本政府は受け入れることができなかった。米国のジュリアス・カッツ通商次席代表はヨーロッパですら最小限の修正を前提に関税化を受け入れているのに対し「日本は何一つやっていない。ウルグアイ・ラウンドの失敗は、すべて日本にあると世界に向かっていう」と非難した[9]。

しかし実際には、自民党政権下でも宮澤喜一首相の下でコメ市場開放の政治的なコンセンサスが生まれつつあった。何年にもわたる海外からの市場開放に対する圧力によって、農業市場の国際化を促すムードは生まれていた。例えば、一九九二年六月に農水省が公表した「新しい食料・農業・農村政策の方向」では、コメについて市場原理と競争条件の導入に言及し、将来的には食糧管理法を廃止する方向を示唆していた。

一九九三年一月にビル・クリントン政権が誕生すると、米国の通商政策が数値目標を含む「結果志向型」に変化していった。また、クリントン大統領はウルグアイ・ラウンドの成功を北米自由貿易協定（NAFTA）の締結に並ぶ重要貿易課題と位置づけた。そのため、クリントン側近のマック・マクラーティ首席補佐官から米交渉者に、日本との交渉で妥協してでも早期解決を目指すよう指示があった[10]。そのため、ジョージ・H・W・ブッシュ政権では頑なに求めてきた例外なき関税化に対し、米国交渉者も柔軟な姿勢を見せ始めた。同年七月の日米交渉では、ジョー・オメーラ特別交渉官が塩飽《しあく》二郎《じろう》農水省審議官にコメ問題を「非貿易的関心事項」として扱うことを提案した。そこには価格の安いタイ米の輸入増加が見込まれる関税化よりも、米国産コメの輸入枠を確保できる最低限輸入義務（ミニマム・アクセス）の方が有利だと考える新政権の実利主義があった[11]。

その後コメ問題について日米間で秘密交渉が続けられたが、政局が悪化し政権交代が起こり、自民党政権下で問題を解決することはできなかった。そのため偶然、同ラウンドの農業交渉の最終場面で政権についた細川首相が政治的な決断を下す役割を果たすことになったのである。それまで日米秘密交渉の内容は自民党農水族の幹部であり「四人衆」と呼ばれた羽田孜、加藤紘一、保利耕輔、大河原太一郎には逐一報告されていた。しかし、細川政権になると副首相兼外相になった羽田以外には、農水省の描く方向性など詳しい情報は提供されなくなった。細川首相や畑英次郎農水相にさえ、表面的な交渉の経緯が示されただけだったという[12]。

日米間の秘密交渉では、ミニマム・アクセスの増大が要求された。ダンケルGATT事務局長の最終合意案では、関税化の対象となる品目について国内消費量の三％のミニマム・アクセスからスタートし、六年で五％まで増大させることを約束する条件であった。米国は関税化を先送りにする代償として、最初四％から六年間で八％を日本に要求していた。九月末には農水省も米国が要求する八％を受け入れるのもやむなしとの判断を下すようになった[13]。

これに対し一〇月一〇日の細川首相との会談で、小沢新生党代表幹事は関税化を受け入れるべきだという立場を訴えた。しかし細川は日米交渉の経緯を尊重し、米国案の関税化六年猶予の代わりに高いミニマム・アクセスを受け入れる方針を決断した。小沢の「誰がどうやって国内をまとめるのか」との懸念に対し、細川は「私が泥をかぶってやる」と答えた[14]。細川の決断によって、コメ問題で日米両国が合意することになった。

この合意はGATT市場アクセス交渉グループのジェルマン・ドゥニ議長に伝えられ、日米両国からの希望で一二月初旬に同議長からの調停案として公表されることになった。多国間でまとめた案に基づくかたちで、日米両国が折り合うという構図であれば、日本国内の説得に役立つと考えられたからである[15]。しかし一一月一八日に、この日米秘密合意が共同通信によってスクープされると、細川首相のもとには「与野党議員入り乱れて直談判に訪れた」。これに対し細川は「あくまで国会答弁通り判で押したように対応」した。細川はこのスクープが「環境作りのために農水省がリーク」したものだと推測している[16]。

この秘密合意を隠す姿勢は、この後も続いた。翌一九日には日経新聞の一面トップにより詳細な日米合意の内容がスクープされた[17]。細川は「類似の記事は、先月来しばしば報道されおるも、同紙のごとく的を射た内容は初めて」と驚きを日記に表している。この日、閣議後の閣僚懇談会で大内啓伍厚生相から「かかる合意が存在する中で、対外的に合意は一切存在せずとヌケヌケと言い続けることは問題」だという指摘があった。しかし細川は武村正義官房長官と石原信雄副長官と相談した結果、根回しが必要になってくる時期である、ドゥニ議長案が正式発表される一週間ほど前までは「知らぬ顔の半兵衛を決め込む外なし」と判断し、「ヌケヌケ」と対処する方針を継続した[18]。

一一月二五日には後追い報道として、各紙が日米間の交渉で日本側が九月の時点で市場開放を伝えた後、交渉計画予定表を作成していたとの詳細が伝えられたため、政界で大きな問題となった。この日の連立与党党首昼食会では、久保亘社会党書記長が「コメ開放なら連立離脱も有り得」ると述べた。これに対し、細川は「恐れ入りたることとなり」と悠然と受け止めた。細川はコメ問題における覚悟を日記にこうしたためている。「コメはいずれにしても、予算審議を絡まざるを得ず。どの道、8党派による無理な連立は短期政権が宿命と肚を括り、この際ハシにも棒にもかからぬ社会党が与党にあるを奇貨」とし、「コメ、その先どこまで行けるか。とにかく行けるところまで行く外なし」[19]。

この日、武村官房長官と外務・農水両省の幹部との打ち合わせで、ドゥニ議長案正式発表の一週間前に開かれるジュネーブでのG17会合でリークされる可能性が伝えられた。細川はその前に与党内で根回しを開始することにした。自らの出身母体である日本新党、武村の新党さきがけ、小沢の新生党からは合意を得ている。細川は次に公明党の与党代表者会議メンバーである市川雄一書記長に電話をかけ説得した。市川は公明党内を説得、コメの関税化を六年間猶予させたことを評価し妥協案を検討する党の方針を決めた。これについて細川は「部分開放にも反対の社会党などのことを念頭に受け入れの環境整備を狙っての市川氏の好けん制球」と高く評価している[20]。一一月二八日には細川首相は、小沢代表幹事と市川書記長と会い、「コメで社会党をどう抑え込むか」細川と小沢の役割分担を決めた。

一二月七日に、同ラウンドの農業交渉において米国とヨーロッパの間で合意が生まれると、細川首相は政府与党首脳会議で日本政府の対応を議題とした。この日発表になったドゥニ議長による調停案に対する意見が交わされた。同案は、最初の六年間は関税化を実施せず、その間ミニマム・アクセスを受け入れ拡大し、七年目以降の関税化については再交渉するというものであった。細川首相は同案を「ギリギリの案であり、自由貿易体制の恩恵を受けている日本は、応分の負担を負わざるを得ない」と自ら受け入れの方針を表明し、各党に協力を求めた[21]。

同会議の直後に開かれた閣議でもコメ問題が取り上げられ、閣僚は各党に持ち帰って協議することになった。細川の出身母体である日本新党、羽田孜と小沢一郎が率いる新生党、民社党はおおむね了解した。しかし連立政権最大勢力の社会党は、「ミニマム・アクセスの受け入れは連立与党8党派の合意に反する」と部分開放への反対方針を確認した[22]。

同日の夕方に再会した衆議院予算委員会では、自民党の柳沢伯夫議員からミニマム・アクセスの受け入れは、これまで三回にわたりコメの自給方針を確認してきた国会決議に反するのではないかという質問があった。これに対し、細川首相は「国内自給という方針の原則はおおむね貫かれて」おり、「国会決議の精神に沿ったものである」という認識を示した[23]。野党の立場でミニマム・アクセスに反対する自民党に対し、細川首相は「自分で始めた交渉の尻拭いを人に押し付けるに止まらず、まさに国際的な反動体制運動なり」と日記に怒りを綴っている[24]。

ウルグアイ・ラウンドの交渉期限が五日後に迫る一二月一〇日、自民党は羽田外相をジュネーブに派遣することを武村官房長官に要求してきた。元自民党農水族幹部であった羽田が強力な交渉を展開すれば自民党内のコメ市場開放強硬派の突き上げもいくらか和らぐ、との考えであった。武村は森喜朗自民党幹事長には自ら電話して羽田派遣の決定を伝えているのに、与党代表者には秘書官が議員会館の秘書にメッセージを残すだけであったという。この扱いに対して、小沢代表幹事や市川書記長、米沢隆民社党書記長が憤慨し、政府与党首脳会議をボイコットして抗議する場面もあった[25]。

羽田外相がジュネーブに着くと、欧米の交渉団は林産物やホワイトリカーなどの分野でさらなる譲歩を迫ってきた。羽田はそれらを拒絶するが、ドゥニ調停案は飲まざるを得ないとのメッセージを日本に伝えて急遽帰国することにした。一三日に羽田外相が帰国すると、細川首相は、羽田、武村官房長官、村山委員長、久保委員長と会談した。

それを受けて、社会党は中央執行委員会、三役会議、議員総会を引き続き開催した。一二人の社会党議員が離党届を委員長に提出するなど、党内は大混乱状態になった。会議は真夜中まで一二時間続いた。細川は自分が社会党の議員総会に出向いて直接説得するとまで村山富市委員長に伝えた。その間、ピーター・サザーランドGATT事務局長から農業問題における日本の回答の締め切りが一四日午前一時だと伝えられると、細川は事務局長に電話して二、三時間延長するよう要請、その一方、村山には「あと一時間だけ延ばすようお願いしたので、なんとかその間に求めて欲しい」と促した[26]。

最終的に村山委員長が「特定の問題に反対だから連立を離脱するのはちょっと違うのではないか」と説明し、「政権内に踏みとどまって、その代わりいろいろ注文を付けて農民の期待に応えられる政策を作っていこう」と党内を説得した[27]。その結果、社会党からはコメ市場の部分開放には党として反対だが、首相の判断は受け入れると伝えられた。

これを受けて、一四日午前二時半から政府与党首脳会議と閣議を開催した。午前三時過ぎに会議を終えると、細川首相は記者会見を開き、ドゥニ議長の調停案を受け入れコメ市場部分開放を含むウルグアイ・ラウンド合意案を交渉することを発表した。細川は記者会見の冒頭で「我が国のために、また世界のために、ウルグアイ・ラウンドを失敗させることが断じて許されない」「この決断が世界の将来のために、また日本の将来にとって決して間違いではなかったと評価していただける日が必ず来る」と熱く決意を語った[28]。細川はコメ市場開放の過程を「早くから肚を固めていた官邸と関係者が全くぶれずに、政官一体の取組ができたことが結果につながったのだと思う」と振り返っている[29]。

◆日米包括協議と国民福祉税

政権交代につながる衆議院解散後の一九九三年七月一〇日、宮澤喜一首相は訪日中のクリントン大統領との共同声明で、二国間で新しい「日米包括協議」を始めることを宣言した。ジョージ・H・W・ブッシュ政権では日米間で貿易不均衡を解消するために、構造協議(Structural Impediment Initiative)が行われた。しかし、日米両国がお互いの問題点を理解することはできたが、貯蓄・投資バランスや財政赤字、教育システムなど長期的な問題解決が必要な問題が多く、具体的な成果に乏しかった。「結果志向」を追求するクリントン政権は、日米貿易不均衡を是正する新しい枠組みを求めたのであった。その結果、①政府調達、②規制緩和と競争力、③自動車・自動車部品を含む主要分野、④直接投資や知的財産権などの経済的調和、⑤マクロ経済政策など既存のコミットメント、⑥地球的規模の日米協力という六つの分野を包括するものとなった[30]。この日米間の包括協議は、細川政権でも継承されることになり、年に二回開かれる日米首脳会談で状況がチェックされることになっていた。

日米包括協議は七月に開始されたが、八月には政権交代があったこともあり、実質的な日米間の交渉が始まったのは九月であった。目玉となった自動車交渉では、米国側は日本の自動車メーカーが外国製部品を買う自主計画（ボランタリー・プラン）や米国車を扱う販売店増加の数値目標、補修部品の規制緩和などを求めてきた。その背景には一九九二年一月にブッシュ大統領が米国の自動車メーカーの首脳を引き連れて来日し、それに応じて宮澤首相がトヨタ自動車社長に直談判をした結果、日本の自動車メーカーが一九九四年度に一九〇億ドルの米国製部品を購入するという自主計画を発表したことがあった。クリントン政権はこの部品購入計画の上積みを求めたのである。しかし、日米の自動車業界の環境は大きく変わっていた。米国のビッグスリーが過去最高益を記録する一方で、日本メーカーは減益に悩まされていた。日本政府は管理貿易につながる数値目標は受け入れられないと、クリントン政権の要求を断固拒否した[31]。

一九九四年二月に開かれる予定の日米首脳会談では貿易問題では何ら成果をもたらすことができない。その前月に細川と親しかった木内昭胤元駐仏大使は細川を首相官邸に訪ねて、官僚ベースの交渉に任せておいてはいけないと忠告した。木内は「あの時の訪問は見るに見かねてでした。日米首脳会談が迫っていましたが、外務省を取材してみると、自動車もだめ、どれもだめなんですよ。米国の期待と日本の対応のギャップが大きくて、細川さんが訪米できる状態じゃない」と証言している[32]。

日米交渉が捗らないなか官僚たちが考えていたのは、米国が要求してきたマクロ経済分野で大規模な所得減税による内需拡大を成果とすることであった。しかし、財源を伴わない大型減税に反対する大蔵省幹部は、タイムラグ後の消費増税を主張し、同年一一月一一日に細川首相に「増減税ワンセット、一五か月」という案を持ちだす。細川はこれを拒否、「大蔵省のみ残り政権がつぶれかねぬような決断」はできないと強く叱りつけた。「ワンセット論ばかりに固執する専門家の頭は全くいかがなものか」と不満をこの日の日記につづっている[33]。首相の同意が得られなかったものの、斎藤次郎大蔵事務次官は熊野英昭通産事務次官と共に、将来の消費増税とパッケージになった景気対策について、数多くの財界人に説明していった[34]。

大型減税先行を考えていた細川の考え方が変わるのは、一九九四年一月一二日尾崎護元大蔵事務次官を秘密裏に公邸に招き意見を聞いたときである。尾崎は、消費税は一般財源に回されるべきものだが、高齢化社会を迎えて年金保険や医療保険の財源に充てるという年金税構想を細川に説いた。細川も年金保険料を引き上げるよりも消費税率を引き上げるほうが、国民が納得しやすいと考えるようになった。三日後の斎藤次官との打合せでは、「消費税を基礎年金に充てるなど……社会党などを説得しうる知恵を出すよう」指示した。というのも村山社会党委員長に年金税を打診した際に「それなら社会党はまとめられるかもしれぬ」という感触を得たためである。またそこでは、二月一一日の訪米に間に合わすためには、二月三日に国民福祉税を税制調査会答申、五日までに政府予算原案の内示が必要との日程が確認された[35]。

社会党の造反により参議院で政治改革法案が否決されるという大揺れの真っただ中、一月二三日にはロイド・ベンツェン財務長官が来日し、包括協議の進捗ぶりに懸念を表明し、大幅な景気対策を要求した。同日にウォーレン・クリストファー国務長官が羽田副総理兼外相に電話し、包括協議に懸念を表明、「首脳会談の成否は包括協議にかかる」ことを伝えた[36]。

細川は河野洋平自民党総裁とのトップ会談に臨んで妥結案に達し、一月二九日に政治改革法案は成立した。二日後の三一日には、クリントン大統領から政治改革法案成立を祝賀する電話があったが、その中で成果を生んでいない包括協議に対する懸念も表明された。この日、武村官房長官が高松での記者会見で増減税切り離し論を語ったことが大きく報じられた。この日の政治与党首脳会議では、市川公明党書記長も官房長官の意見を支持したのに対し、細川は「何らの担保なしの減税は無責任にならないか。一体か分離か増減税の時間差で何とかならないか」と大蔵省寄りの意見を述べた。与党内で意見の対立があることは明白であった[37]。

意見がまとまらないなか、二月三日の税制調査会答申に間に合わせるため、その前日の二日午後三時に国会内で開かれた与党代表者会議で、細川首相は所得減税の有無とその財源について説明する。代表者は各党に持ち帰って協議することになった。三時五〇分には村山社会党委員長が所得減税の財源は経費削減と短期国債で賄い、二年後の税制改革を行うという私案をもってきた。これに対して、細川が「そんな甘い案でいいんですか」というと、三年後に書き換えて細川首相に手渡した。政府側での討議としては、この日、羽田副総理が座長を務める経済問題協議会で税制改革は首相に一任することが決まった[38]。

午後六時から与党代表者会議が再開するが意見がまとまらず、六時四〇分に首相執務室に代表者が訪ねることになった。それぞれの党の立場や考え方が披露された後、各党代表者は最終的に首相に一任することにしたが、久保亘社会党書記長だけは「総理の権限とは思うが、一任するかと聞かれれば一任は困難」と発言する。代表者たちが引き上げた後、細川は羽田副総理と武村官房長官に「いま社会党の空気伝わってきたが、何とかまとめる努力をしているようだ。最悪でも政府提案は仕方ないという感じに持っていきたいという話だ」と述べた。その後、大蔵幹部から書類が持ち込まれ、所得減税二年先行で二年後から消費税を七％に引き上げ年金財源に充てるという「国民福祉税」構想が提案された[39]。

午後八時一〇分から再開された与党代表者会議で、細川首相が国民福祉税構想について説明する。すでに首相一任を告げた各党は納得したが、社会党の久保書記長は中央執行委員会が終わらなければ方針を述べられないと言って、退室した。

午後一一時四七分から首相官邸にて政府与党首脳会議と経済問題協議会の合同会議が開かれた。ここで、細川首相が減税二年先行から三年先行に変更して、国民福祉税構想を再提議した。村山社会党委員長から「うちとして、［七］パーセントも難しい。その場合には、連立との関係も見直せというのも出てこよう。それでも政府としてやるということであれば」と連立離脱の可能性をほのめかした。久保書記長も「我々としては総理が言われたことを了解したという訳にはいかない」と発言した[40]。しかし細川首相からもう一度一任を要請されると、久保は「総理が自分の意思でおやりになるということであれば、私が何をいいようがあろう。ただ、社会党としては反対だ、と言うことだけははっきり申し上げる」と答えた。この発言を細川は「一任を受けた」と理解した[41]。

このあと、二月三日午前〇時五〇分から記者会見を開き「国民福祉税」構想を発表した細川であったが、七％の根拠を問う記者の質問に、おおよその見当を意味する「腰だめの数字」と答えたため、いい加減な根拠で増税するとメディアから猛烈な批判を浴びることになる[42]。翌四日の与党代表者会議で「国民福祉税」構想は白紙に戻されることになった。

細川首相はその原因を「コメと政治改革に忙殺されて、私自身が本問題に尽きて取りまとめる余裕をもたず、党に丸投げしおりしこと（すなわち大蔵の意向が通りやすき状況）」と振り返っている[43]。首相秘書官を務めた成田憲彦は、「党に丸投げ」とは「小沢」に丸投げしたということだと解説しており[44]、細川首相同様、官僚たちも与党内調整は小沢に頼ったものと思われる。石原信雄官房副長官が斎藤大蔵次官に与党調整について尋ねたところ、「それはもっぱら小沢さんにお願いしている」、小沢一郎が「任せておけ」と言ったという[45]。成田秘書官の証言では、小沢は社会党への根回しは野坂浩賢国対委員長を通していたようで、小沢は「野坂が、目的税化するなら社会党は大丈夫と言うことで信用したのに、おれもひどい目に遭った」と、細川首相に弁解している[46]。

日米首脳会談に向け、細川内閣は急遽、一時的な減税と公共事業追加予算を含めた景気刺激策をまとめたが、消費増税という将来の財源が確保されない状況を背景に小規模なものに留まった。クリントン政権はこの策に満足せず、ベンツェン財務長官は「不十分」と不満を表した。二月一一日に日米首脳会談が行われたが、包括協議で十分な成果が出ず、交渉は決裂した。共同記者会見の冒頭発言で、細川首相は「過去、日米間では、その場を糊塗するような玉虫色の決着を図ってきた」が、「できないことについてはそれを率直に認めあうといった大人の日米関係」になったと発言した[47]。しかし、交渉結果に不満をもった米国政府は「反省期間」として、しばらくの間、対日交渉を打ち切ると発表した。

国民福祉税騒動の後、佐川急便からの借入金が不透明だというスキャンダルも発覚し、細川首相は求心力を失っていく。四月六日、細川首相は四元義隆の呼びかけで、帝国ホテルで平岩外四《がいし》経団連会長と中山素平日本興業銀行特別顧問に会っている。細川の日記にはその会談の内容について「慰労さる」としか書かれていないが、同日の記述に「自らの出処進退につき、このあたりが総理の職を辞すべき潮時と肚を固む」と辞職の決断をしたことが記されている[48]。この日、細川にどのような助言をしたのか、中山は「私はトップにある者の心がけとして、自分の退き時は自分で決めなければならないと云った」と著者に明かしてくれた[49]。日本新党関係者によると「日本新党は中山氏から物心両面で支援を受けていた。中山氏からの辞任勧告は重たかった」という[50]。細川の首相辞任表明は、この会談の二日後であった。

2　自社さ連立政権下の対外政策

細川辞任後、新生党党首の羽田孜が後継首相となる。しかし、連立与党が社会党を除いた会派「改新」を発足させるなど、与党内の独裁的な意思決定の仕方に反発した社会党が連立を離脱した。その結果、少数与党を基盤とする羽田政権は二カ月しかもたず、一九九四年六月二九日には連立の組み合わせが変わり、村山富市社会党委員長を首班とする自社さきがけ政権が発足した。

社会党は日米安保体制や自衛隊の存在に対して反対の姿勢を示していたため、米国をはじめとする国際社会は新政権がどのような方針を示すのか固唾を呑んで見守ることになった。首相就任の翌週にナポリで開かれたG7サミットでの日米首脳会談で、村山はクリントン大統領に、会談の冒頭で「安保条約を堅持し、外交関係は継続していくこと、新政権の下で民主的な政治を進めて行く考えも披露」した。これに対してクリントンは「ミスター村山、それこそ私が一番聞きたかった話です。率直に話していただき、大変安心しました」と答えた[51]。村山首相の日米安保の堅持と自衛隊容認の意思は固かった。七月二〇日の衆議院本会議で、羽田前首相がナポリでの日米安保堅持発言について質問したのに対し、「冷戦の終結後も国際社会が依然不安定要因を内包している中で、わが国が引き続き安全を確保していくためには日米安保条約が必要」だと答えた。また、土井たか子社会党議員からの自衛隊の合憲性に関する質問に対し、「専守防衛に徹し、自衛のための必要最小限度の実力組織である自衛隊は、憲法の認めるもの」という認識を明らかにした[52]。

この発言は社会党に相談しないで行ったものだという。村山は著者とのインタビューでこう語っている。「一九八〇年代から国際情勢が変わってきたのに加えて、社会党内に政権を目指すべきだとの議論が強くなってきた。そのためには同じ土俵に立って議論する必要がある。現在の規模の自衛隊であれば、憲法の理念に反するとはいえないのではないか。社会党には自衛隊容認までの過程に、違憲合法論というものがあった。自衛隊は憲法に反しているが合法だというものだったが、私個人としては憲法違反のものがなぜ合法だと言えるのか、すっきりしないものを感じていた。社会党から総理大臣になったからには、自衛隊を容認することはやむを得ないと割り切った」。村山は党に相談しなかった点について、「まず、党で議論することにすればひと悶着生まれていただろう。九月に党大会があったが、党が私の方針を追認した形になった。もし認めなかったら、私は総理の座をやめるつもりだった」と明かしている[53]。これによって、自社さ連立与党にあった最大の政策のミゾが埋められ、いわゆる一九五五年体制下の自社対立が終結した。

自社さ与党三党間では、主要政策課題のために二〇のプロジェクトチームが発足した。しかし、そのほとんどが国内政策であり、外交や安全保障政策についてのものはなかった。プロジェクトチーム以外にも、自民党政権下の政調部会とそっくりな形で、各省庁の縦割りとは別に与党政策調整会議が構成された。各部会では、自民党議員が支配的にならないように、自民党議員三名、社会党議員二名、さきがけ一名という構成になっていた。これによって官僚たちは、与党議員に対する根回しを三党すべてに行う必要に迫られ、自民党単独政権時代に比べその調整に倍以上の時間とエネルギーを費やさなければならなくなったという[54]。しかし、本書で扱う外交や安全保障などの対外政策においては、政権担当経験のある自民党閣僚や議員が圧倒的な影響力を持つことになった。

◆村山政権下の日米自動車交渉

貿易問題でも、経験豊かな自民党議員が前面に出てくるようになった。日米包括協議では、細川政権下で再度、自動車問題に焦点が当たるようになっていたが、所管である通産省の大臣となったのは、橋本龍太郎であった。橋本は「彼（村山首相）が大人《たいじん》で、任せたと言ったら本当に任せてくれた」と語っている[55]。

包括協議は細川政権下の日米交渉決裂で「反省期間」を置いていたが、羽田政権下の一九九四年五月に日米準備会合が開かれ、同協議の再開が合意された。同年九月末に次官級の協議が開かれたが、事態の進展はなかった。橋本通産相が週に二回訪米し、ミッキー・カンター米国通商代表と断続的に交渉を行った。政府調達や保険、板ガラスなど包括協議の他の分野では基本的に妥結したが、米国が最も重視した自動車分野では妥結に至らなかった。米国が日本の自動車メーカーによる部品購入計画で具体的な上積みの数字を求めたのに対して、日本側は民間の経営判断であり日本政府が介入すべきものではないと数値目標を拒否した[56]。

この交渉の過程で、カンター通商代表は米国通商法三〇一条による制裁措置の可能性を持ちだしたが、橋本は「私は銃口を頭に突きつけられるような交渉はやらない」と相手にしなかった。なおも「銃口はあなたの頭にだけでなく、私の頭にも米国議会から突き付けられている」と食い下がるカンターに、橋本は「しかし、その拳銃は米国製でしょう」と切り返した。制裁措置が国内法を使った一方的な措置であり、同時に議会と行政府の関係が対日交渉と直接関係のない米国内の政治問題であることを「米国製」という表現を使って指摘したわけである。カンターは二の句を継げなくなり話題を変えたという[57]。

橋本との交渉を終えたカンターは三〇一条に基づき、日本の自動車補修部品に関する規制について制裁を前提とした調査開始を決定した。制裁の発動期限は一年後の一九九五年一〇月一日に設定された。これに対して通産省は、米国が制裁を発動した場合にはGATT二二条紛争解決手続きに基づき、翌年から発足する世界貿易機構（WTO）に提訴する方針を固めた。

その後も日米両政府は自動車交渉を重ねたが、意見の対立の溝は一向に埋まらなかった。一九九五年五月一六日、業を煮やした米政府は、六月二八日までに合意に至らない場合、六〇億ドル相当の日本製高級車に一〇〇%の報復関税を課すと発表した。そこには一九九六年の大統領選において自動車交渉失敗の悪影響が出ないようにしたい意向があった。カンターは一九九二年大統領選中クリントン陣営で活躍した政治的な人物である。通商代表就任時、前任者である共和党のウィリアム・ブロックから通商代表として最重要の目標はなにかと尋ねられたカンターは「クリントン再選」と答え、ブロックが「通商政策での目標を尋ねているんだが」と重ねて質問すると「だから、クリントン再選だ」と答えたというほど再選を重視していた[58]。

これに対して日本は、国際世論を味方につける戦略をとった。米国が自動車交渉で日本に押し付けようとしているのは、数値目標という名の管理貿易であり、WTOに提訴する予定である旨を訴えたのである。まず五月初旬に開かれた、日米欧カナダの四極通商会議で橋本通産相は欧州委員会のレオン・ブリタン副委員長とカナダのロイ・マクラレン国際貿易相と会談し、両者から米国の交渉姿勢に対する懸念を引き出すことに成功した。

自動車協議の過程を通じて日本政府の態度は一枚岩だった。それまでの日米交渉では、通産省が国内産業の保護に回る一方、外務省は伝統的に日米関係重視の立場をとる傾向が強かった。しかし、自動車協議ではこのパターンは踏襲されず、外務省担当者の言葉を借りると「通産省化」していた[59]。クリントン政権は日米関係で貿易問題を安全保障から切り離して考えると表明していたが、日本政府も同様の態様をするようになっていたのである。それには、日米両政府間に貿易摩擦問題があろうとも、中国や朝鮮半島問題に対する安全保障上の日米協力は揺るがないと外務省も考えるようになっていたことが大きい[60]。

五月末にパリで開かれたＯＥＣＤ閣僚理事会では、日米両国がそれぞれの立場を各国に説明したため、「本来の議題が吹き飛び」日米自動車交渉に関心が集中した。坂本吉弘通産審議官によると、「米国の三〇一条発動の声明はＯＥＣＤ諸国の非難の大合唱を呼びました。最後の閣僚理事会はＥＣを先頭に各国代表が次々と三〇一条を批判し、米国だけを被告として問責し、米国代表が立ち往生するようなホットな場面となりました」[61]。

この頃、日本でも自動車協議が大きな政治的影響を持つようになる。九月の自民党総裁選に橋本通産相が有力候補に浮上してきたのである。村山首相の退陣によって自民党が政権を担うことが予想されたため、自動車協議が政局そのものに関わることになったのである。坂本通産審議官は親しい議員から「もし君たちのやっている日米交渉が決裂したら、自民党の新しい総裁選に影響が及ぶかもしれない。君たちは信念を通して満足かもしれないが、自民党にとっては大変困った事態となる。よく考えて対処してほしい」と言われた。坂本は「米国の三〇一条発動は既に宣言されており、これを恐れて安易な妥協をする選択は残されていませんでした。さりとて矢面に立っておられる橋本大臣の行く手を妨げることになってしまっては……」と当時の苦しい立場を振り返る[62]。

日本政府は六月一五～一七日に開かれるハリファックス・サミットの場で、日米自動車協議を扱おうと考えたが、サミットがこの問題に「ハイジャック」されるのを恐れたカナダ政府が日米に休戦を求めた[63]。両国はこれに応じたが、極秘に事務レベルの会談を行うことになった。この会談では米国交渉者が、日本企業の米国への工場移転を含めた事業展開の将来見通しを通産省がまとめた「グローバル・ビジネス・プラン」について説明を求めた。日本交渉者は、米国側がこれを使って何らかの妥協を図ろうとしていることを感じたという[64]。

同月二二日からは日本政府の提起によるWTO協議がジュネーブで行われるが、それを受けて日米事務レベル協議が開かれることになった。しかし、米国はこの協議でも数値目標にこだわり続けた。翌二三日夜、交渉を終えようとする日本側の事務方トップである坂本通産審議官に、米側から二六日から閣僚レベルの会談を行いたいとの提案があり、交渉決裂はしばし避けられた。

二六日に開かれた橋本通産相とカンター代表との交渉は三時間ほどで終わった。翌二七日の閣僚交渉は午前一時まで続いたが、平行線に終わった。その後、午前二時頃から事務レベル会合が徹夜で開かれたが、そこでも合意できず。制裁の期日である二八日午前八時からの閣僚会合が「最後の交渉」となった。

そこで焦点となったのは、米国に進出する日本メーカーがどれだけ米国製部品を購入するかであった。もちろん、日本側は一切の数値目標を拒否したが、米国交渉者が注目したのはトヨタの自主計画にあったNAFTAの基準を守るという文言であった。トヨタ以外のメーカーもNAFTA基準を満たすのかと尋ねると、日本側交渉者が「そう考えてもらってよい」と答えた。NAFTAには現地調達の規定が数値で定められており、日本メーカーがそれを守るなら、部品の購入額は計算できると米国側は考えた。それであれば妥結できる。カンター代表は、ワシントンの政府・議会関係者に連絡を始めた[65]。

日米事務レベルで共同発表の文案が詰められた。合意は難しいので米側の主張と日本側の主張を並行して書くという方針が決まった。カンター代表は「米国は三〇一条援用の声明を撤回する。日本側もガット二二条協議を撤回してほしい」と橋本に伝えた。橋本は坂本審議官と相談の上で協議撤回に合意し、日米間の自動車協議は合意を得ぬまま妥結された[66]。

共同発表では、カンター代表が、日本企業が外国製部品の購入を「六〇億ドル増加させることを見積もった」とする一方、橋本大臣は、「日本国政府はこの見積もりの計算に関与していない旨を述べた。何故ならば、この見積もりの計算が政府による対応が可能で責任が及ぶ範囲を超えたものであるからである」と発表した[67]。日本政府は数値目標の受け入れ拒否に成功したのである。

3 橋本政権下の沖縄問題と対ロ関係

一九九五年九月、沖縄で起きた米兵による少女暴行事件によって、在日米軍基地の七五％を抱える沖縄県民の憤りが噴出した。この事件は一九七二年の返還以来、沖縄で起きた米兵による四五〇〇件以上の犯罪のひとつにすぎない。大田昌秀沖縄県知事は、日本国内で罪を犯した米兵を日本の司法制度によって拘留できるように日米地位協定を変更することを要求した。しかし、地位協定の見直しは容易な問題ではなかった。例えば米韓の第二次地位協定改訂では知事の要求と同じような犯罪者の引き渡し時期の変更をめぐり一九九五年から六年もかかったし、そういった部分的な見直しではなくこれまでに国内で出ている他の要求が噴出して全体的な見直しが要求されることになると問題がこじれる。米国政府は協定の内容を変更せず、運用面を改善することで早期に効果を出す方針を日本側に伝えた。

同月下旬に、ニューヨークで日米安全保障協議委員会が開かれた、日本からは外相と防衛庁長官という二閣僚が出席する会合だが、それまでの米側出席者は駐日大使と在日米軍司令官であった。この時初めて、米側の担当閣僚である国務・国防両長官が参加することになった。沖縄問題を米側がいかに重要視したかが分かる。以後、この会合は「2プラス2」会合と呼ばれるようになる[68]。栗山尚一駐米大使の証言によると、ウィリアム・ペリー国防長官は記者会見の直前まで、日本にあまり関心のなかったウォーレン・クリストファー国務長官や国防総省の担当官と、「米国政府の誠意を示すために、沖縄での米軍の事件への対応ぶりについて、少しでも具体的なことを記者会見で発表できないか」を真剣に話し合っていたという[69]。その真摯な対応のおかげで一〇月末には、殺人や暴行などの深刻な犯罪が引き起こされた場合は、米政府は容疑者の身柄引き渡しに好意的考慮を払うことで日米両国が合意することになった[70]。

しかし、沖縄県民の怒りはその程度では収まらなかった。一〇月二一日に催された「沖縄の現状に抗議する県民総決起大会」には八万五〇〇〇人もの県民が集まり、地位協定の見直しや米軍基地の整理縮小を求める声が強まった。一一月初めペリー国防長官が来日した際、基地縮小のために日米協議を始めることが合意され、同月中旬に来日したアル・ゴア副大統領と村山首相の会談において、正式にSACO（沖縄に関する特別行動委員会）の設置が合意された。しかし、村山首相は同委員会の成果を見届けることなく、その二カ月後に辞任する。

◆官邸主導の沖縄問題

一九九六年一月、自社さの連立与党の枠組みは継承されたまま、後継首相には自動車協議の成果を掲げて九月の自民党総裁選を勝利した橋本龍太郎通産相が就いた。連立とはいえ同年一〇月の総選挙で社会党とさきがけの議席数は激減し閣外協力に転じるため、実質的には自民党単独政権に近い政治状況となった。橋本首相と梶山静六官房長官を中心とする首相官邸は、積極的に沖縄問題の解決を求め、早期の日米首脳会議を目指した。就任間もなく、橋本は大田知事を官邸に招き、米軍基地問題についての意見や要望を聞いた。大田は周りに住宅が密集し危険だと言われていた普天間飛行場の返還を要望した[71]。

橋本首相は大田知事の要望を聞くと、田中均外務省北米局審議官と秋山昌廣防衛庁防衛局長を官邸に呼び、普天間飛行場返還について意見を聞いた。田中審議官は「沖縄の基地負担の軽減だけを考えて、普天間基地の返還を求めるということは、抑止力を軽視しすぎている」と述べ時期尚早である点を伝え、それに秋山も同意した。その翌日に橋本首相は「君たちのいうことはよくわかった。サンタモニカでは言わないことにした」と話したという[72]。

ところがその後、橋本は、財界人による沖縄懇話会のメンバーであり、懇意にしていた諸井《もろい》虔《けん》・秩父セメント会長から、首脳会談で「普天間」に言及すべきだとのアドバイスを受ける。二月二三日、サンタモニカで行われた首脳会談は、次第に打ち解けた空気となり、クリントン大統領から沖縄問題でまだ言うことがあれば遠慮しないようにとの発言があった。そこで橋本は、「難しいとは思うけれど、沖縄の基地の整理統合という観点からすれば、普天間基地というのは重要な位置を占めています」と、この問題を取り上げた[73]。同会談を受け、沖縄での駐留経験を持つペリー国防長官は、国防総省の担当官に返還の方向で研究するように指示を出す。その結果、田中審議官とカート・キャンベル国防総省次官補代理が秘密協議を重ねることになった[74]。

普天間基地は米海兵隊にとって極めて重要な基地である。朝鮮半島で有事が発生した場合、普天間から真っ先に海兵隊が出動することになっており、したがって在日米軍の機能を低下させないよう飛行場を移転する必要がある。移転方法についても、普天間飛行場を残して機能を分散させるのか、飛行場そのものを移転するのか、などの点が議論された。橋本首相は田中審議官に「機能の分散だけでなく普天間基地の全面返還を実現することが重要である」と指示した[75]。田中は橋本に「普天間の返還を決めた後は必ず防衛協力のガイドラインの見直しをしてください。そこで日本の役割を確定していくという作業を是非やってください」と要請し、了解を得た[76]。

その後、田中は米国の交渉担当者をヘリコプターに乗せ、空から普天間基地を見せることで移転の必要性を説得した[77]。結果的に米国は、移転費用を日本政府が負担すること、極東有事の際には民間空港を一部使用できる態勢にすること、の二点を条件に、普天間飛行場の移転を認めることになった。

これで、米政府から橋本首相にボールを投げ返した形になった。民間空港の使用に関しては、武器弾薬を直接積み込むのならば国民の反対が強いだろうが、緊急の離着陸なら問題は軽減できる。むしろ米国側が心配していたのは、一兆円にも上ると言われた移転費用を日本政府が受け入れるかだった。蔵相経験を持つ橋本はその大蔵省に対する影響力を発揮して、財政負担を渋る大蔵省を説き伏せた。船橋洋一によると、橋本首相はウォルター・モンデール駐日大使や梶山官房長官、池田行彦外相、臼井日出夫防衛長官がいる前で、大蔵省の小村武主計局長に電話をかけ「取り返したぞ、普天間を……ちょっと、（移転費用が）かかるけど、頼むぞ」と有無を言わせぬ指示を出したという[78]。こうして実現不可能だと思われた普天間基地返還が官邸主導で実現されることになった。

普天間返還の発表は、当初ペリー国防長官来日時に発表の予定だったが、日本経済新聞にスクープされたため、予定を早めることになった。一九九六年四月一二日、橋本首相とモンデール大使の共同会見の形で、普天間飛行場の全面返還が発表された。同月一七日にはクリントン大統領と橋本首相の首脳会談が開かれたあと、「日米安全保障共同宣言」が発表された。この宣言では、冷戦後も日米安全保障関係が地域の繁栄の基礎であることを再確認するとともに、日米両国がさらに同盟関係を強化することで東アジアの安定を図る決意が述べられている。その目的を達成するために、日米両政府は日本周辺事態に対して日米防衛協力のための新ガイドライン制定の具体的作業に取り掛かることが宣言された。

日米安全保障共同宣言にあったとおり、日米両政府は日本周辺事態に対して日米防衛協力のための新ガイドラインに対する取り組みを始めた。同年六月、ガイドラインについての公式な日米交渉が開始され、見直しの対象となる事項として、①平素の協力、②日本攻撃への対処、③周辺事態、という三本柱で行くことが確定した。最も注目された周辺事態の分野では、人道的援助・非戦闘員退避・米軍施設使用、後方地域支援、自衛隊の運用と米軍の運用を防衛協力の枠組みと対象にすることになった。日米間の交渉では対象地域は「日本周辺の公海」とされたが、中国からの懸念が表明され、「地理的概念ではない」という説明がされた。日米ガイドラインの交渉は、高度に技術的なものだったので、日本政府内では外務省や防衛庁、自衛隊の専門家が取り組むことになった。

一九九七年九月にガイドライン交渉が終わり、周辺有事における対米支援については、①政府がそれぞれ主体的に行う活動での協力、②米軍の活動に対する日本の支援、③運用面での日米協力と三つの分野が示され、四〇項目におよぶ貢献策が挙げられた[79]。日米の合意後、橋本内閣は法案作成作業に取り掛かったが、結局立法化されたのは、一九九九年五月の小渕恵三政権下でのこととなった。

◆橋本＝エリツィン関係

橋本首相が沖縄問題の次に精力を注いだのは、対ロ関係であった。そのきっかけとなったのは一九九七年三月のクリントン大統領からの電話であった。クリントンはNATOの東方拡大についてロシアからの了承を得ようとしており、その見返りに経済サミットをG8に改組し、ロシアをメンバーに含めることを考えていた。そこでG7サミットのメンバーである日本政府の協力を求めたのである。橋本はクリントン大統領に、G8としてやっていくうえで平和条約もない不正常な状態は好ましくないので、本気で話し合いをしたいとボリス・エリツィン大統領への伝言を依頼した。橋本は前年の秋に訪日したヘルムート・コール独首相にも、エリツィン大統領への仲介を頼んでいた[80]。

同年六月に行われたデンバー・サミットの場で、橋本とエリツィンの日ロ首脳会談が開かれた。エリツィン大統領はデンバー出発前の記者会見で領土問題について「当然、話し合う用意がある」と述べ、日本への配慮を見せた。この会談で橋本は「極東信頼構築サミット」を開催することを提案し、エリツィンもそれに合意した。外務省欧亜局審議官だった東郷和彦によると、エリツィン大統領は圧力をかけられることを嫌うため、あえて結果を求めず、日ロ両国の信頼醸成だけのため協議の枠組みを設定したのだという。その結果、両首脳の間に信頼関係が築かれ、エリツィン大統領は「日本に対する核の照準を外す」「戦略的パートナーシップを目指したい」と発言し注目を集めた[81]。

橋本首相は気心の知れた外務省ロシアスクールの丹波《たんば》實《みのる》駐サウジアラビア大使を日本に呼び戻し、政務担当の外務審議官に任命し対ロ関係を任せた。橋本は帰国間もない丹波に、ロシアへのメッセージを送るための演説作りを担当させた。演説の原案は通産省が書いたが、外交面の記述は丹波にとって「まったく使えないもの」だった。丹波は東郷審議官の手も借りて、大幅に原稿を書き直した。それが七月二四日の経済同友会における橋本演説となった。その演説の中で、対ロ関係には「信頼」「相互利益」「長期的視点」という三原則が必要であり、アジア太平洋に大きな影響を与える日米中ロの四か国間で一番立ち遅れている日ロ関係を改善するのが最優先課題だと強調されていた。駐日ロシア大使に演説のコピーを渡しエリツィン大統領に報告するよう依頼したところ、シベリアで首脳会談を開きたいとのメッセージが届いた[82]。

一一月一日、クラスノヤルスクの遊覧船上で、日ロ首脳会談は始まった。これまで日ロ(ソ)首脳会談では日本の首相は北方領土にこだわっていたが、橋本は独特の婉曲的な表現で伝えた。橋本によると、「俺はロシアが『戦略的パートナー』としてアジアで欲しいんだ。ロシアだって日本と組んで損はないはずだ。だとすれば、この問題は平和条約なしでできないし、国境線の確定しない平和条約なんてないだろう」と議論した。そうすると、エリツィンの方から、北方領土問題を取り上げた。これは、丹波審議官や外務官僚にとっても驚きだった[83]。そこで橋本は国境を確定さえすれば施政権の返還は後でも良い、「われわれが国境線を引きたいところは分かっているだろう。四島の外だ」と伝えた。そうすると、エリツィンは「お互いにそれに向かってやろう。(自分の任期終了である)二〇〇〇年まで」と答えた[84]。翌一一月二日には、「東京宣言に基づき、二〇〇〇年までに平和条約を締結するよう全力をつくす」という「クラスノヤルスク合意」が締結された。

この時の首脳会談で、「ロシアがアジア・太平洋地域において建設的な役割を果たそうという意向であることはよくわかっている、もしロシアがAPEC加入を希望するのであれば日本はこれを支持したい」と橋本が発言すると、エリツィンは即座に賛意を示した。丹波外務審議官は首脳会談以前に米国務省高官に接触し、ロシアのAPEC加入実現では「日本にイニシアチブをとらせてほしい」と要請していた。同月二五日のAPEC非公式首脳会議で、ある首脳がロシアの加入は翌年にすべきだと発言すると、橋本首相は真っ先に「ロシアはこれまでヨーロッパを向きがちであったが、最近ではアジア・太平洋地域における建設的パートナーとしての役割を果たそうとしており……ロシアのAPEC加入はその良い契機となる」と発言、これにクリントン大統領も「ロシアを加入させないのは間違いである」と橋本を支持した。橋本が会議後にロシアの即時参加が認められたことを書簡で伝えると、エリツィンは「日本外交は実行の外交である」と橋本首相の外交面での実行力を高く評価した[85]。

その後、一九九八年二月に小渕恵三外相がロシアを訪問した時に、エリツィンに「桜の花が咲く季節に」訪日を要請する親書を手渡した[86]。日ロ首脳会談は四月一七～一八日に静岡県の川奈で開催された。そこでは正式に、「平和条約の中でロシアが北方四島の主権が日本にあることを明文で規定するならば、別途合意するまで当分の間、四島に対するロシアの治政を認める」という日本側の提案が出された[87]。これにエリツィンは賛意を示し、「平和条約が東京宣言第2項に基づき四島の帰属の問題を解決することを内容とし、21世紀に向けての日露の友好協力に関する原則等を盛り込むべきこと」という川奈合意を発表した。丹波外務審議官は「あの瞬間が、北方領土が日本に一番接近したときであった」と述懐している[88]。

しかし、ロシアの外務省は平和条約の策定に慎重だった。川奈での首脳会談後の共同記者会見ではエリツィンが事務方の平和条約案策定作業が「私とリュウの仕事の調子より大きく遅れていると思う。我々としては、委員会のロシア側部分に弾みを付けたいと思う」と不満を漏らしたほどである[89]。同年七月の参議院選で自民党が過半数を失い、橋本首相は敗北の責任をとり辞任した。対ロ政策は後任の小渕首相に引き継がれるが、翌八月にはロシア国家院(下院)が経済危機を原因として大統領辞職勧告決議を可決、エリツィン大統領の指導力が低下したことで、日ロ平和条約締結への動きは消えてしまった。

4 連立政権下の政策過程

細川非自民連立内閣での政策過程は、自民党政権における権力の分散化から大きく変化した。首相のリーダーシップの下、与党代表者会議に権力集中した制度を利用してコメ市場の開放を決めた。日米交渉の過程を公表しないまま代表者会議で合意を得ただけで、GATT提案の受け入れを発表した。さらに連立与党内で最大の社会党が強く反対したにもかかわらず、連立政権の分裂リスクも負いながら強い意志で開放を決めた。それを下支えしたのは史上最高レベルの内閣支持率であった。しかし同じような過程をたどりつつも、与党代表者会議でコンセンサスが得られる前に国民福祉税構想を発表した際には、世論やマスコミの支持を得られず撤回を余儀なくされた。トップダウン型のリーダーシップの成功例と失敗例がここに見られる。

村山政権と橋本政権では、通産相から首相へと立場を変えた橋本龍太郎のリーダーシップが際立つ。日米自動車問題ではカンター通商代表と丁々発止のやり取りを行い、最後まで米国が望んだ数値目標を拒絶した。沖縄をめぐっては官僚の反対を抑えて普天間問題を交渉の場に持ちだし、基地の返還に向けて強いイニシアチブを発揮した。対ロ関係においてもエリツィン大統領と信頼関係を築き、結局成果は生まれなかったものの領土問題に大きな前進をもたらした。

ここでもハーマンの枠組みで分析してみよう。細川政権下におけるコメ市場開放については、第一点である首相の主導が強かったことは間違いない。しかも細川はGATT問題の解決を自らの使命と考え、自発的に対応に乗り出している。他方、国民福祉税の事例は、日米包括協議の枠組み内のミクロ経済分野である通商問題で成果が出ないため、マクロ経済分野である消費増税の裏付けによる大型財政出動で成果を出そうと画策した、第二点の官僚の率先によるところが大きく、首相にとっては反応的な対応だったと言える。コメ市場開放においては官僚組織と政策ベクトルの方向も長さも一致していたが、国民福祉税の事例ではベクトルの長さが必ずしも一致していなかったと考えられる。第三点の国内政治構造の変化については、自民党支配が終わり八党派による非自民政権ができたため、集権的な政策決定機関が作られた。細川首相のコメ市場開放には世論の支持がありトップダウンの政策過程がうまく作用したが、国民福祉税構想はマスコミの強い批判にさらされ失敗に終わっている。第四の外的ショックとしては、クリントン政権の誕生により米国側が貿易問題を安全保障とは切り離して対応するようになってきたが、日本側も自国の市場の開放性に自信を持ち、理不尽な要求を拒絶するようになったといえる。

村山首相は自らが外交・安全保障分野の経験に欠けることを熟知しており、経験豊富な自民党の閣僚に交渉を委ねた。米国の要求から始まり反応的な対応を迫られた日米自動車問題でも、橋本通産相が責任をもって対応している。また、通産官僚もクリントン政権の数値目標設定の要求を断固拒否するという方針で一貫していた。この点で通産相と官僚組織の政策ベクトルは方向も長さも一致していたと言える。国内政治構造の点については、自民・社会・さきがけという連立政権の枠組みの中で、政権運営の経験豊富な自民党出身閣僚が主導するという体制が容認されていた。細川政権同様、クリントン政権の管理貿易的な手法について断固反対する姿勢を貫いた。そこでは、OECDなどの場でヨーロッパの指導者たちを説得し、米国の立場に反対する国際世論を形成するという戦術も用いられた。

橋本首相の場合、自発的に外交問題で主導権を握りたいという姿勢を明らかにしている。沖縄問題においては、官僚が躊躇する普天間返還を日米首脳会談の場で持ちだした。官僚たちは首脳会談をきっかけに日米間の協議を始めた。橋本は元蔵相であり、大蔵省に対し強い影響力をもつ立場を利用して基地移転費用の支出を財政当局に認めさせた。そこには少女暴行事件を契機に米軍基地縮小を強く求める沖縄県民に対する配慮もあった。対ロ関係においても、橋本は自ら率先してクリントン大統領やコール首相にロシアとの仲介を依頼した。橋本の強い意志を感じ取った丹波審議官をはじめとする外務官僚は、北方領土問題解決の交渉を進めた。そこにクラスノヤルスクや川奈でのエリツィン大統領との信頼醸成が加わり、領土問題で大きな進展が生まれた。この二事例においては、首相が熱意をもって政策ベクトルを一致させる努力をしたことが見られる。国内政治構造については、総選挙で議席数を減らした社会党とさきがけは連立政権のパートナーではあったが、影響力を低下させており、橋本はほぼフリーハンドで外交を進めることができた。外的ショックとしては、クリントン大統領がロシアをサミットに参加させようとしたことから、平和条約をもたない関係が不自然になったことが日ロ両国の首脳に関係改善を強く促したと言えるだろう。

註

1——東大法・蒲島郁夫ゼミ編『「新党」全記録』第二巻、木鐸社、一九九八年、三九頁、および梅澤昇平『野党の政策過程』芦書房、二〇〇〇年、一二八〜一三四頁。
2——細川護熙『内訟録——細川護熙総理大臣日記』日本経済新聞出版社、二〇一〇年、五一九頁。
3——細川護熙、著者インタビュー。一九九六年一一月一五日。
4——五十嵐広三『首相官邸の螺旋階段』一九九七年、二九七〜二九九頁。
5——御厨貴・牧原出『武村正義回顧録』二〇一一年、一三三頁。
6——細川護熙、著者インタビュー。一九九六年一一月一五日。
7——金成洋治、著者インタビュー。一九九六年一一月一五日。
8——日本新党「政策要綱」、東大法・蒲島郁夫ゼミ編『「新党」全記録』第一巻、木鐸社、一九九八年、一六二頁。
9——三浦秀之による塩飽二郎(元農水省審議官)インタビュー、三浦秀之「ウルグアイ・ラウンド交渉における日本の対応」『法制論叢』四八巻二号、二〇一二年、一三四頁。
10——山田優・石井勇人『亡国の密約——TPPはなぜ歪められたのか』新潮社、二〇一六年、一二八〜一二九頁。

11——三浦秀之によるジョー・オメーラ（元米国農務省特別交渉官）インタビュー、三浦秀之「ウルグアイ・ラウンド交渉における日本の対応」一三五〜一三六頁。
12——山田優・石井勇人『亡国の密約』七九〜九二頁。
13——山田優・石井勇人『亡国の密約』七二〜七三頁。
14——細川護煕『内訟録』一一〇頁。
15——山田優・石井勇人『亡国の密約』七七〜七九頁。
16——同、一八〇頁。
17——「コメ市場開放、日米合意」日本経済新聞、一九九三年一一月一九日。
18——細川護煕『内訟録』一八二頁
19——同、一九〇〜一九一頁。
20——同、一九〇〜一九三頁。
21——同、二一二頁。
22——同、二一三頁。
23——細川護煕の答弁、衆議院予算委員会、一九九三年一二月七日。
24——細川護煕『内訟録』二一三頁。
25——同、二一六〜二一八頁。
26——同、二二二〜二二七頁、二五六頁。
27——薬師寺克行編『村山富市回顧録』岩波書房、二〇一二年、一二六頁。
28——細谷千博ほか編『日米関係資料集 一九四五-九七』東京大学出版会、一九九九年、一二五六〜一二五九頁。
29——細川護煕「私の履歴書」日本経済新聞、二〇一〇年一月一九日。
30——日米首脳会談「日米の新たなパートナーシップにための枠組みに関する共同声明」一九九三年七月一〇日、外交青書三七号、二一〇〜二一四頁。
31——日本経済新聞社編『ドキュメント日米自動車摩擦』日本経済新聞社、一九九五年、一九〜二〇頁。
32——細川護煕『内訟録』、三三六〜三三八頁。
33——細川護煕「私の履歴書」日本経済新聞、二〇一〇年一月二一日、および細川護煕『内訟録』、一六八〜一六九頁。

34――日本経済新聞社編『ドキュメント日米自動車摩擦』一七九〜一八〇頁。
35――細川護熙『内訟録』、二七八〜二八一、二八四〜二八五頁、および細川護熙「私の履歴書㉑国民福祉税構想」。
36――細川護熙『内訟録』、三〇〇頁。
37――同、三二八〜三二九頁。
38――成田憲彦「国民福祉税構想の経緯」日本記者クラブ、二〇一〇年八月一九日、六頁。
39――成田憲彦「国民福祉税構想の経緯」、七頁、および成田憲彦による資料「国民福祉税構想の経緯」日本記者クラブ消費税研究会、二〇一〇年八月一九日、三〜四頁。
40――成田憲彦、七〜八頁。
41――久保亘『連立政権の真実』読売新聞社、一九九八年、五一頁。
42――この「腰だめ」発言について細川は、大蔵省の説明で当時必要なのは五〜六%、七%は将来の負担増を見込んだものと言う説明があったので述べたが「誠に不適切な発言だった」と述べている。細川護熙「私の履歴書㉑国民福祉税構想」。
43――細川護熙『内訟録』三五二頁。
44――成田憲彦「国民福祉税構想の経緯」一二頁。
45――石原信雄の証言、細川護熙『内訟録』三四九頁。
46――成田憲彦「国民福祉税構想の経緯」九〜一〇頁。
47――細川護熙『細川内閣総理大臣演説集』日本広報協会、一九九六年、六二〜六四頁。
48――細川護熙『内訟録』四七四頁。
49――中山素平、著者インタビュー、一九九六年一二月一九日。中山の発言は以下のように続く。「今から思えば私は四元氏に利用されたのかもしれない。四元氏は細川首相の後継に武村正義を考えていた」。実際、この会談以降、細川と中山と関係はぎくしゃくしたようで、両者の交流が再開したのは、筆者が一九九六年一一月に中山の紹介で細川にインタビューを行って以降のことであった。
50――日本新党関係者、著者インタビュー。一九九六年一一月一五日。
51――村山富市「私の履歴書」日本経済新聞、一九九六年六月二七日。
52――村山富市の答弁、衆議院本会議、一九九四年七月二〇日。

53――村山富市、著者インタビュー、一九九八年九月一三日。
54――外務省担当者、福井治弘によるインタビュー、一九九六年七月四日、および通産省担当者、福井治弘によるインタビュー、一九九六年七月一日。
55――五百旗頭真・宮城大蔵『橋本龍太郎外交回顧録』岩波書店、二〇一三年、四七頁。
56――通商産業省通商政策局米州課編『日米自動車交渉の軌跡』財団法人通商産業調査会、一九九七年、七一頁。
57――通産省担当者、著者インタビュー、一九九五年一一月二日。
58――I・M・デスラー「米国政治の変容とその日米関係への影響」細谷千博・信田智人編『新時代の日米関係』有斐閣選書、一九九八年、五二～五三頁。
59――外務省担当者、福井治弘によるインタビュー、一九九六年七月四日。
60――通産省担当者、福井治弘によるインタビュー、一九九六年七月五日
61――坂本吉弘『目を世界に心を祖国に』財界、二〇〇〇年、二〇七頁。
62――同、二一六頁。
63――同、二〇八頁。
64――同、二三〇～二三二頁。
65――NAFTA基準の現地調達率は一九九七年までは五〇%、九八年から五六%、二〇〇二年からは六二・五%になっており、これを満たせば域内の免税措置が得られた。日本経済新聞社編『ドキュメント日米自動車摩擦』六四～六六、一〇五頁。
66――坂本吉弘『目を世界に心を祖国に』二五〇～二五四頁。
67――通商産業省通商政策局米州課編『日米自動車交渉の軌跡』一七七頁。
68――秋山昌廣『日米の戦略対話が始まった』亜紀書房、二〇〇二年、七八～七九頁。
69――栗山尚一『日米同盟漂流からの脱却』日本経済新聞社、一九九七年、二三四頁。
70――「日米地位協定第17条5(c)及び、刑事裁判手続きに係る日米合同委員会合意」外務省ホームページを参照。https://www.mofa.go.jp/mofaj/area/usa/sfa/rem_keiji_01.html
71――五百旗頭真・宮城大蔵、六四頁、および秋山昌廣、一九五～一九六頁。
72――田中均『外交の力』日本経済新聞出版社、二〇〇九年、七四～七五頁。

73――田中均・田原総一郎『国家と外交』講談社、二〇〇五年、一〇六頁、および五百旗頭真・宮城大蔵、六五～六六頁。
74――田中均・田原総一郎『国家と外交』一〇六～一〇七頁。
75――田中均『外交の力』七九頁。
76――田中均・田原総一郎『国家と外交』一〇九頁。
77――田中均『外交の力』七九～八〇頁。
78――船橋洋一『同盟漂流』岩波書店、一九九七年、五頁。
79――「日米安全保障協議委員会　日米防衛協力のための指針の見直し終了」一九九七年九月二七日。細谷千博ほか編『日米関係資料集』一三六九～一三八九頁。
80――五百旗頭真・宮城大蔵『橋本龍太郎外交回顧録』八四～八五頁、および東郷和彦『北方領土交渉秘録』新潮社、二〇〇七年、二二一～二二二頁。
81――東郷和彦、二二三～二二五頁。
82――丹波實「証言4　首脳外交で日ロ関係を切り開く」五百旗頭真・宮城大蔵、一七一～一七二頁、および「経済同友会(会員懇談会)における橋本総理大臣演説」外交青書四一号、二〇八～二一六頁。
83――丹波實『日露外交秘話』中公文庫、二〇一二年、一五頁。
84――五百旗頭真・宮城大蔵『橋本龍太郎外交回顧録』八六～八九頁。
85――丹波實『日露外交秘話』二四～二七頁。
86――「橋本総理発エリツィン大統領宛親書の骨子」内閣府、一九九八年二月二三日。データベース『世界と日本』より。
87――提案は公式には公表しておらず、丹波外務審議官が報道等を総合してまとめたものとして紹介している。丹波實「証言4　首脳外交で日ロ関係を切り開く」、一七三頁。
88――丹波實『わが外交人生』中央公論新社、二〇一一年、一七五頁。
89――「日ロ首脳共同記者会見」一九九八年四月一九日『橋本内閣総理大臣演説集(上)』日本広報協会、二〇〇一年、五五九～五六四頁。

第5章

小泉政権の外交・安全保障政策過程

「自民党をぶっ壊す」。

二〇〇一年四月の自民党総裁選で、束になったマイクを握りしめた小泉純一郎は選挙カーの上から絶叫し、国民の熱狂的な支持を受けた。全国の党員票がそれまでの四七票から三倍の一四一票に増やされた新しい総裁選挙ルールの下、小泉は四一都道府県で勝利を収め、党員票の九割近い一二三票を獲得した。他方、元総理総裁であり、地方とのパイプが強いとされていた経世会の橋本龍太郎の党員票獲得数はわずか一五票にとどまった。この大差に加え、もう一人の候補者だった亀井静香が小泉支持を表明、小泉は議員票を含めた四八七票のうち二九八票という圧倒的な得票数で、大本命と思われた橋本を下した。

「自民党を変え、日本を変える」と言って誕生した小泉首相は、まさしく自民党内で大きな政権交代を果たした。第二章の冒頭でも述べたように、一九五五年の結党以来、自民党政権の首相は党内派閥の合従連衡によって決まってきた。そのため一九七〇年代から最大派閥として君臨してきた田中派とその流れを汲む経世会が、総裁選出で圧倒的な影響力を持ち続けた。自派から総裁を出さない時でも党の幹事長ポストを得るなどして党を支配し、権力の二重構造を生んできた。小泉はそういった派閥力学とは関係なく生まれた初めての自民党総裁となったのである。

派閥の領袖ではない小泉は、派閥の影響力排除を総裁選の公約にし、世論の強い支持を得た。首相になった小泉は、公約通り派閥からの推薦リストを無視して本人に直接交渉する「一本釣り」と呼ばれるやり方で組閣を進めた。その結果、第一次小泉内閣は五人の女性閣僚、三人の民間人を含む異例の顔ぶれとなった。政権発足直後の各紙の内閣支持率は、七八%(朝日新聞)、八五%(毎日新聞)、八七%(読売新聞)と軒並み史上最高レベルを記録した。朝日新聞によると、七二%が小泉支持の理由として派閥の影響力排除を挙げており、支持理由のうち最大のものとなっている[1]。

1 橋本行革による内閣機能の強化

派閥では一匹狼的存在であり、党内の支持基盤が弱く、しかも外交経験に乏しい小泉だからこそ、党内や政府内の根回しよりも、高い内閣支持率を利用した官邸主導の「トップダウン型」政策過程を展開することができた。それは皮肉にも、総裁選で小泉に敗れた橋本が首相在任中(一九九六〜一九九八年)に道筋を付けた、行政改革の一環としての内閣機能強化が幸いしたのである。

第一に、一九九九年に内閣法が改正され、首相の主導権が明確化された。それまでの内閣法でも首相は閣議の主宰者とされており、他の閣僚と同様に閣議開催を求める閣議請議権と政策を閣議に諮る発議権が認められていた。しかし、与党内や省庁間で根回し済みのボトムアップの政策決定が圧倒的に多く、実際に首相が発議するようなトップダウン型の政策過程は少なかった。橋本行革の時に、石原信雄元官房副長官が首相のリーダーシップが発揮されやすいよう首相の発議権を明文化すべきだと提案した。その結果、内閣法第四条で首相は「内閣の重要政策に関する基本的な方針その他の案件を発議することができる」と新たに規定された。

次に首相官邸の補佐機構である内閣官房の権限も強化された。それまで内閣官房には、閣議に諮る案件以外は、複数の省庁からの要請があった場合にだけ関わることのできる「消極的調整」権限しかなかった。省庁もできるだけ首相官邸の関与を避け、自分たちだけで処理しようと努めた。しかし内閣法第一二条によって、内閣官房に内閣の重要政策を「企画及び立案」する権限が与えられた。これによって、内閣官房が法案を作成することができるようになった。また二〇〇〇年五月の閣議決定で、内閣官房が政府全体の政策方針を示し、「戦略的かつ主導的に」政策調整を行う権限が与えられた。さらに、同決定によって内閣官房が「最高かつ最終」の調整機関であることも定義された。これによって、内閣官房が政策調整のうえで他の省庁よりも高位にあることが明文化されたのである[2]。

二〇〇一年一月には内閣官房の機構も改組された。中央省庁再編の一環として、横断的包括的な立場から判断を下さなければならない内閣の補助機構でありながら、他の省庁と同じように機構が縦割りで業務にも支障が出ていると批判されていた内閣官房の構造的な弊害を取り除くための機構改革であった。それまで大蔵官僚を室長とし国内政策を扱う「内政審議室」、外務官僚を室長とし外交問題を扱う「外政審議室」、防衛官僚を室長とし危機対策と安全保障問題を扱う「安全保障危機管理室（通称、安危室）」の三つの政策室が内閣官房にあったが、それらが廃止された。そして、それぞれの室長の代わりに三人の副長官補が置かれ、そのスタッフは「副長官補室」として統合された[3]。外政審議室が実質的に廃止になった一方、制度上廃止されたはずの安危室は独立して存続していた。この事務室は通称「旧安危室」と呼ばれ、防衛庁出身の副長官補が室長的な役割をしていた。この部署が小泉内閣では重要な役割を果たすようになった。

2　官邸主導のテロ対策特措法制定

こういった内閣機能の強化を最大限活用したのが小泉政権であった。小泉首相は就任後五カ月で米国同時多発テロという大きな試練に直面する。小泉内閣は官邸主導で迅速に情報収集や周辺地域支援など支援策の方針を出し、それを一カ月以内に「テロ対策特別措置法案」にまとめ上げ、三週間ほどで成立させた。その政策決定過程をみてみよう。

◆迅速な「七項目の措置」の発表

二〇〇一年九月一一日に起こった米国同時多発テロに対する小泉内閣の反応は速かった。事件の四五分後には、二四時間体制で危機に対応する「内閣危機管理センター」に「官邸連絡室」が設置される。さらに事態の深刻さが判明すると、その一時間後に「連絡室」は首相自身が長を務める「官邸対策室」に昇格された[4]。「連絡室」は情報収集を行うだけだが、「対策室」になると関係各省庁から「緊急参集チーム」が官邸に駆けつけ、関係省庁への対策活動指示を行なう体制が整えられるという違いがある。

さらに翌朝には、小渕政権(一九九八～二〇〇〇年)下で起こった北朝鮮によるテポドンミサイル発射事件(一九九八年)以来初めてという、内閣に属する閣僚会議である「安全保障会議」を開催した。会議後の記者会見で、小泉首相は邦人関係者への対策や国内警戒警備の強化などの六項目からなる「政府対処方針」を発表、「今回の事件は民主主義に対する重大な挑戦」と宣言した[5]。その内容は、自民党緊急五役会、政府・与党連絡会議、自民党緊急総務会で報告され、自民党は「米国政府の危機管理対応を見ながら、日本も同盟国としてできる限りの協力体制を取ること」を決めた[6]。

同時多発テロを小泉首相は、いち早く「国の安全に関わる重大緊急事態」と位置づけ、その対応を内閣官房の所掌とした。これは一九九〇年八月に海部政権が経験した湾岸危機からの教訓に負うところが大きい。当時の海部俊樹首相はこれを緊急事態として位置づけなかったため、緊急時に省庁間を調整する目的で内閣官房に設置された「内閣安全保障室」を活用できなかった。その結果、外務省を通じた通常の外交問題として扱われ、何事にも決定に時間がかかり対応が遅れた[7]。政府が速やかな決断と実行に迫られるような出来事に遭遇したとき、それを内閣官房が主導すべきだという認識が政権内の多くの関係者に共有されていた。

当時、外務省は田中真紀子外相と官僚との対立で、組織としての機能をじゅうぶん発揮できていなかった。そのうえ、田中は事件直後に米国国務省の緊急避難先を記者団に漏らしたほか、女性だから危険だとしてパキスタン訪問を断わるなど、少なからず外相の資質を疑問視される振る舞いを示していた。その結果、田中外相は政策決定への関与を制限されるようになり、危機対応における首相と内閣官房主導が強まることになった。

国際社会の対応も迅速であった。国連では、事件当日にテロを非難し、国際の平和及び安全に対する脅威と認める旨の安保理決議第一三六八号を採択した。また九月二八日には、テロ根絶に向けたテロ資金対策に関して具体的措置を盛り込む形で全ての国連加盟国に履行を義務づけた安保理決議第一三七三号が採択された。一方、G8ではテロ防止関連条約の可及的速やかな実施等を全ての国に要請するとともに関係各大臣に具体的措置のとりまとめを指示するという首脳声明を九月一九日に発表した。

このように国際社会の対応が進むなか、日本も対応策をまとめた。湾岸戦争の経験を踏まえ、経済支援だけでは国際社会の評価を得られず、湾岸地域への人的貢献には自衛隊の派遣が不可欠だと判断された。一三〇億ドル(約一兆五五〇〇億円)もの支援を行いながら「少なすぎて遅すぎる(Too little, too late)」と批判され、戦後クウェートが米国の主要紙に掲載した国際社会への感謝広告に日本の名前がないという事態に至った湾岸戦争の記憶は、日本政府にとって忘れられない教訓となっていた。

内閣官房が主導し、古川貞二郎官房副長官が緊急に対応を検討するために、防衛庁出身の大森敬治、外務省出身の浦部和好という二人の副長官補に、外務省から谷内《やち》正太郎《しょうたろう》総合外交政策局長と藤崎一郎北米局長、防衛庁から佐藤謙事務次官と首藤新悟《しゅとうしんご》防衛局長、それに内閣法制局からも秋山收《あきやまおさむ》次長を加えた勉強会を発足させた[8]。政策過程で法案を審査する役割を分担する内閣法制局次長をこの会に含めたのはスピードを最優先したからに他ならない。「何しろ迅速に決定する必要があった。何かを決めてから法制局に諮ったのでは間に合わない。そのため法制局次長に初めから議論に加わってもらった」と、古川副長官は力を込めて著者に語ってくれた。実は法制局は当初、課長クラスの人材を派遣しようとした。古川は「課長クラスの判断を法制局の判断としていいのか」と迫り、次長を送ってもらったのだという[9]。

この勉強会で決められた方針に従って、古川はすでに内閣官房の「旧安危室」内に設けられていた「有事法制検討チーム」に、具体的な日本政府の対応を検討するよう指示する。就任後初めておこなった二〇〇一年五月の所信表明演説で、小泉首相は有事法制の「検討を進めていく」と明言していた。それを受けて内閣官房に防衛、外務、警察など関係省庁から出向してきた課長補佐クラスからなる検討チームが発足していたのだった。有事法制チームは、首相官邸向かいにある内閣府庁舎脇のプレハブ建築物で活動していたが、そこがテロ対策新法を生む場所ともなった。

テロ対策検討チーム内では、外務官僚は補助的な役割にまわった[10]。田中外相と外交官僚との軋轢や機密費や一連の不祥事によって外務省の地位が低下していたことが、結果的に外務省と防衛庁の間で頻繁にみられた安全保障政策における主導権争いをなくした。大森副長官補によると「防衛庁の姿勢は終始受け身の考え方であり、積極性に欠けるものであった」という[11]。こういった外務省と防衛庁の立場が、結果的に官邸主導の作業を円滑にした。古川官房副長官は「法案作成については防衛庁から来ていた大森副長官補が中心になったが、各省庁との調整作業を含め大森氏は実によくやってくれた」と語る[12]。

その最初の成果が、九月一九日に日本政府の具体的対応策として発表された「七項目の措置」であった。それらは①安保理決議に基づき米軍等に対する医療・輸送などの支援、②駐日米軍施設や国内重要施設の警備強化、③情報収集のための自衛隊艦艇派遣、④出入国管理の国際協力強化、⑤インド・パキスタンを含めた周辺地域に対する人道的・経済的支援、⑥避難民支援、⑦経済システムに対する適切措置である。こうした諸政策を練り上げる中心となったのが、前述の「古川勉強会」である。「官房主導でなければこれほど迅速にできなかったろう。自画自賛になるが、この会の大きな成果だといえる」と著者に語る古川は誇らしげであった[13]。インド・パキスタンに対する支援については、外務省に対して強い影響力を誇っていた鈴木宗男衆議院議員は、核不拡散に違反している両国に支援するのに「自民党の了解を得ていないのはおかしい」と外務省に抗議したが、テロ対策がすべてに優先する雰囲気の中、抗議は無視された[14]。

この勉強会に対して旧安危室のチームが事務局としての役割を果たすことで、テロ対策特措法案の作成の中心的な存在になった。すでに、有事法制の検討という実務作業に携わっていたことで、すぐに同法案の作成に取り掛かることができた。また、内閣官房主導で各省幹部を巻き込んだ政策決定過程だったので、各省庁との政策調整を別途する必要がなかったことは、迅速化に大いに役立った。

◆テロ対策特措法の政策過程

七項目のうち第一の米軍等への支援については自衛隊派遣が必要であったが、既存の周辺事態法を使うか、新規の立法を行うかで勉強会内に対立があった。確実かつ迅速に自衛隊を派遣したい防衛庁が周辺事態法の援用を主張したが、自衛隊派遣先のインド洋を日本周辺とするのは無理があると考えた外務省の意見が通った。九月一五日に勉強会のメンバーである外務省の谷内総政局長と大森官房副長官補は、与党三党幹事長と会い、特別措置法法制化の下準備を開始した[15]。その後も、大森は与党三党の幹事長に加えて政調会長を含んだ、通称「三幹三政」という会議に「連日のように」出席し、与党幹部とテロ対策特措法の検討を重ねた[16]。

谷内局長はかつて直属の部下であった、外務省の大江博条約課長に法案のたたき台を作るように指示した。天才肌の大江は短時間のうちにたたき台をつくり、官邸の大森副長官補に届けた。大江は「周辺事態法というひな形があったから、短時間で書き上げることができた」と語っている[17]。大江のたたき台をもとに、大森は旧安危室のチームに法案作成を指示した。

九月二五日には小泉首相が訪米、ジョージ・W・ブッシュ大統領と会談し、米軍への医療、輸送・補給などの支援を含む計画の素早い実行を約束する。この日本政府の迅速な対応は、米国政府に高く評価された[18]。米国から帰国した小泉首相は、難民救済のための人道的支援とインド洋での米軍支援をテロ対策特措法案の骨子とすることを発表した。

同法案の与党内調整で、小泉首相が真っ先に説明に赴いたのは連立政権のパートナーである公明党と保守党の党首に対してであった。両党が賛成しやすくするため憲法解釈の議論を避け、テロ対策特措法は米国との集団的自衛権の行使ではなく、国際的なテロリズムの行為を非難し、国連加盟国に対しその防止等のために適切な措置をとることを求めた国連安全保障理事会の決議に基づいたものと位置づけることを決めた。同時に、インド洋への自衛隊派遣は早急にする必要があるため、国会の事前承認ではなく事後報告を義務付けることが決められた。党首会談直後には、与党には説明する機会のないまま、記者会見で公表している。

前述の訪米時、小泉が国内の了解も得ず、先にブッシュ大統領に貢献を約束したことに、野党や自民党内の一部から批判の声も上がった。しかし、世論の支持がそのような批判をかき消した。九月二一～二二日に行われた日本経済新聞社の世論調査によると、七〇％の国民が米軍への支援を支持しており、小泉内閣支持率は七月の六九％から七九％に上昇していた。小泉首相に対する高い世論の支持が、迅速な政策実行を可能にしたのである[19]。

高い内閣支持率は、変則的な政策過程をも可能にした。米国に対する支援策を実行するためには立法化が必要となる。実際に戦闘が終わった後に立法化しても仕方がないとの思いから、小泉首相が重視したのは迅速性である。通常の政策は、まず自民党内の政策部会、そして総務会の承認を経て、連立与党の合意後に閣議決定、そして国会提出、国会における野党との法案審議のあと立法化という手順を踏む。もし、それぞれのステップで対立が起これば、政策実行が遅れる可能性がある。そこで、政策過程を迅速にするため、小泉首相は通常の政策過程を無視して逆の手順を踏んだ。自民党の部会に諮る前に公明党・保守党と協議し、法案の骨子について先に連立与党間で合意したのである。

こういった異例の政策過程を小泉首相が選んだのには、個々の自民党議員が圧倒的な支持率を誇る首相を敵に回す形で、特に緊急を必要とする安全保障問題に関する連立与党の合意案を覆すことは困難なはずだ、という計算があったのに違いない。そもそも小泉首相は自民党総裁選で地方支部の圧倒的支持を得て選ばれたのであって、党内に強い勢力基盤をもっていたわけではない。内閣官房の官僚は、「党内の根回しが得意とは思えない小泉首相にとって、このやり方が性にあっていた」と内情を語っている[20]。

小泉首相は現行の憲法解釈の枠内での法案作成をいち早く公言したが、それは連立与党対策でもあった。平和憲法擁護の立場をとってきた公明党の顔を立てることで与党内の合意を迅速化したわけである。九月二五日、連立与党三党は法案の骨子に合意した。その内容は、日本は憲法九条で禁止されている武力行使以外の支援であり、活動地域は「非戦闘地域」と認められる公海とその上空および同意の得られた外国の領域とすることを前提として、協力支援活動と捜索救助活動、被災民救援活動の三つを行うというものであった。

翌二六日、与党三役はホテルで朝食会を開き、臨時国会でテロ対策特措法案を提出することを決定した[21]。同日に野党首脳に対して同法案の骨子が説明されたが、自民党に初めて説明されたのはさらにその翌日二七日、それも総務会の席であった。本来ならばいち早く説明される政務調査会の関連部会に対する説明は、二八日の内閣・国防・外交部会の合同会議で初めて行われ、一番後に回される形になった。

テロ対策特措法は三部会の管轄にまたがる重要な問題であり、それぞれの部会に諮られなければならないのだが、このときは時間節約のため合同会議が開かれた。結果的に、このことが強力な族議員の影響力を制限することになった。外交部会の実力者である鈴木宗男議員は、「自民党内の手続きより、野党との折衝を先にするのか」と「部会軽視」の不満をあらわにする[22]。他方、国防部会の若手議員は国会の事前承認を義務付けるよう要求した。しかし、本来なら各部会で重視されたであろう、これらの意見は三部会が合同で開かれたため多数意見にならなかった。

内閣官房の検討チームがテロ対策特措法案の細部を固めると、小泉首相が最初に協議を進めたのも連立与党首脳に対してであった。一〇月一日に与党三党の幹事長と政調会長は法案を基本的に了承、それぞれの党内の意見をまとめることで同意する。翌日、大森副長官補が自民党三部会の合同会議で法案の細部を説明した。これに対して国会の事前承認を要求してきた国防部会は、事前承認抜きの法案を了承すると同時に、事前承認を求める決議案を採択するという異例の対応を行った。政策過程を妨害する責任を回避しつつ、政府に対する不満を表したわけである。

法案は一〇月四日に自民党総務会で了承され、その翌日に内閣決定、そして国会提出と迅速に処理された。従来なら真っ先に説明が行われるべき、自民党の政調部会を後回しにし、連立パートナーからの合意を先に取り付けることで、小泉内閣は迅速な法案の承認作業を可能にしたのである。

◆円滑な国会審議

テロ対策特措法が国会に提出されたが、興味深いことにこの法案を担当したのはこれまで安全保障関係の法案を扱ってきた外務省ではなかった。官僚が答弁を行うことを許した政府委員制度は一九九九年に廃止され、官僚ではなく担当大臣か副大臣が国会答弁を行なわなければならなくなったが、問題の多い田中真紀子外相では国会で野党の批判をかわしきれないと考えられた。そのため同法案は内閣官房の所管とされ、国会答弁の担当大臣は福田康夫官房長官となった。

法案が国会に提出されると、野党は批判を開始する。社会民主党は米国の行動は報復であり、自衛隊の海外派兵は軍事化につながると非難した。保守派サイドからは、小沢一郎自由党党首が、自衛隊派遣には湾岸戦争時のように国連決議案による武力行使の承認が必要であるという立場をとり、集団的自衛権と憲法解釈変更の議論を避けた小泉首相のやり方は「一時しのぎで中途半端」だと批判した。

野党の批判のなか、与党単独採決を避けるために、小泉政権は協力を求める相手として最大野党である民主党に的を絞った。民主党内部には、テロ対策や改革などでの小泉路線の支持者が多くいたし、民主党は九月二七日に可決されたテロ事件を非難する国会決議に唯一賛成した野党でもある。一〇月一一日に開かれた衆議院国際テロ防止・協力支援活動特別委員会で、小泉首相が野党を含めた幅広い支持を国際社会に示したいと発言すると、それに呼応するように鳩山由紀夫民主党党首は国会の事前承認と武器弾薬輸送禁止という条件を提示する。二日後にはいち早く、自衛隊による武器弾薬輸送は海上輸送に限るとする妥協案が与党・民主党間でまとまった。

民主党との協力関係が維持されたまま特措法が可決されるかに思われたが、国会の事前承認に関して、与党内の公明党が強い反対に回ることで、事態は急展開する。民主党との提携がこれ以上深まれば、小泉首相が公明党を捨て、連立政権のパートナーとして民主党と提携する可能性がある、と公明党幹部は恐れたのである。この時点で与党三党を分裂させて法案採決を遅らせることを嫌った小泉政権は、一〇月一五日、与党三党の間で国会の事前承認抜きの最終修正案を決定し、その結果、小泉・鳩山党首会談は決裂した。

したがって、国会の採決は与党単独で行われることになったが、そこには国民の反発は小さいという小泉首相の計算があっただろう。そのとおり、翌一六日付の朝日新聞に掲載された世論調査によれば、五一％の国民がテロ対策特措法に賛成、反対はわずか二九％という結果だった[23]。与党単独採決の方針が決まると、国会運営は順調に進んだ。一〇月一六日修正法案が衆院特別委員会で可決、二日後には衆院本会議を通過、一〇月二九日には参院本会議で可決され立法化された。二四日間という、重要法案としては異例のスピード審議であった。時間数にするとわずか六二時間、一九九八年の周辺事態法の一五四時間や一九九二年のＰＫＯ協力法の一七九時間と比較しても、格段に短いことが分かる。

テロ対策特措法成立後間もない二〇〇一年一一月には、海上自衛隊の補給艦とのべ六〇〇人の隊員がインド洋に派遣された。当初の燃料補給相手国は米国のみだったが、その後一一カ国に拡大した。最も多く補給したのは米国だったが、二番目に多かったのはアジアから唯一参加したパキスタンだった。前出の内閣官房の官僚は、「パキスタンはお金がなくて日本が無料で提供した燃料がなければ参加できなかった。アジアの国が参加し、欧米だけでない多国籍軍が展開できたのは、日本の給油活動のおかげと言える」と説明する[24]。

また経済支援についても、国連機関などを通じてアフガニスタン難民に対し一億二〇〇〇万ドル、テントの提供など直接的な支援、アフガンからの難民によって影響を受けたパキスタンに四七億円の経済支援を行った。さらに二〇〇二年一月に日本政府は復興支援国際会議をホストし、米国などと共同議長を務めるなど、大きな存在感を示した。さらに、二年六カ月で最大五億ドル、そのうち最初の一年間で二億五〇〇〇万ドルまでの支援を行うと表明し、国際社会の高い評価を得た。

3　イラク特措法の政策過程[25]

二〇〇三年三月一九日夜（米時間、日本では翌二〇日午前）の米軍によるイラク攻撃開始によって、日本のイラク復興貢献策に対する本格的な取り組みが始まった。小泉内閣は翌二〇日に全閣僚を集めた安全保障会議を開催し、①イラク周辺における邦人の安全確保、②国内警戒態勢の強化、③関係船舶航行の安全確保、④世界と日本の経済安定、⑤被災民に対する緊急人道支援、の五項目を「緊急対策方針」として打ち出した。そして、引き続き開かれた臨時閣議で、緊急対策方針と首相を本部長とし全閣僚をメンバーとする「イラク問題対策本部」の設置を閣議決定した。さらに引き続き、新たに設置されたばかりの対策本部の第一回会議を開き、イラク周辺地域への支援に加え、現存するテロ対策特措法によって米国などに補給・輸送活動が可能な部分はそれらを継続・強化する方針と、新法が必要な可能性が強いイラクの復興・人道支援を検討することが決定された。九・一一同時多発テロのような偶発的な出来事への対応でない分、十分な準備がなされていたことが分かる矢継ぎ早の措置であった。

◆官邸主導の法案作成と与党内手続き

テロ対策特措法同様、イラク復興・人道支援に関する新法についても、内閣官房の旧安危室を担当する大森副長官補が中心となって法案準備が進められることになった。同室には、法案作成スタッフが外務省と防衛庁を中心に十数人集められていた。イラク復興問題は事前から予想されていた問題であり、米国によるイラク攻撃開始以前からも旧安危室や外務省、防衛庁でも非公式に検討が進められていた。大森は「我々は、いざという時に間に合うようにと法案作成の検討会議を開始したが、秘密裏に行うことは、なかなかの玄人工夫を伴うものとなった」と証言している[26]。

実際にどのような支援を日本が行えるかを官邸の法案作成チームは模索した。まず、日本は武力行使を行わないという大前提があった。大規模な戦闘行為が終わったとしても、武装グループによる抗争は続くが、それを鎮圧するような武力行使には参加できない。日本らしい支援内容で、比較的に治安が安定している地域で、自衛隊が行える業務を見つけるには現地視察が必要だった。内閣官房の職員が中心となった調査団は、イラク南部のサマーワ地区がオランダ軍の治安維持で比較的安定しており、給水や医療、道路整備、学校補修など自衛隊が行える日本らしい支援に対するニーズがあることを確認した。その結果、「法案作成作業は具体的に進展し、復興支援業務は給水、医療を柱として組み立てられることになった」と大森副長官補は明かす[27]。

法案作成の事務作業を内閣官房で進め、自民党内よりも与党三党の合意を進めるという政策過程のパターンは、イラク特措法の過程でも踏襲されることになった。そのために自民・公明・保守の三党が作ったのが、「与党イラク・北朝鮮連絡協議会」である。与党各党とも、小泉首相による米国のイラク攻撃支持に対して賛意を示す公式発表はしていたものの、与党内では必ずしも賛成しない党員や、イラク復興に対して自衛隊を派遣することに消極的な者は少なくなかった。三月一〇日の政府与党連絡会議で、麻生太郎自民党政調会長は「大量破壊兵器の開発阻止」という共通の目的を持って、イラクを国民の関心の高い北朝鮮情勢と一緒に協議していく与党体制をつくることを提案した。この提案にとびついた山崎拓自民党幹事長は同日、党役員会で承認を得た後、与党三幹事長で話し合い、同協議会の設置を決めた。二日後には初会合が国会内で開かれ、イラク戦後の復興支援新法をにらんだ与党側の受け皿が作られた。

六月四日に内閣官房の法案作成チームは、①一連の国連決議を法的根拠とする、②活動地域を非戦闘地域に限定する、③早期成立のため武器使用基準は見直さない、というイラク新法の骨格を固めた。これを受けて、政府・与党はイラクへの自衛隊派遣の道を開く新法を国会に提出する方向で調整に入った。有事関連法が成立した翌日の六月七日に、小泉首相は福田官房長官とともに与党三党幹事長と会談し、イラク新法を国会会期中に提出する意向を正式に伝えた。この会談では、前記三点の新法骨格が確認されたことに加えて、四年間の時限立法とすること、一一月で期限が切れるテロ対策特措法を二年間延長する法案を併せて提出することが合意された。同時に、わずか六日後の六月一三日に閣議決定を目指した協力を要請した。

六月九日、内閣官房から与党側に「イラクにおける人道復興支援活動等の実施に関する特別措置法案（イラク特措法案）」の説明があった。今回も初めに説明があったのは自民党の政調部会ではなく、与党三党の代表者が参加する与党イラク・北朝鮮問題連絡協議会と緊急テロ対策本部の合同会議であった。内閣官房を代表して、安全保障担当の大森官房副長官補は、自衛隊と文民を派遣し、その活動として①イラク国民に対する人道・復興支援活動、②イラク国内の治安維持活動に従事する米英などに医療・輸送・補給業務を行う安全確保支援活動、③フセイン政権が残したとみられる大量破壊兵器等処理支援活動を提示すると同時に、前記の幹事長協議で確認された要点が説明された。与党三党はイラク特措法案を了承し、それぞれ一三日の閣議決定を目指して党内手続きに入った。

与党会議の翌日には、大森官房副長官補から自民党の内閣・国防・外交の政調会三部会の合同会議に、イラク特措法の説明があった。大森からの説明で自衛隊の活動地域を「非戦闘地域」とした点について、河野太郎議員が「戦闘は終結したといわれるが手榴弾などで米兵が死んでいる。（非戦闘地域という）地域はあるのか」と疑問を呈した。これに対し大森副長官補は「報告ではバグダッド以南は治安が回復している。出すとなれば、十分な調査をし、米軍とも調整する」と答えた[28]。このほかにも「安全ならば自衛隊を出さなくて良い。危険ならば武器使用基準を緩和すべきだ」と、基準緩和を見送った政府案に批判などが相次ぎ、法案の手続きは翌日の会合に持ち越された。

部会の合同会議の後、イラク特措法への意見聴取のために開かれた総務懇談会では、小泉首相や山崎幹事長ら自民党執行部への不満が噴出した。とくに強い不満を訴えたのは、反小泉勢力と目とされていた橋本派の幹部である。同派の野呂田《のろた》芳成《ほうせい》元防衛庁長官は極端な官邸主導の手続きを「十三日の閣議決定など無理な話だ」と非難した。また、野中広務元幹事長も「戦闘地域と非戦闘地域の線をどこで引くのか」と批判した[29]。

翌日に引き続き開かれた内閣・国防外交合同部会では、質問の相次いだ「非戦闘地域」の問題で、内閣官房側は新しい回答を用意した。それは「戦闘・非戦闘に色分けするのではなく、現地の調査や情勢を踏まえて（基本計画で）地域を決める」と説明し、イラク特措法案で非戦闘地域を特定するのではなく、具体的な派遣地域を「基本計画」作成時に絞り込むという方針である。これを受けて、合同部会側は翌日の部会での了承に向けて、意見集約に動いた。三日連続となった合同部会は一二日午前中に会議を開き、政府案に対して不満を示しながらも、「国際的基準に合致した武器使用権限の規定を含む恒久的な法制の早期整備」という決議をまとめ、条件付で了承した。合同部会の決議にはこのほか、①現地調査など周到な準備、②自民党との十分な事前協議・調整、③自衛隊活動に関する分かりやすい言葉での国民への説明責任、といった条件も加えられた[30]。

合同部会の了承後、イラク特措法案をめぐる自民党内の調整は同日午後の臨時総務会に持ち込まれた。そこでの議論は、三カ月後に自民党総裁選を控えて、米国との強固な関係を再選の武器としたい小泉首相・山崎幹事長と、それをけん制したい反小泉勢力の前哨戦のような様相を呈した。反小泉勢力の先鋒とみられた橋本派の野中元幹事長は、「先に自衛隊派遣ありきという法案を出すのは不見識だ。人道復興支援は民間でもできる」と執行部の手続きに痛烈な批判を浴びせた。同派の野呂田元防衛庁長官も、イラクで大量破壊兵器が発見されていない状況下で「大量破壊兵器の処理業務を法律に明記するのは、明らかに行き過ぎだ」と政府案を批判した[31]。

紛糾する総務会の了承を取り付けるには、妥協が必要となった。報道によると、久間《きゅうま》章生《ふみお》自民党政調会長代理からの助言を受けて、麻生政調会長は内閣官房の大森官房副長官補に「大量破壊兵器処理の削除なしにではとても総務会を通すことはできない」と訴えた。大森の上司の福田官房長官からは、法案ではなく基本計画から大量破壊兵器処理を削除する妥協案が出された。しかし野呂田、野中両議員は「条項の削除は譲れない」と主張したため、最後は大量破壊兵器処理条項が削除されることが決まり、ようやく一三日午後の総務会でイラク特措法案が了承されることになった[32]。難航はしたものの日程的には予定通り、小泉内閣はイラク特措法案を閣議決定し、国会に提出した。

◆国会での与野党対立

イラク特措法案の国会提出三日後の六月一六日、小泉首相は与党三党党首会談を開き、通常国会会期の延長を公式に決定した。しかし、会期末に提出した重要法案のための延長に対して野党四党は一致して反対した。その結果、最初から強行採決という波乱の幕開けで、イラク特措法案の審議が始まった。しかし、その直後の日本経済新聞の世論調査によると、小泉内閣の支持率は四九%と堅調で、不支持率の三八%を上回った。イラク開戦直後に比べ、支持率は七%高く、不支持率は三%低くなっている。イラク特措法案をめぐっては賛成が四三%と、反対の四一%をわずかに上回った[33]。小泉政権としては、強気の国会運営に臨める環境だったといえる。

六月二四日に衆議院本会議でイラク特措法案に関する趣旨説明と質疑が始まり、審議入りした。最大野党の民主党との修正合意をにらんで、イラク特措法案には譲歩のためいくつかの「削りしろ」が設けられていたという。第一に、自衛隊派遣の基本計画の国会承認は、法案では事後承認となっているが、修正協議によって「事前」に変更する余地が考えられた。第二には、イラク支援法案は四年の時限立法となっているが、それを二年に短縮する。第三に、陸上自衛隊による武器弾薬の輸送業務を除外する。第四に、イラク戦争の正当性を前提としない。イラク特措法案では、国連決議六七八、六八七、一四四一号に基づいた国連加盟国による対イラク武力行使に引き続く事態のため、国連が加盟国に要請した一四八三号に基づいて自衛隊を派遣するという、イラク戦争から復興までの一連のプロセスが国連の枠組み内で行なわれているという論理構成になっている。前半部分を削除すればイラク戦争が国連の枠組みで行なわれたという正当性を認めずにすむ。

これらの点については、自民党内の調整過程においても異論が投げかけられた。しかし、久間政調会長代理が「与党で修正してもいいが、幅を持たせたい」と、野党との協議材料にすることを示唆して収めた経緯がある。こういった交渉の余地を残して、政府側は民主党との早期修正協議を望んだが、民主党は審議をみてから判断するという慎重な姿勢を崩さなかった。

審議入りから一週間後に民主党が国会に提出することを決定した修正案は、イラク戦争の正当性を前提とせず時限期間を二年に短縮するといった、政府与党側が秋波を送った内容に加えて、自衛隊派遣を削除するという受け入れられない条項も入っていた。戦闘地域と非戦闘地域の区別は困難であり、戦闘地域に自衛隊を派遣することは憲法違反となるという理由からの修正案であった。自衛隊の派遣はイラク特措法案の基盤である。政府与党側としては妥協の余地のない要求であり、事実上の修正拒否と受け取った。

民主党が修正案を提出したことで、圧倒的大多数での国会通過は不可能となったが、民主党の審議拒否という最悪の事態は回避できることになった。その結果七月四日、与党三党などの賛成多数でイラク特措法案が単独で衆議院本会議を通過することになった。参議院での審議でも、野党側は内閣不信任案を提出することで抵抗姿勢を見せたが、同月二六日に参議院本会議で与党三党の賛成多数で採決され、イラク特措法は成立した。

イラク特措法が成立しても、自衛隊派遣はすぐに行われなかった。さらに現地調査を重ね、想定していたサマーワへの陸上自衛隊派遣計画が一〇月には固まった。しかし、一一月初旬に衆議院選挙を控えていたため、基本計画の正式決定は一二月九日にまで延ばされた。基本計画の閣議決定後、同月二六日に四六名からなる航空自衛隊の先遣隊がイラクに向けて出発した。翌二〇〇四年一月三一日に衆議院本会議で陸上自衛隊本体の派遣案件が可決され、二月三日に本隊の第一陣が日本を出発した。

イラクに派遣された約五五〇名の陸上自衛隊員は給水や医療、道路整備、学校補修などを行った。比較的安定した地域への派遣だったが、日本政府は自衛隊員の犠牲があった場合も考えていた。ある防衛省幹部は「一人犠牲者が出たといって撤退していたら国際社会の非難を浴びるから、どのくらいの犠牲まで耐えるか議論した。そこで出た結論は二桁になるまでということだった」と明かす[34]。この証言を裏付けるように、当時の統合幕僚長だった先崎《まつさき》一《はじめ》はＮＨＫのインタビューで「忘れもしないですね、先遣隊、業務支援隊が、約一〇個近く棺を準備して持って行って、クウェートとサマーワに置いて。隊員の目に触れないようにしておかないと、かえって逆効果にもなりますから、そこは分からないように、非常に気をつかいながら準備だけはしていた」と証言している[35]。

非戦闘地域とされていたが、陸上自衛隊の派遣中、迫撃砲やロケット弾による宿営地への攻撃は、派遣期間中、一三回に及んだ。派遣された陸上自衛隊の隊長は「犠牲者が出なかったのは、幸運と言うほかない」と語り、「一つ私がやったのは、頻繁に現地で衆目を集めるように射撃訓練を行ったことだ。自衛隊員の射撃の腕が評判になり、銃撃に対する抑止にはなったと思う」と当時の状況を回想した[36]。二〇〇六年六月、撤収命令が出て、陸上自衛隊によるイラク復興活動は一人の犠牲も出さずに終わった。

4　北朝鮮をめぐる官邸主導

◆訪朝をめぐる秘密交渉

外交における小泉政権の大きな業績は、二〇〇二年九月に日本の首相として初めて北朝鮮を訪問し、拉致被害者を日本に帰したことであろう。その約一年前、外務省アジア大洋州局長に就任した田中均は、金正日国防委員長に近いという北朝鮮高官からアプローチを受けた。その後、田中はほぼ二週間に一度、二十数回におよぶ秘密交渉を行い、それが小泉訪朝に繋がった。この間、小泉首相の指示で交渉は秘密にされ、小泉と田中以外で交渉を知っていた者は、福田康夫官房長官、古川貞二郎官房副長官、川口順子外相、竹内行夫外務次官に限られていた。

北朝鮮が日本にアプローチしてきた背景には、ジョージ・W・ブッシュ政権で強まった米国政府の、北朝鮮に対する猜疑心がある。特に二〇〇一年九月の同時多発テロ事件以降、米国は北朝鮮に強硬政策をとるようになっていた。田中は、「アメリカが強い政策をとるがゆえに、北朝鮮は日本のほうを向いた。そこが一つのオポチュニティ(好機)だった」と語る[37]。北朝鮮にしてみれば、日本との国交正常化を果たすことができれば経済援助を期待できるだけではなく、日本の同盟国である米国としても北朝鮮に攻撃を仕掛けることが難しくなるという計算があった。

秘密交渉において重要だったのは、双方に信頼関係が築けるかであった。田中は「ミスターX」と称された交渉相手に、北朝鮮に身柄を拘束されていた新聞記者の無条件解放、日朝赤十字会談、日朝外相会談、自らの北朝鮮訪問による要人との会見などの案件を要求し、それらが実現されることで交渉相手が金正日委員長に近いことを確信していった。田中は週末に行われた秘密交渉の前後に小泉首相と会見し、それが掲載された新聞の「首相動静」を見せることでトップとの繋がりを相手に印象付けた。

二〇〇二年一月にはブッシュ大統領が一般教書演説で、イラクとイランに並び、北朝鮮を「悪の枢軸」と名付け、「これらの体制は9・11事件以降おとなしくしている。しかし我々はそれらの本質を知っている。北朝鮮はミサイルや大量破壊兵器を配備している一方で、自国民を飢えさせている体制である」と糾弾した[38]。この発言を受け、北朝鮮はさらに日本への期待を高めていった。

田中の対北朝鮮交渉は、拉致問題の解決を目的としていた。しかし、拉致問題以外にも核開発、ミサイル問題、過去の清算と日朝正常化など多岐にわたる問題があり、これらも日本の国益に直結した課題である。田中は協議を進めるにつれ、「多様な重要問題に突破口を開くためには、最高首脳の間の会談を念頭に置いて交渉したほうがいいと考えるようになった」という。そして「金正日体制は万全のように見え、金正日国防委員長の権威を使うことが問題解決の早道である」との結論に至った[39]。

拉致問題解決を入口と考える日本側は、首相訪朝前に北朝鮮が拉致を認める必要があると主張した。これは国交正常化と経済援助の確約を要求する北朝鮮側の主張とは、長らく平行線を辿った。交渉が困難な局面を迎えていた同年五月、中国瀋陽の日本総領事館に五名の脱北者が逃げ込み、それを中国の公安警察が領事館内に踏み込み拘束するという事件が起こった。ウィーン条約で認められている大使館や領事館の不可侵特権を犯す、明らかな国際法違反行為である。田中は直接の責任者としてこの問題に忙殺され、マスコミ対応に追われた。この問題は五人の韓国への出国を中国に認めさせることで解決するが、その間、北朝鮮との交渉は中断した。

北朝鮮側では日本側は小泉訪朝をエサに拉致の情報を得ようとしているだけではないかという猜疑心が高まっていたため、拉致問題を明確にしたうえでの首相訪朝という筋書きは不可能になった。その見通しを小泉首相に伝えると、「先方に自分が訪朝するという意思を持っていることを明確に伝えてかまわない」との決断が伝えられた[40]。田中は小泉首相の訪朝の意思を北朝鮮側に伝え、交渉再開にこぎつけることができた。

七月三一日にはブルネイで開かれていたASEAN地域フォーラムの機会に日朝外相会談が行われた。会談後の共同発表では、「人道上の懸案問題につき、誠実に対応するとともに、できる限り早期の解決を目指す」と、間接的な表現ながら拉致問題の解決が明記された[41]。秘密の日朝交渉の進展状況を反映したものだった。

日本が小泉訪朝前の情報提供に固執しなくなったことから、日朝首脳会談は現実味を帯びていったが、日本としては米国の了解を取り付けておく必要があった。九月一七日に小泉訪朝が決まると正式発表の三日前にあたる八月二七日に、小泉首相は来日中のリチャード・アーミテージ国務副長官に会い、「明日自分が直接ブッシュ大統領に電話するが、あらかじめお話ししておきたい」と訪朝の予定を告げた。その夜、田中局長からアーミテージ副長官から詳細な報告が行われ、小泉からブッシュへ電話で訪朝の報告があった。これで一応の了解は得られた[42]。米国以外にも、韓国と中国、ロシアにも事前通報を行った後、三〇日に小泉訪朝と日朝首脳会談を行うことが発表された。

九月上旬、日朝間で平壌宣言の案が交渉された。北朝鮮側が戦争被害者に対する「補償」という言葉にこだわったが、一九六五年の日韓基本条約にならって、相互に財産と請求権を放棄したうえ日本が「経済協力」を行う形をとる、という日本側の主張が通った。すると北朝鮮は経済協力の額を明示するように要求してきたが、それも日本側は拒否し、経済協力についても国交正常化後に行うことが明記された。他方、謝罪と拉致問題については日本側が妥協した。謝罪については日韓基本条約になかった「痛切な反省と心からのお詫びの気持ちを表明」と踏み込んだ表現が第二項に入れられた。日本側は「拉致」の文言を要求したが、「日本国民の生命と安全にかかわる懸案問題」という間接的な表現となったうえ、「日朝が不正常な関係にある中で生じたこのような遺憾な問題」という北朝鮮の行為を弁護するかのような説明が加えられた[43]。

九月一七日、羽田を発った小泉首相一行は平壌空港に降り立つ。一切の饗応は拒否し、弁当持参の日帰り訪朝だった。同行したメンバーは安倍晋三官房副長官、飯島勲首相秘書官、別所浩郎《べっしょこうろう》首相秘書官、高野紀元《たかのとしゆき》外務審議官、田中局長、平松賢司北東アジア課長だった。

首脳会談の前に開かれた準備会合で田中局長が知らされたのは、八人死亡、生存はたった五名という拉致被害者の安否情報であった。田中はショックを受けながらも首脳会談で拉致について金国防委員長からの言及を要求したが、北朝鮮側からの答えは「国防委員長が自ら判断される」というものだった[44]。田中は控室に戻り、小泉首相に拉致被害者の安否報告をする。小泉も八人死亡の報告にショックを受けたが、「われわれがやっていることは、感情的に反発することでも、感情的に深入りすることでもないんだ。国家のために、生きている人は必ず返す。死んでいると向こうが云うなら、徹底的な情報提供を求める。それが総理大臣の役割だ」と覚悟を語った[45]。

午前中の首脳会談で、小泉首相は「生存者にはきちんと面会をさせろ、そして拉致を謝罪しろ、さらに死亡したという人たちについては情報提供をきちんとしてもらいたい」という内容を金国防委員長に迫った[46]。しかし、金からは拉致を認める言葉は一言もなかった。

午前中の会談を終えた小泉首相は控室に戻り、NHKのテレビニュースを見ていた。テレビの音量が大きめなのを気にした田中局長に、飯島秘書官が「いや、うるさいほうがいいんだ」と盗聴されていることを知らせ、さらに音量を上げさせた[47]。安倍副長官からは「金正日委員長が拉致に対する国家的関与を認め、謝罪しないのであれば、平壌宣言への署名を考え直さなければならないと思います」と意見があった[48]。もちろん盗聴されているのを承知での発言だった。他からも賛同の意見が出て、午後の会議対応の方向性が決定した。

これらの日本側の会話が伝えられたのであろう。午後の首脳会談では、冒頭に金委員長から「特殊機関の一部が妄動主義、英雄主義に走って」行ったことを認め、謝罪したうえで事実関係の調査を約束した。これによって、日本側も平壌宣言に署名することに合意した。

その後、田中局長は生存している五人の拉致被害者の一時帰国を求めた。一〇月一五日に五人が帰国し、家族との対面が実現した。日朝両政府間では一週間から一〇日間という一時帰国を想定していたが、安倍官房副長官が北朝鮮に返すべきではないと考えた。拉致被害者の家族による説得の結果、五人は北朝鮮に戻らず日本で家族を待つという意思を固めた。被害者本人たちの意思を確認したうえで、安倍は「彼らの意思を表に出すべきではない。国家の意思として、五人は戻さない、と表明すべきだ」と主張した[49]。安倍の意見を小泉首相が受け入れ、政府の判断として五人は日本に残ることになった。二〇〇四年五月の二度目の小泉訪朝の結果、五人の家族も日本に帰されることになった。

訪朝は小泉内閣の支持率を回復するのに大いに役立った。内閣発足時には八割前後という史上最高レベルの支持率を記録した小泉内閣であったが、二〇〇二年一月に国民の間で人気のあった田中真紀子外相を更迭してからは支持率が低迷するようになった。ところが、小泉訪朝は国民に強く支持され、朝日新聞の調査(二〇〇二年九月一九日)によると八一%が訪朝を評価、小泉内閣の支持率も五一%から六一%に、一気に一〇ポイントも上昇した。

◆北朝鮮の核・ミサイルに対する対応

実は小泉訪朝以前に、ジム・ケリー国務次官補を通じて米国政府から、北朝鮮がウラン濃縮計画を進めていることが伝えられていた。ケリー次官補が一〇月三～五日に平壌を訪問し問いつめたところ、北朝鮮側は計画の存在を認めた。米国政府はこの事実の公表を同月一六日に行った。これには、日本の拉致被害者の帰国を潰さないための配慮があったとも言われている。

日本の国民も北朝鮮の核問題に対して関心を高めていた。一一月五日の朝日新聞世論調査によると、七八%が小泉政権の北朝鮮核問題と拉致問題に対する態度を支持し、九五%が北朝鮮の核開発に懸念を表明していた。米国が対北朝鮮で厳しい態度をとると、一二月には北朝鮮は核開発の再開とIAEA（国際原子力機関）の査察官国外退去を発表した。さらに翌二〇〇三年一月には、北朝鮮は核拡散防止条約からの脱退を宣言した。北朝鮮は米国との二か国間交渉を望んでいたが、米国は中国を巻き込み、同年四月には米中朝三者協議を始めた。その後、日本と韓国、ロシアも参加することになり八月に六者協議が始まった。二〇〇五年九月に開かれた第四回六者協議では、北朝鮮が軽水炉の提供を条件に核兵器に合意した共同宣言が出された。

ところが、米国がマカオのバンコ・デルタ・アジアをマネーロンダーリング金融機関に指定、一一月にはマカオ政府が北朝鮮関連口座を凍結した。この措置に対し、一二月に行われた第五回六者協議で北朝鮮が強く反発した。翌二〇〇六年七月五日に、北朝鮮は七基の弾道ミサイルを日本海に向けて発射する実験を行った。

実は様々なルートからミサイル発射準備の情報を把握し、五月末から小泉政権は準備し始めていた。安倍晋三官房長官は外務省出身の安藤裕康副長官補に、発射の際に官邸にどの閣僚を呼ぶのか、国民へどう知らせるか、どの段階で安全保障会議を開くか、制裁を含めた対応策など、細かく具体的な検討事項を指示した[50]。

六月一五日には、安倍官房長官が米国大使館にトーマス・シーファー大使を訪ね、日米両国政府で情報・軍事・外交・政策立案各担当者の合同プロジェクトチームを発足させることに合意した。六月末には、同チームはミサイル発射に対して、①北朝鮮側への厳重抗議、②万景峰号の入港禁止、③北朝鮮当局職員の入国禁止、④北朝鮮渡航中の在日期間の再入国禁止、⑤日本公務員の北朝鮮渡航禁止、⑥日朝間のチャーター便乗り入れ禁止、⑦輸出管理の厳格化、⑧北朝鮮の不法行為に対する厳格な法執行、⑨さらなる措置の対応、という九項目からなる制裁案を固めていた。

並行して、外務省でも麻生太郎外相を中心に、各国への根回しを始めた。六月一七日に麻生外相もシーファー大使と会見し、ミサイル発射後には国連の安全保障理事会を開会し、北朝鮮に対して強いメッセージを出すことを確認した。また、安保理の開会を確実にするために、議長国のフランスにも予め根回しをしていた[51]。

安倍官房長官は麻生外相に加えて、防衛庁長官と二人の政務官房副長官に、事態発生後すぐに集合するよう、週末も原則として都内から離れないように申し合わせていた。実際のミサイル発射の第一報が午前四時前だったが、一時間以内に三閣僚と二副長官が官邸に参集し、一回目の記者会見を六時一八分に開く。その約三〇分後には、シーファー大使が官邸を来訪し日米両国の連携強化を示した。午前七時二四分には安全保障会議で、事前に用意していた九項目の制裁措置が決定された。これらの措置は直ちに実行に移され、新潟港ではその日入港予定だった万景峰号を沖合に停泊させ入港を禁じた。

麻生外相はニューヨークの国連日本代表部に、「即座に決議案を出すべし」という大臣名の指示を出し、日本代表部は強硬措置にお墨付きを与える国連憲章の第七章に言及した決議案を作成した。その後、米国のコンドリーザ・ライス国務長官との電話会話で安保理から強いメッセージを出すことを確認、その後、韓国や中国の外相に日米両政府の結束が強いことを伝えた。その後、ロシア、フランス、イギリスの外相にも連絡をとり協力を求めた[52]。その結果、可決に必要な三分の二の票は集まることは明らかになったが、問題は拒否権をもつ中国の動きだった。中国は、決議案ではなく拘束力を持たない議長声明とする案を提出したが、日米両国はこの案に断固反対した。

中国は北朝鮮を説得する時間を要求し、武大偉外交部副部長を訪朝させたが、なんら成果を生まなかった。そのため、国連憲章第七章への明示的言及を避けることを条件に、中国も非難決議案の採択に合意した。その結果七月一五日には、日本政府提出による初めての国連安保理決議案が全会一致で採択された。

訪朝とミサイル発射に対する対応という北朝鮮をめぐる二つの事例では、官邸主導で進められたことがはっきりとわかる。

5 小泉政権の政策過程

小泉政権下では橋本元首相による行政改革で強化された内閣機能がフル活用された。とくに、内閣官房の政策立案権限が明確化されたことや安全保障というトップダウン型のリーダーシップにふさわしい政策課題であったため、官邸主導の政策過程が可能になった。さらにテロ対策特措法の事例ではとくに、湾岸戦争の教訓があり、「遅すぎる対応」といった批判を回避すべきだという認識が政府および自民党内に共有されており、それが法案作成のスピードアップにつながった。

通常の政策決定過程なら、自民党内の政策部会の了解後、総務会での承認、与党間調整を経て、与野党協議という手順を踏むのだが、テロ対策特措法の場合、与党間調整を初めに行った後、総務会に説明、部会は最後に回すという異例の手順を踏んだ。こういった自民党部会より与党間調整を重視した手続きは、党内コンセンサス形成を軽視するといった批判を生んだが、小泉首相の高い支持率がそういった批判を打ち消した。

国会運営では小泉首相の改革路線に賛同する民主党の一部が協力的な姿勢を見せた。与野党合意を模索したものの、民主党との連立組み換えを恐れた公明党が与党の結束強化を主張し、民主党に歩み寄りをみせるよりも与党単独採決を望んだ。小泉首相は世論の圧倒的な支持を背景に、与党単独採決は許容されると判断し、その結果異例の速さで立法化されることになった。

イラク特措法の事例では、米国による攻撃開始後に、日本のイラク支援策について本格的に法案作成作業が始まった。テロ対策特措法と同様、内閣官房に法案作成チームがつくられ、官邸主導の作業が展開された。しかし、危険の多い陸上勤務に自衛隊を派遣することには、与党内にも大きな抵抗があったため、作業は非公式に進められた。新法整備について初めて公表されたのは五月後半の小泉首相訪米時で、その二週間後には閣議決定されるという、官邸主導の傾向が強い過程がとられた。

与党内ではいろいろなルートを通じて根回しが行なわれていたというものの、自民党の国防関連合同部会と総務会では三日続けての協議という異例の対応で、党内の議論をまとめた。自民党総裁選も控えていたため、反小泉勢力は一矢報いるため、大量破壊兵器の処理条項の削除を強く求めた。その結果、自民党執行部は党内世論をまとめるため、同条項を削除することを決めた。そのほかにも、できれば最大野党である民主党の賛成を得ようと、イラク特措法案には国会対策用にいくつかの妥協の余地を残していた。しかし秋の総選挙を前に、自民党との対決の争点を明確にするためにも、民主党は妥協ではなく、対決姿勢を明確にみせた。そのため、イラク特措法は与党だけで可決せざるを得なくなった。

対北朝鮮政策で扱った一つ目の事例の小泉訪朝では、日朝間交渉は秘密裏に進められ、政府全体でも数人しか交渉が進められていることを知らされなかった。そこで、小泉首相と田中均局長という強力な個性の持ち主が、独自の政治信念のもと訪朝を実現させていった。秘密交渉の過程では全く知らされなかった安倍官房副長官であったが、小泉訪朝時には同行し、午前中の首脳会談に対する強い憤りを表し、それが午後の首脳会談に大きな影響を及ぼした。また、拉致被害者の扱いをめぐる政治決断でも強い意見を小泉首相に伝え、その結果、拉致被害者を日本に留まらせることになった。

二つ目の事例である北朝鮮のミサイル発射に対する対応では、官房長官だった安倍が事前に米国政府から得た情報をもとに入念な準備したことがうかがえる。実際、ミサイル試射という危機的状況が発生すると、安倍官房長官は用意したシナリオ通りの対応を見せる。また、麻生外相も予定通り各国に根回しし、国連安保理に対する非難決議を成立させた。

本章で扱った事例を振り返り、ハーマンの分析枠組みを通して、政策決定過程を形成した要因を見てみよう。まず、第一の政治指導者の主導という要素である。テロ対策特措法とイラク特措法、小泉訪朝という三つの事例において、小泉首相に、強い政治指導者としての主導があったことは間違いない。テロ対策とイラク特措法の場合は、テロとの戦いという反応的な事態への対応から始まったが、そこには日米同盟を強化するため自衛隊を派遣するという小泉の強い意志があった。訪朝についても自発的に拉致問題を解決し日朝国交正常化を目指すという確固たる決意も見られた。

第二の官僚組織の率先についても、二つの安全保障法案の事例では橋本行革による内閣機能の強化が奏功し、内閣官房を中心に法案を作成することでスピーディーな対応が可能になった。さらには、従来安全保障問題に強い影響を及ぼそうとしてきた外務省が、内閣官房強化による相対的な地位の低下、田中外相と省幹部の軋轢や機密費スキャンダルの結果、存在感が薄れていたこともある。テロ対策特措法の政策過程で、外務省が官邸主導を受け入れ、補助的な役割に甘んじることで組織間の対立を退けることができたことは重要である。また小泉訪朝においては、田中局長という一官僚による率先が大きかった。これらの事例では、首相と内閣官房や外務省は同じ政策ベクトルを共有していたと言える。

第三の国内政治構造の変化について言えば、自民党内での権力基盤が弱い小泉首相は、それを逆手にとって派閥の影響力排除を公言することにより世論の強い支持を得た。テロ対策特措法案の政策過程では、七〇~八〇%

台という高い世論の支持を背景に、小泉首相は自民党内への根回しなしに連立与党の合意を得るという手続きで閣議決定・国会提出まで迅速な政策決定を可能にした。イラク特措法では、経世会を中心とする反小泉勢力が政府の強引な手法に抵抗するが、妥協案を示すことにより、短期間で閣議決定にこぎつけることができた。

第四の外的ショックについては、同時多発テロやイラク情勢、北朝鮮情勢に対する国民の危機感の高まりが小泉首相の政策を後押ししたと言えるだろう。テロ対策特措法の事例では同時多発テロという大きなショックがあり、湾岸戦争の教訓が共有され、迅速な対応について与党と政府内にコンセンサスがあった。イラク特措法ではそのようなコンセンサスはなかったが、北朝鮮に対する危機感とイラク復興への貢献に対する支持が特措法成立の後押しをした。訪朝については、拉致被害者の帰国という成果が国民に大きなインパクトを与えたことは疑い得ないところだろう。

註

1――朝日新聞、二〇〇一年四月三〇日朝刊。

2――「政策調整システムの運用指針」閣議決定、二〇〇〇年五月三〇日。

3――小泉首相のテロ対策におけるリーダーシップに与えた制度改革の影響については、Tomohito Shinoda, "Koizumi's Top-Down Leadership in the Anti-Terrorism Legislation: The Impact of Political Institutional Change," SAIS Review, vol. XXIII no.1, Winter-Spring 2003, pp. 19-34に詳しい。なお本項は、拙論文「小泉首相のリーダーシップと安全保障政策過程：テロ対策特措法と有事関連法を事例とした同心円モデル分析」『日本政治研究』第一巻第二号、二〇〇四年および、拙著『官邸外交』朝日選書、二〇〇四年、第二章、『冷戦後の日本外交』ミネルヴァ書房、二〇〇七年、第二章、第四章を参考にしている。

4――「米国同時多発テロ発生後の政府の対応」『時の動き』二〇〇二年一月、六～八頁。

5――首相官邸「米国における同時多発テロ事件　内閣総理大臣記者会見」二〇〇一年九月一二日。

6——山崎拓『ＹＫＫ秘録』講談社、二〇一六年、二三〇頁。

7——湾岸戦争時の対応については、佐々淳行『新危機管理のノウハウ』一七〜七二頁を参照。

8——この勉強会については伊奈久喜の論文に詳しい。伊奈久喜「9・11の衝撃」田中明彦監修『「新しい戦争」時代の安全保障』都市出版、二〇〇二年、一七六〜一八八頁。

9——古川貞二郎、著者インタビュー、二〇〇三年一〇月三〇日。

10——二〇〇一年七月には国土交通、総務両省のスタッフを加えて一五人体制になった。

11——大森敬治『我が国の国防戦略』内外出版、二〇〇九年、一五六頁。

12——古川貞二郎、著者インタビュー、二〇〇三年一〇月三〇日。

13——同。

14——伊奈久喜「9・11の衝撃」一八六〜一八七頁。

15——山崎拓『ＹＫＫ秘録』二三一頁。

16——大森敬治『我が国の国防戦略』一五六頁。

17——大江博、著者インタビュー、二〇一〇年一一月五日。

18——"U.S. Welcomes Japan's Anti-Terrorism Assistance Package," White House Press Release, 20 September 2001, <http://usinfo.state.gov/topiecal/pol/terror/01092018.htm> (12 December 2002).

19——日本経済新聞、二〇〇一年九月二五日。

20——内閣官房官僚の発言、著者インタビュー、二〇〇三年六月四日。

21——山崎拓『ＹＫＫ秘録』二三一頁。

22——読売新聞、二〇〇一年九月三〇日。

23——世論調査が実際に行われたのは、一〇月一三、一四日の両日である。朝日新聞、二〇〇一年一〇月一六日。

24——内閣官房官僚の発言、著者インタビュー、二〇〇三年六月四日。

25——イラク特措法の政策決定過程について、著者はすでに複数の研究を発表している。拙著『官邸外交』第三章、および『冷戦後の日本外交』第二章、第四章、Tomohito Shinoda, "Japan's Top-Down Policy Process to Dispatch the SDF to Iraq," *Japanese Journal of Political Science*, Vol. 7, No.1, 2006, pp. 1-21.

26——大森敬治『我が国の国防戦略』一九四頁。

27——大森敬治『我が国の国防戦略』二〇二～二〇六頁。
28——「自民、公明に異論も」共同通信ニュース、二〇〇三年六月一〇日。http://www.kyoto-np.co.jp/kyodonews/2003/iraq2/news/0611-1140.html（二〇〇四年五月一九日確認）
29——「イラク新法論議本格化」日本経済新聞、二〇〇三年六月一一日。
30——「恒久法求め条件付了承」京都新聞電子版ニュース、二〇〇三年六月一二日。http://www.kyoto-np.co.jp/kyodonews/2003/iraq2/news/0612-1149.html（二〇〇四年五月一九日確認）
31——「イラク特措法案で反小泉は、一斉に反発」毎日新聞、二〇〇三年六月一三日。
32——「抵抗勢力、押し切り修正」朝日新聞、二〇〇三年六月一四日。
33——「イラク新法賛否拮抗」日本経済新聞、二〇〇三年六月二三日。六月一九～二一日に行われた電話調査で、有効回答件数は一七九三件。
34——防衛省幹部、著者インタビュー、二〇一四年八月二九日。
35——ＮＨＫクローズアップ現代「イラク派遣一〇年の真実」二〇一四年四月一六日放送。http://www.nhk.or.jp/gendai/articles/3485/1.html
36——陸上自衛隊イラク復興業務支援群隊長、著者インタビュー、二〇〇七年一二月八日。
37——田中均・田原総一郎『国家と外交』講談社、二〇〇五年、二八頁。
38——President George W. Bush, "State of the Union Address," January 29, 2002, http://stateoftheunionaddress.org/2002-george-w-bush (accessed March 25, 2011).
39——田中均『外交の力』一〇八頁。
40——同、一一七頁。
41——外務省「日朝外相会談に関する共同発表」二〇〇二年七月三一日、https://www.mofa.go.jp/mofaj/kaidan/g_kawaguchi/asean+3_02/nnk_announce.html。
42——同、一一九～一二〇頁。
43——読売新聞政治部『外交を喧嘩にした男』新潮社、二〇〇六年、三〇～三三頁。
44——田中均『外交の力』一二五～一二七頁。
45——田中均・田原総一郎『国家と外交』五三～五四頁。

46――同、五三頁。
47――船橋洋一『ザ・ペニンシュラ・クエスチョン』朝日新聞社、二〇〇六年、四～五頁。
48――安倍晋三『美しい国へ』文藝春秋、二〇〇六年、五〇頁。
49――同、四七頁。
50――安倍晋三「闘う政治家宣言」文藝春秋、二〇〇六年九月号、九六～九七頁。
51――麻生太郎「日本外交、試練と達成の一一日間」文藝春秋、二〇〇六年九月号、一三五頁。
52――同、一三七～一三八頁。

第6章 民主党政権の安保外交政策決定過程[1]

二〇〇九年九月に民主党政権が発足し、一九五五年の自民党結党後初となる、有権者の選択による政権交代が起こった。一九九三年の政権交代で発足した細川非自民党政権は、総選挙後に起こった野党の合従連衡によって生まれたため、政治改革を例外として独自の政策課題を全面的に打ち出すことはなく、わけても外交政策においては自民党の基本路線を継承する方針を選んだ[2]。それに対し、民主党政権は総選挙前にマニフェストで外交政策目標を掲げ、自民党政権との違いを明確にしようとした。そこには、「緊密で対等な日米同盟関係」「主体的な外交戦略」「アジア諸国との信頼関係の構築」といった文言が掲げられた。ここから見てとれるのは、自民党外交を過剰な対米依存と評価した上で、民主党はその軸足をアジアに近づけ、「国連を重視した世界平和の構築」など日米同盟を相対化する外交を展開しようという意図であった。

鳩山由紀夫首相は政権奪取の一カ月前、雑誌に「私の政治哲学」と題する論文を発表していた。同論文は、日本がアジアの一員であることを強調し、「東アジア共同体」の創造を国家目標とすることを宣言していた。ここでも、自民党政権の外交を対米依存と位置づけ、民主党はその軸足をアジアに据えた外交を展開する意思が明らかされている[3]。この記事の抜粋がニューヨークタイムズ紙に転載されると、米国では反米的な思想だとする批判が巻き起こった[4]。鳩山は首相就任後、国際会議を除いた初の遊説先として韓国を一〇月九日に訪問し、その翌日には北京で日中韓首脳会談を開くという具合に、東アジア重視を行動で示した。

これ以外にも、鳩山政権は自民党政権を否定するような外交・安全保障政策の転換を行った。例えば、沖縄返還時に交わされたとされる日米間の密約に関する調査の指示、小泉政権で成立したテロ対策特措法によって開始された、インド洋に派遣されていた自衛隊艦隊による補給活動の終了、米軍再編と在日米軍基地のあり方の見通し、日米地位協定の改定の検討など、自民党政権下での日米関係の検証と見直しが行われた。その根底にあったのは、「従来日本はアメリカに依存しすぎていて、東西冷戦構造が崩れた後も、アメリカに外交・安全保障を依存していれば、日本は安全なのだという発想から逃れられないのはいかがなものか」と語る鳩山自身の考えであった[5]。第一章で取り上げた「自主外交」を目指した祖父の鳩山一郎を彷彿とさせる議論である。

本章では、まず、民主党政権が政治主導を実現しようとして、どのような制度変化をもたらしたかを説明する。そして、鳩山内閣における普天間基地問題、そして菅内閣と野田内閣における尖閣諸島事件を事例に、その政策過程を分析する。

1　民主党政権における制度変化

鳩山由紀夫民主党代表は二〇〇九年総選挙後の勝利宣言で、選挙の結果は「主権の交代」を意味し、「官僚支配・利権政治」から「国民主権」に変わったと表現した。そのうえで、民主党政権は国民のための「政治主導」を展開すると宣言した。九月一六日、首相就任の初日、鳩山は初閣議を開くと「基本方針」を閣議決定した。そここには政治主導を確立するための三つの柱が記されている。一つ目は、各省庁内での政治主導のために、大臣・副大臣・政務官からなる「政務三役会議」を設置し、そこで省内の政策の立案や調整を行うことである。閣議後の閣僚懇談会で採択された申合せ「政・官の在り方」では、「政」は「責任をもって行政の立案・調整・決定を担う」、「官」は「政策の基礎データや情報の提供、複数の選択の提示等、政策の立案・調整・決定を補佐する」という役割分担を明記し、政治家が政策を主導することを強調している。

二つ目は、与党の事前審査を廃止して、政府に政策決定を一元化することである。自民党政権では族議員が跋扈して、政府から政策の決定権が与党に移り、権力の分散化が進んだ。鳩山政権では民主党の政策調査会を廃止して、政策は政府が責任をもって行うことにした。与党から意見や提案がある場合は、副大臣や政務官がそれを聞いて大臣に報告し、あくまで政府として意思決定を行う。これを徹底するために「政・官の在り方」では、政府外の政治家から官僚に要請があった場合は記録を残し、大臣に報告することになっている。官僚から政治家への接触は、大臣からの指示に基づかない限りは許されないとした。

三つ目は、省庁間にわたる政策調整は政治家が行うという方針である。自民党政権では閣議の前日に事務次官会議が開かれ、閣議案件を確認するという慣行があった。そのため、政府の最高の意思決定機関である閣議が形骸化したとする。法的根拠なく最終決定する同会議を、民主党は官僚支配の象徴として批判してきた。二〇〇三年当時、党代表であった菅直人はこれを強く批判し、同年総選挙のためのマニフェストで同会議の廃止を提唱した。「基本方針」では首相と官房長官が関係閣僚と閣僚委員会を開き、実質的な議論と調整を進めると、官僚による省庁間調整を禁じた。

これらの制度変化は官僚支配から脱却しようとしたものであり、実際に鳩山内閣では官僚を排除した政策決定が行われるようになった。これから具体的な事例において、民主党政権下でどのように安保外交政策決定が行われたかを見てみよう。

2 鳩山内閣の普天間基地問題

鳩山政権が直面した外交問題は、普天間基地問題であった。政権交代の半年前である二〇〇九年二月、日米両国は普天間基地に駐留する海兵隊八〇〇〇人をグアムに移転し、普天間基地を名護市辺野古に移設するという合意に署名した。一九九六年に日米両国が日米安全保障共同宣言で普天間基地の返還を打ち出してから、一三年という歳月を経ての合意だった。

沖縄県内でも普天間基地移設に関しては、様々な意見に分かれていた。革新系団体や沖縄の新聞社は、基地の県外移設を求めていた。その一方で、基地で働く日本人労働者や土地所有者は移設そのものに消極的だった。移設先となる辺野古の住民は、騒音などの被害に対して懸念を表す一方で、新基地建設に絡む経済的利益や賠償金に興味を示していた。地元の建設業者は建設コストの高い埋め立て部分の増大を望んだし、逆に環境団体は美しいサンゴ礁の埋め立てに強く反発し、実力行使で環境検査などにも反対してきた。これらの様々な利害関係の中でたどり着いたのが、二〇〇六年四月の自民党政権と名護市との辺野古への移転合意だった[6]。

普天間問題について、民主党は二〇〇九年のマニフェストで直接的な言及を避けており、「米軍再編や在日米軍基地のあり方についても見直しの方向で臨む」と記されているのみである[7]。ところが、総選挙前に沖縄を訪れた鳩山民主党代表は「最低でも県外の方向で積極的に行動したい」と発言し、これは沖縄県民には「選挙公約」と受け取られた。この発言は民主党幹部と諮ったものではなく、地元候補者の応援演説中に飛び出したものである。民主党の安全保障専門家のひとり、長島昭久は著者に「発言には驚いたし、大問題になると思った」と語っている[8]。

首相就任後、鳩山は普天間基地の県外移転を目指したが、毎日新聞政治部記者の取材によると、政権発足直前に不正確な情報がもたらされていたという。二〇〇九年七月に来日したカート・キャンベル米国務次官補が民主党の外交政策を知るために、ワシントンへの人の派遣を依頼した。岡田克也民主党幹事長は、自分の政策秘書の本庄知史と政策調査会事務局の須川清司をワシントンに派遣した。ワシントンにあるシンクタンクで米政府の日本専門家が集まり、民主党の二人を質問攻めにした。その質問のほとんどが、民主党が反対を表明していた自衛隊のインド洋給油活動の継続に向けられていたことから、帰国後二人が鳩山に伝えたメッセージは、米国は普天間基地を重要視していないから譲歩する、というものだった[9]。この情報が、鳩山に楽観的な見方を植えつけた可能性が高い。

政権発足後、参議院で過半数を持たない民主党は、社民党と国民新党と連立を組むことにした。社民党の福島瑞穂党首は、鳩山に電話し、沖縄基地問題を政策合意に含めることを求めた。翌日にまとめられた三党合意では、在日米軍基地について「見直しの方向で臨む」という民主党のマニフェストそのままの文章が入っただけであった。しかし、福島党首は「見直し」という言葉が入ったことで、鳩山発言を踏まえて「連立政権内で弾みがつく」と考えたという[10]。

九月一六日の鳩山内閣発足時の記者会見で、岡田克也新外相は当面の外交課題として、アフガニスタンへの援助と地球温暖化に加えて、沖縄基地問題を焦点とすることを表明した。二日後、来日したキャンベル国務次官補との会見で、次官補が現行案の継続を要請すると、総選挙の小選挙区で当選した四議員はすべて現行案反対を明確にして当選した点を強調した。岡田はキャンベルに「日本は政権が変わったんだから、普天間問題も議論させてもらいたい。ただアメリカの立場も分かるので検証ということにさせてもらいたい」と訴え、自民党政権時代に辺野古案になった経緯を検討することを認めさせた[11]。

しかし、外務省や防衛省の官僚は一三年もの日米交渉の過程で、考えられる限りのオプションについて可能性を検討してきた。その結果、到達したのが現行プランであり、それ以外の現実的な選択はないという立場をとってきた。その官僚の思いをいち早く汲み取った北澤俊美防衛相は、九月一七日の防衛省での最初の記者会見で、現行案に対する理解を示した[12]。北澤は筆者に「外的要因が大きく変化していないのであれば、両国間で交わされた合意を反故にするのは良くないと考えていた。沖縄にある基地や地政的な問題を考えると辺野古以外の選択肢はないという結論に早い時期に至った」と語っている[13]。しかし、この北澤発言について問われた岡田外相は、「政府内の調整なしにいうのは、ややいかがなものか」と批判した。北澤は「岡田外相は非常に真面目な男で、普天間基地問題でもいろいろなオプションを検討させてくれと私に言ってきた」と証言する[14]。

九月二一日に岡田外相は訪米し、ヒラリー・クリントン国務長官と会談した。この会談で沖縄基地問題について、具体的な対応を日本政府内で検討していくことを明らかにした。会談後に日本の記者団に対して、現行案の決定した経緯を検証すると伝えると、記者からの「検証の結果、現行計画というのもあり得るか」という質問に岡田は「もちろん」と答えた[15]。

この日、鳩山首相はバラク・オバマ大統領と首脳会談を開いたが、最初の会談ということもあり沖縄基地問題の詳細には触れられなかった。首脳会談後、同行記者団との懇談で普天間移設問題について聞かれた鳩山は「私のベースの考え方を変えるつもりはない。だが年内に決めなければいけないかどうかは見極める必要がある」と述べた。日米首脳会談後のこの発言に、地元沖縄の琉球新報は九月二五日に電子号外版を出し、「普天間は県外移転」という大見出しで記事を飾った。

岡田外相の証言によると、政権発足直後に北澤防衛相と一緒に二人で鳩山に会って、閣僚の交代と違って首相の交代は簡単にいかないから「総理はこの問題にちょっと距離を置いてください」と二人に任せてほしいと訴えた。「でもそういうふうにはならなかった。国会答弁なんかで鳩山さんが少し言い過ぎると僕がその後で事実上修正した。するとまた鳩山さんが踏み込んで発言していた。私は総理を守るためにやっていたのだが、そのことが、ご本人には全然理解されてなかった」と、岡田は言う[16]。

一〇月二一日にロバート・ゲーツ国防長官が来日した際、北澤防衛相との会談後の記者会見で、長官は全ての代替案は「政治的に維持不可能」という見解を示した後、現行案の滑走路を少し沖合に出すという修正案については「沖縄県と日本政府の間の問題」だと容認する姿勢を表明した[17]。このゲーツ長官の提案は、事態の改善につながった可能性があった。というのは、沖縄県と名護市は、住民の安全や騒音軽減、地元に落ちる建設費などの点から現行案の沖合への変更を求めてきたが、それまで米政府側は現行案のいかなる変更も拒否してきたからだ。この修正案であれば、その当時の時点で沖縄側も米国側も承認できたはずであった。

一一月一三日、オバマ大統領が訪日した際、首脳会談で普天間移設に関する閣僚レベルの共同作業グループを設置することが決定した。この会談で鳩山首相がこのグループを通じて「できるだけ早く解決したい」と伝えると、オバマ大統領は「迅速に」と早期解決の必要性を強調した。一一月一九日付のメールマガジンで鳩山首相は、このとき「私を信じてほしい」と訴え、「もちろん、あなたを信じますよ」という大統領とのやり取りがあったことを明らかにしている。ところが首脳会談の翌日、外遊先のシンガポールで鳩山は「大統領は合意が前提と思いたいだろうが、それが前提なら作業グループも作る必要がない」と、オバマの信頼を吹き飛ばすような発言をする。

一一月二七日には鳩山首相と仲井眞弘知事の会見が行われる。知事が沖合へ修正されれば現行案を受け入れると公言していたために、この会見は年内解決への一歩だと考えられた。会見の情報を聞きつけた福島瑞穂社民党党首と亀井静香国民新党党首は会合を開き、連立与党で普天間問題作業チームの設置を求めることで合意した。そのうえで、福島党首は民主党幹部に普天間問題の年内決着に反対することを伝えた。

社民党幹部は現行案での年内決着だと連立維持は難しいと、小沢一郎民主党幹事長に伝えた。この時まで、政策の一元化を進める小沢幹事長は、普天間問題をめぐる政策マターについては政府の仕事だとして距離を置いてきた。しかし、同問題が連立政権の維持という政治マターになると幹事長として動き出す必要がある。小沢幹事長は側近の輿石東《こしいしあずま》参議院議員を通じて、北澤防衛相に年内決着をあきらめるよう求めた[18]。

鳩山首相は「米国との早期解決の約束」と「連立政権の維持」という選択に迫られたが、小沢幹事長が後者を選択した以上、鳩山もそれに従うしかなかった。一一月三〇日の会談で仲井眞知事が年内決着を求めた際、鳩山首相は躊躇する姿勢を見せた。一二月三日、鳩山は岡田外相と北澤防衛相に年内決着の断念を伝え、米国との交渉を継続するよう指示した。一二月二五日、鳩山首相は記者会見で翌年五月までに移設先を決定することを明言した。岡田外相などはこれを政治的にリスクが高いと考えたが、鳩山は「延期するとすればせいぜい半年……(七月の)参議院選挙前で、(一一月の)沖縄の知事選のかなり前に結論を見出しておかないといけない」と考えたのだという[19]。

一二月二八日、平野博文官房長官は自らを長とする連立与党の沖縄基地問題検討委員会を設置することを発表した。自民党政権下では、普天間基地問題は防衛省内で「守屋案件」とされ、守屋武昌事務次官と事務の官房副長官を中心に進められてきた。しかし、鳩山内閣で副長官に指名された瀧野欣彌《たきのきんや》副長官が「沖縄問題の経験がないことを理由に距離を置いたため、それまで官邸は普天間問題に積極的な関与をしてこなかった」と北澤防衛相は言う[20]。

しかし、ある官邸幹部は「それは瀧野副長官個人の問題ではない」と語る。「事務次官会議の廃止が副長官の地位を低下させた。事務次官会議を失ってから、副長官は官僚組織を代表することはなくなり、そのため瀧野副長官も自分がやると言えなくなったのだろう」と同幹部は分析する[21]。自民党政権で長年、官房副長官を務めた古川貞二郎も次官会議廃止の影響について、「副長官が主宰していた事務次官会議は各省庁を掌握するための有効な手段だった。各次官からの相談や報告もあったので、次官会議は各省からの重要な情報のチャンネルでもあった。省庁間で政策調整できない場合、副長官が調整したが、副長官の調整能力の源泉は各省庁の掌握と情報力だったが、次官会議の廃止でそれらがなくなり、官邸の調整能力も低下したようだ」と解説している[22]。

委員会の設置によってようやく官邸が重い腰を上げた格好となったが、当時、米国と現行案に復帰する交渉を始めていた岡田外相は、一連の平野の動きにはまったく期待していなかったという。岡田は「もしも素晴らしい案ができたらそれはいいよね、というぐらいですね」と証言している[23]。鳩山首相の評価も「平野官房長官は四〇カ所ほど候補地を検討したと言っていましたが、現実的にどこまで煮詰めた候補地があったか必ずしもわかりません」と冷淡なものであった。

実際に平野長官を補佐した官邸幹部によれば、それまで何度も閣僚委員会で普天間問題が話し合われたにもかかわらず、一切会議録が残されておらず、それまでどのような議論があったかもわからなかったという。「どこから手を付けて良いのか戸惑った」「二〇〇一年の情報公開法施行以降、政府内では記録をとることを強化してきたが、民主党の政治家は議事録の重要性すら認識していなかった。政治主導ということで、各省内で政務三役会議が行われたが、これも議事録が残っていないようだった」というのが実態であった[24]。

さらに普天間問題を複雑にしたのが、二〇一〇年一月の名護市市長選であった。民主党の沖縄県連が支持したのは、普天間基地移設に反対を表明してきた稲嶺進候補であった。選挙公示の直前、小沢自民党幹事長は側近の佐藤公治副幹事長を沖縄に派遣した。佐藤は名護市で開催した会合で、地元の建設業者などに対し、今までのように自民党寄りであっては困る旨を述べた。これによって地元の有力組織の一部が稲嶺支持に回り、同候補が市長選を制した。

鳩山内閣では普天間基地移設先の代替案として、岡田外相が嘉手納統合案、北澤防衛相がキャンプシュワブ内陸案などを検討してきたがいずれも政権内に反対があり断念した。三月三一日の谷垣禎一自民党総裁との党首討論で、鳩山は「腹案」があり、それは沖縄の負担軽減や抑止力の観点から見ても「現行案と少なくとも同等かあるいはそれ以上に効果がある」と豪語した。その後、鳩山は腹案が普天間の一部を徳之島に移設するものであることを明らかにした。
四月になって、鳩山首相は自らの案を官邸の中で防衛省・外務省・内閣官房の官僚六名と平野官房長官と自分という八人のチームを作り秘密裏に進めようとした。しかし、その翌日には新聞に情報がリークされていた。鳩山は「秘密会が暴露されている現実を見たときに、防衛省と外務省に協力を求めて進めることはどう考えてもできない」と官僚への不信を強めた[25]。

しかし四月一八日、人口二万六〇〇〇人の徳之島では住民の半数を超える一万五〇〇〇人が集まり、反基地集会を開いた。その二日後、瀧野官房副長官が徳之島の三町長に平野官房長官との会談を要請する電話をかけたが、三町長は会談を断った。鳩山はそれでも徳之島案をあきらめきれず、四月二八日に徳之島選出の元代議士で、未だ地元に強い影響力を持つ徳田虎雄に会い、協力を要請した。しかし徳田は首を縦に振らず、鳩山の万策は尽きた。

五月四日、鳩山は首相就任後初めて沖縄を訪問し、仲井眞知事に会った。そこで鳩山は「みなさま方には大変、多大なご迷惑をかけた」と謝罪し、普天間移転の代替案は「抑止力という観点から難しいという思いになりました」と語り、現行案を受け入れるよう要請した。しかし名護市長選後、沖縄の政治情勢は大きく変わっていた。基地反対を唱えて当選した稲嶺市長は現行案反対を訴えた。現行案受け入れに動いた仲井眞知事も秋に知事改選を控えて、反対の立場をとるようになっていく。

にもかかわらず五月一〇日、鳩山首相は関係閣僚会議を開き、普天間移設の政府案を決定した。それは、現行案同様に辺野古を移設先とするが、環境に配慮し沖合での杭打ち桟橋方式と徳之島への訓練移転を含めた沖縄の負担軽減を検討するというものであった。この案は同月二八日に、日米安全保障協議委員会で合意された[26]。

3　菅内閣の尖閣問題への対応

鳩山首相の官僚排除を行き過ぎと見た後継の菅直人首相は、二〇〇九年六月の就任時に出した「基本方針」で、政官関係の是正を目指し「政務三役と官僚は、それぞれの役割分担と責任を明確にし、相互に緊密な情報共有、意思疎通を図り、政府全体が一丸と」なることを訴え、政官の協力を呼びかけた[27]。しかし、同年九月に沖縄県の尖閣諸島沖の日本領海で、違法操業中の中国漁船が停船を求めた海上保安庁の巡視船に故意に体当たりをするという事件が起きたとき、その対応に当たって官僚の専門知識を十分活用したとは言いがたかった。

九月七日午前一一時頃、違法操業中の中国漁船に海上保安庁の巡視船「みずき」が退去命令を出したところ、漁船が追跡中の巡視船「よなくに」と「みずき」に故意に体当たりをした。巡視船は漁船を追跡午後一時に強制接舷し、その場で漁船を拿捕《だほ》すると乗組員を拘束した。

一週間後に控えた民主党代表選に神経を集中する菅首相は、仙谷由人官房長官にその対応を委ねた。仙谷長官は、海保を所管とする国土交通相の前原誠司とドイツ出張中の岡田外相に連絡を取った。前原国土交通相は中国漁船の悪質な行為に毅然とした対応をとるよう主張した。岡田外相も事件は日本領海で発生したものであり、国内法で対応すべきだと意見を述べた。これらの主張を仙谷が受け入れ、日本政府は公務執行妨害の容疑で船長の逮捕に踏み切った。

ある官邸幹部は、民主党政権では首相や閣僚が「パフォーマンスの政治」を展開していたと批判する。「尖閣事件では前原国交相が中国のリアクションも考えず、海上保安庁に逮捕を指示した。問題がヒートアップしても、外交的なアクションも取られなかった。国内政治的にパフォーマンスを見せることが、外交では紛争にまでつながることを理解していなかった」と言うのである[28]。

仙谷を補佐していた福山哲郎官房副長官によると、七日午後九時頃に海上保安庁から後に現役の海上保安官が流出させる事件当時のビデオを検分して、非常に悪質な事案であると判断し逮捕状を地裁に請求したという[29]。翌八日の定例記者会見で、仙谷長官は「尖閣諸島については領土問題は存在しないというのが日本の立場だ。違反の程度を考慮のうえ、わが国の法令に基づいて厳正に対処する」と述べた。

この発表を、これまでの日本政府の対処からの大きな変更だと中国政府は考えた。過去に中国人が尖閣諸島に上陸した例があるが、日本政府は逮捕後に国外退去の措置をとり、国内法で対処することはなかった。中国政府は激しく反発し、大使館を通じて外務省に抗議した。同日北京でも、胡正躍外交部長助理が丹羽宇一郎大使を呼びつけて抗議した。その後、宋濤《そうとう》外交副部長、楊潔篪《ようけつち》外交部長と段階的に高位の人物が丹羽大使を呼び出し抗議した。九月一一日には、中国政府は東シナ海のガス田共同開発に関する条約交渉を一方的に延期すると発表した。一二日深夜には戴秉国《たいへいこく》国務委員が丹羽大使を呼びつけ、日本政府に「賢明な政治決断」を要求した。戴国務委員は副首相級のポストであることから、事態の重大さが窺えた。翌一三日、日本政府は参考人として事情聴取していた船員一四人を中国に帰国させ、中国漁船も中国側に返還した。

九月一四日に民主党代表選で菅首相が再選されると、岡田外相は党幹事長に就任、その後継には前原国交相が就くことになった。この日、中国船が共同開発を予定していた東シナ海のガス田に新しい機材を運び込んだことが確認された。一七日に前原新外相は、中国による単独開発の証拠が確認されれば「しかるべき措置をとっていく」と強気の発言をした[30]。

九月一九日、石垣島簡易裁判所は中国人船長の拘留機関を二九日まで一〇日間延長することを発表した。これによって、船長が日本の裁判所で裁かれる処置に入ったことが明らかになった。これに対して中国政府は、閣僚級の往来の禁止や、航空路線増便の交渉中止、石炭関連会議の延期、中国人観光団の規模縮小などの報復措置をとった。

二一日には、ニューヨークを訪れていた温家宝首相が、船長の即時無条件釈放を求める考えを示し、それに応じない場合は日本に対して「必要な強制的措置をとらざるを得ない」と在米華僑の会合で述べた[31]。日本政府はハイレベルの会談を要請したが、中国政府はそれを拒否する。同日、複数の日本企業に対してレアアースの禁輸が決定されたとの通知が届けられた。

九月二三日、前原外相はニューヨークでヒラリー・クリントン国務長官と会談、国務長官は尖閣諸島を日米安全保障条約第五条の適用対象であることを明言した[32]。しかし同日、中堅ゼネコン「フジタ」の日本人社員四人が、河北省の軍事管理区域に侵入して不法に軍事施設をビデオ撮影したために逮捕されたことが発表される。二九日の拘束期限が迫るタイミングでこの逮捕が発表されたのは、船長釈放の圧力をかける狙いがあるものと考えられた。

翌二四日、那覇地方検察庁は拘束中の中国人船長を処分保留のまま釈放すると発表した。その二日前の二二日、那覇地検は衝突事件の処分には外交関係の知識が必要だと判断し、法務省を介して外務省職員の派遣を要請していた。翌二三日、外務省職員は那覇地検に尖閣諸島についての歴史的経緯について説明する[33]。地検の判断は外務省職員からの説明を強く反映したものだった。「故意に衝突させたことは明白」であり「危険な行為」であったが、「今後の日中関係も考慮すると、これ以上身柄の拘束を継続して捜査を続けることは相当でないと判断した」と釈放の理由を述べている。

法と証拠に基づいて対処すべき検察が、外交的配慮をもとに判断したという奇妙な証言に、多くの専門家が政権による政治介入があったことを推測したが、仙谷官房長官はあくまで地検の判断であり、政治介入はなかったと記者会見で述べた。しかし、事件から一年後の時事通信とのインタビューでは、仙谷自身が「自主的に検察庁内部で(船長の)身柄を釈放することをやってもらいたい」と法務事務次官に対して指示していたこと、その背後には一一月に控えたAPEC首脳会議に中国が欠席することを恐れた菅首相から「解決を急いでくれ」と言われていたことなどを証言している[34]。

日本政府は、船長の釈放によって中国政府が冷静さを取り戻し、日本人会社員の釈放に応じることを期待していた。しかし中国政府は依然強硬で、日本政府に謝罪と賠償を求めた[35]。九月二九日、細野豪志民主党幹事長代理が訪中し、戴国務委員と会談した。毎日新聞には、このとき戴から「衝突事件のビデオを公開しない」「仲井眞弘多沖縄県知事の尖閣視察を中止する」という条件を出され、それに仙谷官房長官が合意したと報じられた[36]。翌日、中国政府はフジタ社員四人のうち三人を解放し、戴国務委員と仙谷官房長官のハイレベルの接触が初めて行われた。その後、四人目のフジタ社員が解放され、ようやく日中間の緊張が解かれることになった。

仙谷は、中国政府とのパイプを持たない民主党政権下での苦労を、「私自身、常にどことルートをつくったらいいのか探りながらやりましたが、野中広務氏と曽慶紅氏のラインも消えているという話だった」と証言している[37]。中国大使の丹羽は、鳩山政権時に官僚排除の流れで民間から起用された人物であり、中国政府とのパイプが限られていたことも悪方向に作用したと言えるだろう。

国内では菅政権が中国の圧力に屈したという見方が強く、政府への風当りが強まった。仙谷官房長官は九月二九日の記者会見で、「司法過程についての理解が(日中間で)ここまで異なるということについて、もう少し我々が習熟すべきだったのかなと思う」と述べ、中国に対する理解不足だった点を認めた。また、「船員と船が(中国に)帰れば、違った状況が開ける」と船員の解放で中国の態度が軟化すると出方を読み誤っていたことも認めた[38]。結果的に、尖閣諸島問題は民主党政権の外交的危機への対応能力の低さ、それまでの官僚排除の悪影響を露呈させたのである。

4 野田内閣の尖閣国有化

二〇一一年九月二日、野田佳彦が首相の座に就いた。野田は首相就任早々、官僚との関係改善に取り組んだ。鳩山政権が官僚排除に動き、菅政権では軌道修正が行われたのにもかかわらず、前項で扱った尖閣事件のような重要な事件でも官僚が積極的に活用されなかった。これに対して、野田首相は官僚の有効活用を最重視した。野田内閣の「基本方針」の政官関係の部分はほとんど菅内閣のものと同じだが、政務三役と官僚の「それぞれが持てる力を最大限に発揮し」という文言が付け加えられ、官僚に対する期待をにじませた[39]。

鳩山政権で廃止された事務次官会議だったが、廃止論者であった菅直人でさえ、その有効性を認めるようになり、東日本大震災の際には「被災者生活支援各府省連絡会議」の名で事務次官会議を合計一五回開いた。野田政権ではそれを常態化させ「各府省連絡会議」を週一度開くようになった。これで各省間の情報交換や政策調整がやりやすくなり、官邸にも政策情報が自然と上がってくるようになったという。

野田政権最大の外交・安全保障案件となったのは二〇一二年の尖閣問題である。その発端は四月一六日、東京都知事の石原慎太郎がワシントンにあるシンクタンク・ヘリテージ財団で、尖閣諸島を都で購入する計画を発表したことだった[40]。前項で扱った二〇一〇年の尖閣事件を契機に、地権者である栗原國起が島の売却を示唆したときから、石原は栗原家と交渉を重ね好感触を得ていたのである。

石原の発表に野田内閣も驚いた。というのも、日本政府は小泉政権のころから尖閣購入を検討し、断続的に栗原家と交渉してきたからである。民主党政権になってからも、政府が等価交換のために用意していた土地を栗原が自ら見学に訪れるなどしていた[41]。しかし内閣府の担当官が交渉に熱意を持っていなかったため、栗原は東京都への売却に傾いていった[42]。

尖閣諸島所有者の家族は東京都との取引を考えた理由について「交渉の筋論、石原都知事との関係だけでなく、すでに衆議院の解散を約束するくらい重みの無い内閣から話を持ちかけられても、四〇年間に渡って政府の方針に振り回されてきた私たち家族としては、尖閣諸島を託せるような相手ではないと考えていたのです」と語っている[43]。

石原発言に中国は激しく反応した。次期主席になるのが確実視されていた習近平副主席は五月三日に、高村正彦元外相ら日中友好議員連盟代表団との会合で、「相手にとって核心的利益、重大な関心を持つ問題については慎重な態度をとるべきだ」と述べた。野田佳彦首相は五月一三日に北京で温家宝首相と会談した時の感想をこう語っている。「その年は日中国交正常化四〇周年の節目で、互いに『いい年にしていこうね』という会話が続いていた。ところが五月に会った時は雰囲気が変わっていた。石原氏の購入話が影響していたと思う。温氏は核心的利益と重大な関心事項と言う言い方で二つ（ウイグルの活動家と尖閣）の問題に言及した」。習と温の発言は、尖閣と明言していなかったため、東京での世界ウイグル会議（中国でのウイグル人弾圧を国際社会に訴えることも目的としている）開催に言及したのだという憶測も出た。しかし、五月二三日に江田五月元参院議長が訪中した際、王家瑞中国共産党対外連絡部長が「中国にとって釣魚島もウイグルも核心的利益だ」と述べた。これは中国高官が尖閣を「核心的利益」と明言した初めての例である[44]。「核心的利益」とは台湾やチベットなど、中国として絶対に譲歩できない重要問題を意味している。つまり、中国は軍事力を行使しても尖閣を守ると日本に宣言したのである。

北京訪問後の五月一八日、野田首相は官邸に尖閣国有化のための「特命チーム」を招集した。メンバーは藤村修官房長官、長浜博行官房副長官、佐々江賢一郎外務次官、外務省出身の河相周夫《かわいちかお》官房副長官、長島昭久首相補佐官の五人であった。中国への対応は外務省、地権者への対応は長浜副長官、石原知事と親しい長島補佐官が東京都への対応をするといった分担であった[45]。

自民党政権であれば必ず入っているだろう事務の官房副長官だった竹歳誠が入っていないのは、民主党政権で事務の副長官の地位と影響力が低下したことを端的に表している。竹歳は海上保安庁を所管とする国土交通省出身だったため、尖閣が国有化された際には海上保安庁の所管とする過程には関与したが、「それ以外の場面には関わっていない」と筆者に述べた[46]。

野田は特命チームに一般予算だと購入時期は早くとも予算化して執行可能な二〇一三年四月以降となり東京都に後れを取るから、内閣予備費を使っての政府による早期購入の検討を指示した[47]。長島はこの野田首相の決断をこう振り返っている。「尖閣を『国有化』するということは、中国に対する我が国の意思を鮮明に示すことに他ならず、見方によってはあえて対峙するにも等しい」「それがどんなに大きなリスクを伴うものなのか、国政に携わってきたものなら容易に理解できる」と語り、その日の日記に「総理の揺るがぬ決意に感銘を受ける」と記した[48]。

翌週の二四日、長島は都庁に石原知事を訪ねた。横田基地を名目の会談だったが、石原の第一声は「国が邪魔をするのか」と、尖閣に関する政府への苦情だった。しかし、「尖閣は最後まで責任を持つことができる国が責任をもって進めさせていただきたい」という長島の発言に、石原は「そうだ。その通り尖閣は国が責任をもつべきだ」と答え、長島を拍子抜けさせた[49]。その一方、東京都が尖閣購入の資金として四月末に始めた募金には、五月末までに一〇億を超える募金が集まり(九月末には一四億円超)、募金額が増える中、石原知事は尖閣購入後の計画について、漁船が停泊できる船溜まりの整備や常駐者の配置など様々な構想を発表しては中国を苛立たせた。

野田の特命チームはその間、「静かなアプローチ」をとり、長浜副長官が所有者と交渉を重ねていた。東京都が購入すると問題が大きくなるので日本政府で購入すると外交ルートで伝えられ、表向きの発表とは別に、中国の外交部もその説明に納得していたという[50]。

しかし七月七日、事態は急変する。朝日新聞が朝刊で野田政権の尖閣購入をスクープしたのである。長島補佐官は「それはあたかも、舞台上でスタッフが走り回り、開演前の準備に追われていたところに、突然幕が開いてしまったがごとく」とその日の日記に記した[51]。野田首相は「尖閣を平穏かつ安定的に管理するにはどうしたらいいのかという観点から」国有化を検討すると発表せざるを得なくなった。この発表に対し、中国は態度を硬化させた。外交部の劉為民報道官は「中国の神聖な領土を売買することは断じて許さない」と表明した[52]。

官邸の特命チームはダメージコントロールに追われることになった。長島は「首相補佐官として私は、私的なルートから外務省のルートまで駆使し、中国の説得に努めました」と明かす。政府購入については現状を変更するものではなく、地権者が個人から国交省に移るだけである、目に見える形で利活用を図る東京都の取得を阻止するための措置であると長島は訴えたが、中国側の反応は「一地方の首長に過ぎない石原ごときを日本政府はなぜ抑え切れないのか」という日中の政治体制の違いを理解しないものだったという[53]。

こういった流れのなか、中国は尖閣問題で方針を変えた。中国や香港、台湾、米国などの尖閣問題に関する中国人活動グループが参加する世界華人保釣連盟という団体がある。この団体は、石原発言以降、頻繁に会合を重ね、二〇一二年六月一四日の香港会合で、これまでの上陸しない方針を変更して、尖閣への上陸計画を決定した。使用する船舶を用意して計画に資金提供した香港の実業家の劉夢熊は日本のテレビ取材に応え、北京政府に確認をとったところ、閣僚クラスの高官から了承を得たと語っている。さらに、同月後半に台北で開催された会合では、中国本土からの代表が初めて中国当局から、台北での会議出席を許されたのである。本土代表の出席を祝う参加者の様子が日本のテレビに映された[54]。

八月一二日には香港の活動家が乗る抗議船が出航した。香港当局は一応出航を止めようとしたが、それを振り切っての出発だった。活動家を乗せた抗議船は台湾北部の基隆《キールン》に停泊しようとしたが、日本政府と緊密に連絡を取り合った台湾当局は停泊を拒んだ。

八月一五日、抗議船は海上保安庁の巡視船の停止命令を無視し、魚釣島に中国の五星紅旗と台湾の青天白日旗を持った七名が上陸した。その映像は中国と台湾の提携の印象を世界に与えたが、台湾の馬英九政権は中国とは共同歩調をとらない方針をとっており、台湾当局からの圧力で、台湾の活動家は一人も乗船していなかった。

日本政府は抗議船来島に備えて、海上保安庁と警察に人員配備を指示しており、島に留まり続けた五人については陸上での逮捕権を持つ沖縄県警が、船上の九人については海上保安庁が逮捕した。その二日後日本政府は、逮捕された一四人を取り調べ後、強制送還した。

日本政府は事前に抗議船来島の情報をつかんでおり、官邸で首相、官房長官、外相、防衛相、首相補佐官が集まって協議を重ねていた。さらに防衛省から事務次官、防衛政策局長、運用企画局長、外務省から事務次官、総合政策局長、アジア大洋州局長も出席し、情報や意見を提供した。長島補佐官は、「あれは実質的に日本版NSC（国家安全保障会議）のようだった」と語る[55]。ここでの議論で、対応策が具体的に練られたようだ。上陸を阻止する行動をとるが、強制接舷による拿捕を試みて衝突事故になるような事態は避ける。海保巡視艇は魚釣島に近づくとスッと空けるように抗議船を通す。上陸を許した後、陸上で逮捕するために沖縄県警の警官を事前に魚釣島に待機させる。中国にも事前に連絡し、二〇一〇年のように国内法の適用をする前に強制送還する。これらの筋書きはすべて事前に用意され、現実もその通り展開した。

八月一八日には中国の四都市で、尖閣領有を主張する抗議デモ活動が実施された。翌一九日に、日本の地方政治家を含む活動家一〇名が魚釣島に上陸すると、より多くの都市でデモが開催された。また一週間後の八月二五～二六日にもインターネットを通じた呼びかけでデモが実施され、一部のデモでは暴徒化する現象が見られた。

こうした中国の混乱の中、八月中頃、野田内閣は国有化を決定する。その背景には八月一九日の首相公邸における野田と石原の会談があった。石原は「国が買うのなら国がやってもいい」と言いつつ、船溜まりを作ることを条件とした。中国漁船が船溜まりを利用して上陸し問題になる点を指摘したが、石原は問題になっても良いと主張した。野田はそれを聞いて東京都が購入した場合、中国との軍事的衝突の可能性を排除できないという危機感をもったという。野田は朝日新聞のインタビューに答えて「それまでは懸念だったが、(石原氏と話して)懸念が確信になった」と証言している[56]。

政府内では東京都に購入させた方が、日中両政府間での問題は小さいという意見もあった。例えば、栗山尚一元外務次官は日中両政府間で国交回復時に尖閣問題を棚上げするという暗黙の了解があったと考え、尖閣の国有化はそれに反する行為だという考えであった[57]。こういった考えに基づけば、東京都による購入なら地方政府の行為なのでそれに反しないということになる。外務省の一部は、栗山元次官の意見に同調していた。また、外務官僚出身の山口壮《やまぐちつよし》外務副大臣は、石原都知事が米国で発表したことや、都議会や石垣島と事前に相談していないことから、都が購入するということ自体を疑問視し、国有化を急ぐべきではないという立場をとっていた[58]。

しかし首相官邸は東京都による購入を深刻に捉え、購入のタイミングを懸念していた。調べてみると、東京都が購入した際、最短でも手続きが終了するのは二〇一三年三月になることが分かった。地権者と国の賃貸借契約が切れるのを待たなければならないためだった。そこで前倒しの購入方法を探ったが、見つからなかった。所有者も尖閣が大きな問題になったため国に購入してもらいたいと考えるようになっていた。しかし、翌年三月まで野田政権はもたない可能性が強い。また東京都による三月の購入では、習近平が主席就任間なしに遭遇する対日案件が尖閣問題となり、強硬な立場をとらざるを得なくなる。諸般を勘案すれば、中国共産党大会前のタイミングに内閣予備費を使って国が購入すべきだ、と野田首相は決断した。

八月末に山口外務副大臣が首相の親書を携えて訪中する。山口によると、親書には「今年が日中国交正常化四〇周年にあたり、戦略的互恵関係を深化させていくことが重要」、「日中関係を円滑に発展させていく観点からも、政治レベルを含むハイレベルでの緊密な意思疎通を行っていくことが有意義」などのメッセージが含まれていた[59]。山口は八月三〇日に傅瑩《ふえい》外務副部長と会い、国有化について説明したが、理解は得られなかった。翌日、山口は戴秉国《たいへいこく》国務委員に会い意見交換し、戴委員から尖閣諸島について提案があり、それについて日本政府に持ち帰って検討すると伝えた[60]。

九月四日、石原知事と個人的に親しい長島首相補佐官が石原の自宅を訪問した。長島が国有化の決定を報告すると、石原は予想外にすんなりと受け入れた。後から考えると、この時から一〇月に発表する、都知事辞任と国政進出を考えていたのだろう。翌年三月の購入を待ってからでは、年内もしくは年明けと考えられていた次期総選挙の準備に間に合わない。しかし当時、中国は石原が簡単に引き下がった様子を見て、東京都と政府が口裏を合わせていたのだと勘繰った。

この時期来日していた張志軍外務次官に対し、野田政権は中国に国有化の方針と一一日の登記移行を伝える。国内政治の観点からも日本に強硬な態度を示したい胡錦濤国家主席は、野田首相に直接抗議する場面を設けたい。このような中国の要求に応じてセットされたのが、九月九日のAPECウラジオストック会議における、一五分間の立ち話での日中首脳会談であった[61]。胡主席は尖閣の国有化に反対だとの立場を訴え、野田首相は尖閣が日本固有の領土である旨を伝えた。

翌一〇日に関係閣僚会議で尖閣購入が決定され、一一日に正式に購入、登記が日本政府に移された。この発表と購入のタイミングについて識者の中には、首脳会談の翌日に発表したため胡主席の面目がつぶされ、中国の態度がさらに強硬的になったとの見方がある。しかし舞台裏を見ると、発表直前の首脳会談を望んだのは中国であった。面目をつぶされたように見せて強硬な態度をとることで、胡が党大会を前に国内政治的に不利な立場にならないよう中国側が仕組んだものと考えられる。

ただし、日本の尖閣国有化の方針は、中国国民には受け入れられなかった。中国外交部の報道官が「日本の誤ったやり方に対抗する義憤は理解できる」と、暴力的デモを容認するかのような発言をすると、反日デモは各地で相次ぎ暴徒化した。満州事変が始まった「国恥記念日」の九月一八日には一一〇都市以上で反日デモが展開され、周囲の日系企業や日本食レストランが被害に遭った。翌一九日、予想以上の暴徒化に中国政府はデモ禁止の通達を出し、それをきっかけに騒動は急速に収束していった。

5　民主党政権下の政治過程

自民党政権は長年、外交において、政策決定の多くを外務省に委ね、必要な政治決断があれば首相や外相が決定を下すという形をとってきた。九・一一同時多発テロ事件という重大事件に素早い対応を迫られた小泉政権では官邸主導で政策決定が行われたが、それは例外的であり、小泉政権後の首相は強化された政治制度を十分活用し、官邸主導の外交政策を展開することはなかった。

普天間問題での鳩山の挫折には、民主党政権がもたらした政治制度の変化が大きく影響していた。第一に、官僚を排除した政策決定の中で、閣僚はそれぞれに代替案を考えたが、官僚側が主張し続けた現行案を上回る案は出てこなかった。彼らは、すでに様々な代替案が一九九〇年代から提案され、現実的な側面から否定されていたことを忠告する官僚たちの言葉に耳を傾けなかった。また、政策決定一元化のため民主党の政策調査会を廃止したことで、民主党議員からの提案や協力も得られなかった。幹事長室で陳情を一手に引き受けることで政治力を強化した小沢幹事長は、現行案の年内受け入れに反対し、名護市長選では基地反対の候補者を応援した。事務次官会議の廃止で力を失った官邸は、かなり後の段階になるまで普天間基地問題に介入しなかった。そして積極的に乗り出したときには、影響力の低下した官房長官や副長官に事態の好転をもたらすことはできなかった。普天間基地問題の失敗は、制度改革による政治主導の試みの失敗でもあった。

二〇一〇年の菅内閣の尖閣問題への対応には、外交上の危機にどう対処すべきかという戦略的思考が欠如していた。菅首相は官僚との関係を改善しようとしたものの、その結果が出なかったことが大きな原因である。例えば、仙谷官房長官は中国船の船長逮捕前に官僚を交えて二回の会合を開いているが、積極的にその専門知識を活用しようとした形跡はない。古川元久官房副長官は尖閣問題をめぐる国会答弁で「官邸として特別な会議体を設置した事実はない」と述べるなど、専門の官僚を集め深い議論を行ってないことを証言している[62]。松本健一内閣官房参与のように「過去に日本政府がどういう処置をしていたかを、官僚がネグレクトして処置方法についてだんまりを決め込んだ」と、官僚側に責任があるような見解を持つ例もある[63]。

古川貞二郎元官房副長官は本来とるべき処置として、「従来だったら首相や官房長官の了解の下に、事務の副長官のところに海上保安庁、外務省、警察庁、防衛庁《ママ》の関係省庁、内閣官房の安全保障副長官補、必要に応じて内閣法制局などを集め、あらゆる事態を想定し、検討し、官房長官や首相に上げる」というプロセスを語っている。また、「外交とか安全保障の問題は長い歴史の中で微妙な話がたくさんある。単にペーパーを読んだら日本の過去の外交、米国、中国との関係、尖閣問題が分かるというような問題ではないんだ。だから外務省や防衛省の専門家がいる。政治家は役割が違うから、特定のテーマへの蓄積はないのは当たり前で、そのために専門家集団を見識をもって使いこなす必要がある」とも述べて、民主党政権で官僚が十分に活用されなかった問題点を指摘している[64]。

二〇一二年の尖閣問題では、菅政権時の事件とは違って、野田首相は官僚の専門知識を活用し、事前にシナリオを練り上げた。上陸事件発生時には、長島補佐官が「日本版ＮＳＣ」と呼んだように、官僚を巻き込んで対応にあたった。日本政府による尖閣購入発表後、反日デモの動きは中国政府の予想以上に激しくなったが、日中政府間では購入に際しての情報交換は進められていた。その後、習政権になっても中国艦船による尖閣付近の航行など、挑発行為ともとれる活動は続いたが、一一月の党大会を契機に事態がエスカレートする様相はなくなっていった。民主党政権下における外交政策決定をめぐる政官関係は、鳩山内閣が官僚を排除、菅内閣は排除しようとしなかったが活用しきれず、野田内閣でようやく活用するという、三内閣三様の展開になった。

本章でもハーマンの枠組みによる分析をまとめてみよう。鳩山首相が自発的に取り組んだ普天間基地問題については、第一点である首相の主導力はあったが、それを実行に移すノウハウがないのに加え、現行案を唯一の現実的オプションとみる官僚を排除したため実現性のないオプションを追求してしまった。そのため第二点の官僚の率先は全く見られないし、政策ベクトルの共有も一切ない。第三点の国内政治構造の変化では、自民党政権下における官僚支配を批判して政権交代をおこない、大幅な制度の変化を導入した。繰り返しになるが官僚排除の政策決定が普天間基地問題の混迷につながったと言えよう。第四の外的ショックとしては、鳩山首相のアジア重視政策に対する米国政府の反発があった。辺野古へ移すという現行案に至った過程を十分に検証しなかった鳩山首相に対し、米国は現行案しかないという態度を貫いた。

二〇一〇年の尖閣問題の場合は、突発的な漁船衝突事故に対する反応的な対応だった。民主党代表選が迫っていた菅首相は仙谷官房長官に問題の解決を委ね、代表選後も指導力を発揮したとは思えない。また官僚とは関係改善を試みようとしたが、政府高官を含めたタスクフォースも組まれず積極的に活用したとはいえない。国内法で対処すべきだとする政権中枢の政策ベクトルは、日中の対立を避けようとする官僚組織には共有されていない。国内政治構造の点については、かつて鳩山政権に寄せられたような政権交代への期待が薄れていくなか、メディアや国民は民主党政権により厳しい見方を取るようになった。中国との関係においても、政権運営の経験を持たない民主党の政治家は中国とのパイプを持たず、危機に対応するすべがなかったと言える。

野田首相の場合、石原都知事の尖閣諸島の買い上げ宣言に端を発した反応的な対応だった。しかし、石原の考えを脅威に思った野田は、日本政府が主導すべきだという決意を明らかにしている。国有化の前には、外務官僚を活用して中国と多くの折衝を行っている。ある程度の政策ベクトルの共有があったと考えられる。そのため、鳩山や菅と比べれば、専門家の間でも野田首相の政策決定姿勢に対する評価は高かった。外的ショックとしては、朝日新聞のスクープ以後、中国政府の態度が硬化した点が挙げられる。しかし、八月の石原都知事との会談で、中国との軍事衝突を誘発しかねない石原の姿勢を知り、国による買い取りを決意し実行したのである。

註

1——本章は、拙著『政治主導vs.官僚支配』朝日新聞出版、二〇一三年、第四〜六章、および拙稿「外交における政治主導」『日本の外交　第6巻——日本外交の再構築』岩波書店、二〇一三年を下敷きにしている。

2——信田智人「日本政治の変容とその日米関係への影響」細谷千博・信田智人編『新時代の日米関係』有斐閣選書、一九九八年、第四章。

3——鳩山由紀夫、「私の政治哲学」『VOICE』二〇〇九年八月一〇日号。

4——Yukio Hatoyama, "A New Path for Japan," *The New York Times*, August 27, 2009.

5——山口二郎・中北浩爾『民主党政権とは何だったのか　キーパーソンたちの証言』岩波書店、二〇一四年、九八頁。

6——守屋武昌『「普天間」交渉秘録』新潮社、二〇一〇年。

7——民主党「民主党の政権政策　Manifesto 2009」二二頁。

8——長島昭久、著者インタビュー、二〇一一年八月四日。

9——毎日新聞政治部『琉球の星条旗——普天間は終わらない』講談社、二〇一〇年、七〇〜七五頁。

10——福島瑞穂『迷走政権との闘い』アスキー新書、二〇一一年、三八頁。

11——岡田克也の証言、薬師寺克行『証言　民主党政権』講談社、二〇一二年、三六頁。

12——防衛省「大臣臨時会見概要」二〇〇九年九月一七日。

13——北澤俊美、著者インタビュー、二〇一一年一二月一日。

14——同。

15——毎日新聞政治部『琉球の星条旗』八五頁。

16——薬師寺克行『証言　民主党政権』三六頁。

17——防衛省「日米防衛相共同記者会見概要」二〇〇九年一〇月二一日。

18——毎日新聞政治部『琉球の星条旗』一三八～一三九頁。

19——山口二郎・中北浩爾『民主党政権とは何だったのか』一〇四頁。

20——北澤俊美、著者インタビュー、二〇一一年一二月一日。

21——官邸幹部、著者インタビュー、二〇一一年一〇月一三日。

22——古川貞二郎、著者インタビュー、二〇一一年九月六日。

23——薬師寺克行『証言　民主党政権』三九頁。

24——官邸幹部、著者インタビュー、二〇一一年一〇月一三日。

25——山口二郎・中北浩爾『民主党政権とは何だったのか』一〇三頁。

26——同、四三頁。

27——閣議決定「基本方針」二〇〇九年六月八日。

28——官邸幹部、著者インタビュー、二〇一一年一〇月一三日。

29——春原剛『暗闘尖閣国有化』新潮社、二〇一三年、一一頁。

30——外務省「前原外務大臣記者会見」二〇一〇年九月一七日。

31——"Chinese premier urges Japan to release Chinese skipper immediately, unconditionally," September 22, 2010, http://www.china-embassy.org/eng/zt/wenjiabaoun/t754931.htm (accessed July 20, 2012).

32——外務省「日米外相会談」二〇一〇年九月二三日。

33——行政機関情報公開、平成二四年度答申、第一三九号。

34——「船長釈放へ当局と調整」時事通信、二〇一一年九月二四日。

35——"Statement by the Ministry of Foreign Affairs of the People's Republic of China," September 25, 2010, http://www.fmprc.gov.cn/eng/zxxx/t755932.htm (accessed July 20, 2012).

36——「アジアサバイバル：転換期の安保二〇一〇　尖閣で露呈、外交の弱さ」二〇一〇年一一月八日。

37——山口二郎・中北浩爾『民主党政権とは何だったのか』二〇〇頁。

38——清水真人「政権交代の六〇〇日」佐々木毅・清水真人編著『ゼミナール現代日本政治』日本経済新聞出版社、二〇一一年、二一四頁。

39——「基本方針」閣議決定、二〇一一年九月二日。

40——Shintaro Ishihara, "The U.S.-Japan Alliance and the Debate over Japan's Role in Asia," Heritage Foundation, April 16, 2012.

41——春原剛『暗闘尖閣国有化』八五頁。

42——外務官僚、著者インタビュー、二〇一二年一一月六日。

43——栗原弘行『尖閣諸島売ります』廣済堂出版、二〇一二年、一〇七頁。

44——「尖閣は核心的利益」時事通信、二〇一二年五月二三日。

45——長島昭久『覚悟』ワニブックス、二〇一七年、九四～九五頁。

46——竹歳誠、著者インタビュー、二〇一八年七月五日。

47——外務官僚、著者インタビュー、二〇一二年一一月六日。

48——長島昭久『覚悟』九五頁。

49——同、九七頁。

50——外務官僚、著者インタビュー、二〇一二年一一月六日。

51——長島昭久『覚悟』一〇一頁。

52——「人民網日本語版」二〇一二年七月八日。

53——長島昭久『覚悟』一〇一頁。

54——「報道特集」TBS、二〇一二年八月二五日一七時三〇分放送。

55——長島昭久、著者インタビュー、二〇一二年一〇月二五日。

56——「『尖閣、絶対国有化を』石原氏との会談で決めた野田氏」朝日新聞デジタル、二〇一七年九月一二日〇五時〇二分配信。

57——栗山尚一「尖閣諸島と日中関係『棚上げ』の意味」『アジア時報』二〇一二年一二月号。

58——山口壮「田原総一郎氏への反論」二〇一二年二月二一日、山口つよし活動報告、http://www.mission21.gr.jp/archives/3496.html（二〇一三年六月一七日確認）。

59——山口壮、著者インタビュー、二〇一三年六月一四日、および「山口外務副大臣、中国主席宛ての親書手渡す」YOMIURI ONLINE、二〇一二年八月三一日、一八時五七分。

60——山口壮、著者インタビュー、二〇一三年六月一四日、および山口壮「田原総一郎氏への反論」。

61——長島昭久、著者インタビュー、二〇一二年一〇月二五日。

62——衆議院法務委員会、二〇一二年一〇月二三日。
63——松本健一『遠望するまなざし』李白社、二〇一二年、三五頁。
64——日本経済新聞社編、『政権』日本経済新聞出版社、二〇一〇年、四九七〜四九八頁。

第7章

安倍政権の外交・安全保障政策過程[1]

二〇一二年九月、民主党からの政権奪還と首相への返り咲きを狙う安倍晋三は、自民党総裁選に出馬した。安倍以外には石原伸晃幹事長、石破茂前政調会長、町村信孝元官房長官、林芳正政調会長代理の四人が立候補し、計五人による乱戦となった。そのため圧倒的な地方票を獲得した石破が一位となったにもかかわらず有効投票の過半数に達せず、決選投票が行われた。議員投票のみで争う決選投票では安倍が石破を下した。

臨時国会が召集されると、安倍は野田首相に年内解散を迫り続けた。一一月一四日、民主党内で反対があったにもかかわらず、野田首相は衆議院の定数是正を条件に早期解散を約束した。安倍は人口の少ない五県で議席を減らす案を自民党でまとめ、同月一六日にその関連法が成立すると衆議院は解散された。一二月一六日に行われた第四六回衆議院議員総選挙の結果は、二九四議席を獲得した自民党の地滑り的な大勝利であった。連立相手の公明党の三一議席を合わせると三二五議席、与党は参院で否決された法案を再可決できる三分の二(三二〇議席)以上を確保した。これに比べ、民主党は公示前勢力(二三〇議席)を大幅に減らす五七議席という結果となった。

二〇〇六年に「お友達内閣」と揶揄された第一次内閣が閣僚のスキャンダルや失言で瓦解したことを教訓に、

安倍が「危機突破内閣」と呼び組織した内閣では、麻生太郎元首相を財務相（副総理兼務）、菅義偉《すがよしひで》を官房長官に選び官邸を強化し、岸田文雄を外相、小野寺五典を防衛相という具合に、外交・安全保障を担う主要閣僚として手堅い人材が配置された。

官邸を支える事務の副長官には元警察官僚で内閣情報官や危機管理監を務めた杉田和博を指名し、危機管理に強い体制を整えた。さらに外交問題のために、谷内正太郎元外務次官を内閣参与に起用、局長に就任したばかりで年次が若いにもかかわらず、谷内に近い外務省の兼原信克国際法局長を次官級の副長官補に抜擢した。また第一次安倍内閣で首相秘書官を経験した三人が年次を無視して再度秘書官に指名された。これらはいずれも、官邸による政治主導を実行するための布陣と言える。

加えて、民主党政権が政治主導を掲げて廃止した各省庁の事務次官会議を正式に復活させた。名称は「次官連絡会議」となり、毎週金曜の閣議後に開催されることになった。第一回の会議には安倍首相も出席し、「我が国の直面する危機を突破するには、内閣一丸となった取り組みに加え、政官の相互の信頼関係に基づく真の政治主導を推進する必要がある」と挨拶した。閣議で決定した内容をこの会議で官僚トップが共有し、政治と行政の連携を強化する。それによって、事務の官房副長官の影響力が回復し、官邸主導がより円滑になると期待されたのである。

1　第二次安倍内閣とTPP

翌二〇一三年の所信表明において、外交・安全保障部分で真っ先に安倍首相が取り上げたのは、民主党政権時代に普天間基地問題などで混迷した日米同盟の立て直しであった。日米同盟を強化し、「世界全体を俯瞰して……戦略的な外交を展開していく」と安倍は宣言した。その一環として、「大きく成長していくアジア太平洋地域において……先導役として貢献を続けて」いくことを約束した[2]。同地域で主導権を得るためにも重要な外交政策が、TPP交渉への参加であった。TPPは単なる通商協定ではなく、知的財産や投資など多岐にわたる経済分野での新しい国際スタンダードとなるルール作りだと考えられた。

TPPについては民主党政権下で菅直人内閣が参加検討のための協議を開始し、野田佳彦内閣で関係各国との参加に向けた協議を行った。当時野党であった自民党は、外交・経済連携調査会を設置しTPP参加への対応を模索した。全中をはじめとする農業団体を支持団体に持つ自民党としては、あまり積極的な賛成はできないが、民主党政権が崩壊寸前となり、政権与党への返り咲きが近いため責任政党としての対応が必要であった。様々な党内調整を経て出来た、「聖域なき関税撤廃を前提にする限り、交渉参加に反対する」という基本方針は[3]、そのまま総選挙のマニフェストに載り、選挙公約となった[4]。

◆TPP交渉参加まで

第二次安倍内閣では先述した官邸と外交・安全保障分野の人事のほか、経産相に茂木敏充、農水相に林芳正という、野党時代にTPPの方針を取りまとめた実力者を配し、あわせて自民党農水部会長に元経産官僚で国際派の齋藤健を任命するという、TPPシフトとも言える布陣を張った。

安倍は首相就任後の二〇一三年二月に訪米してバラク・オバマ大統領と会談し、TPPで日本が主張する聖域を認めてもらえるかを確認した。その結果、共同声明では「TPP交渉参加に際し、一方的に全ての関税を撤廃することをあらかじめ約束することを求められるものではない」ことが確認された[5]。安倍はこの共同声明を大きな外交成果と捉えたようで、首脳会談直後に訪米に同行していた農水官僚に、公表前に林農水相に直接メールで同声明を送るように指示した。また、自民党の農林族議員に対しても官邸筋から連絡していたという[6]。

安倍は訪米から帰国すると、西川公也《こうや》元自民党農林部会長に党内のTPP対策委員長に就任するよう要請した。三月五日に発足した同委員会では、外交・財政金融・厚生労働・農林水産・経済産業という五つのグループが編成された[7]。一三日に出された同委員会の決議では、日米首脳会談で「聖域なき関税撤廃」が前提でないという合意を引き出したことは「安倍新政権による日本外交の成果」と捉え、米、麦、牛肉・豚肉、乳製品、甘味資源作物の五品目については関税撤廃を認めないことが声明に盛り込まれた[8]。自民党の委員会決議のこの部分が、ほぼそのままの形で四月一九日の衆議院農林水産委員会の決議にも盛り込まれ、農産物五品目の関税撤廃拒否は国会決議となった[9]。これは安倍政権のTPP交渉を縛ることになったが、逆に見れば農産物五品目の関税撤廃さえ避けられれば、交渉結果が自民党にも野党にも受け入れられる可能性が広がったとも言えた。

TPP対策委員会の決議を受けて、安倍首相は三月一七日の自民党大会でTPP交渉参加を表明し、TPP参加国の一一カ国に参加の意向を通知した。参加国は日本の参加支持を表明したが、米国が他の参加国全部の支持表明を待ったうえで日本の参加を認めることを議会に通知するという手続きをとったため、実際に日本が正式に参加した交渉は七月二三日のマレーシアにおける会合からであった。

その間、安倍首相は政府内でもTPP交渉のための布陣を整えていった。経済産業省や外務省には任せず、内閣官房にTPP政府対策本部を設置して、TPP交渉担当の閣僚に最も信頼する盟友の一人である甘利明元経産相を任命した。TPPへの参加は日本の経済再生の切り札と考えられたので、甘利は経済再生担当大臣も兼務することになった。甘利は日米貿易摩擦の交渉時に、外相や農水相などに米国側と個別交渉され結束を乱された経験から、交渉担当の閣僚として全権を委任してもらいたい旨を安倍に訴え了承された[10]。TPP交渉の最高意思決定機関として官房長官、経産相、財務相、外相、農水相、経済再生(TPP)担当相からなる主要閣僚会議が設置されたが、対外交渉における全責任は甘利が負うようになった。

内閣官房のTPP政府対策本部は甘利を本部長に、その下に外務省からタフ・ネゴシエーターとして知られた

図2　TPP交渉の体制

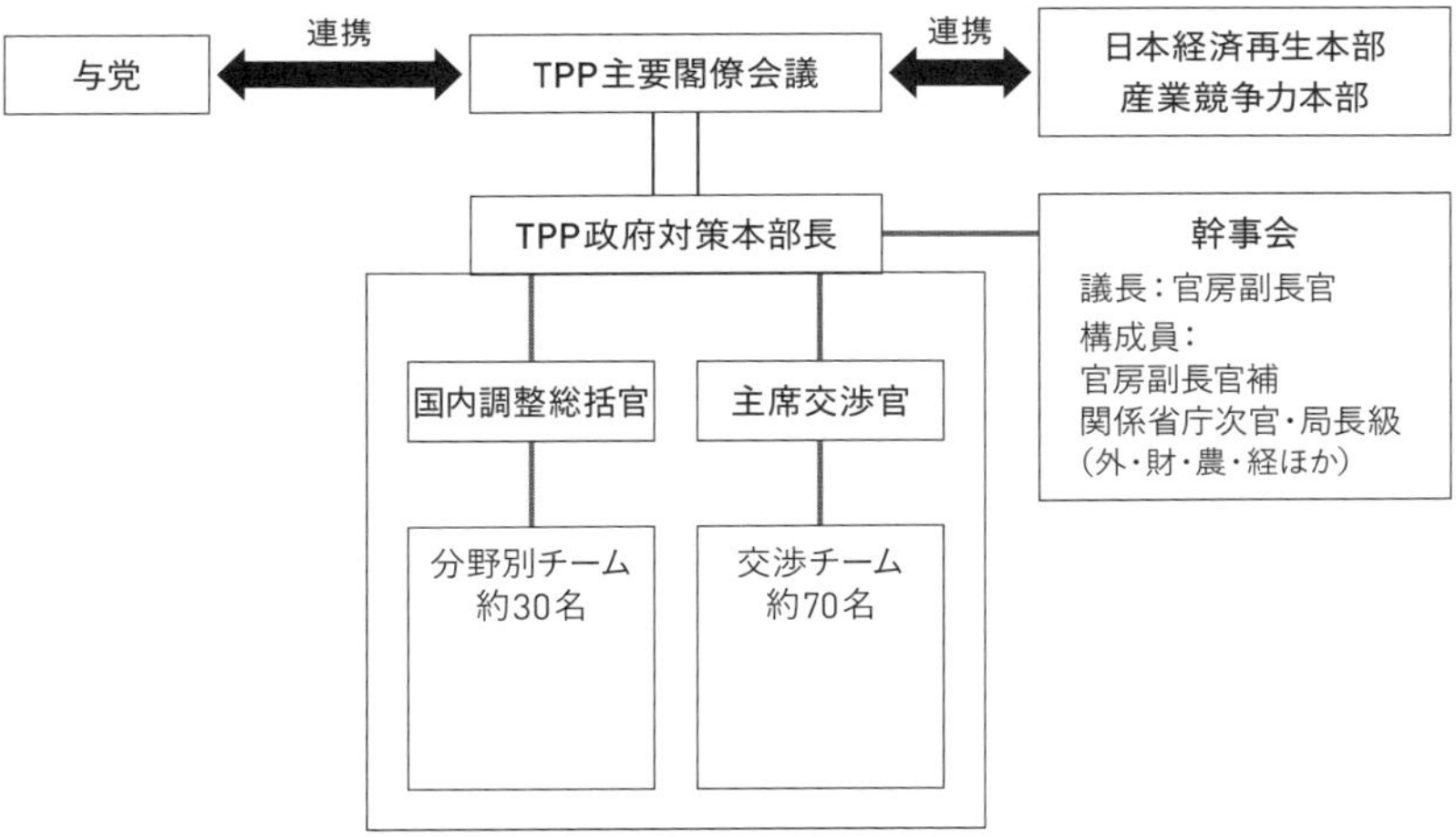

鶴岡公二と大江博をそれぞれ首席交渉官と首席交渉官代理に配置した。省庁間調整を担う事務方トップの国内調整総括官には、財務省出身の次官クラスの官房副長官補を務めていた佐々木豊成《とよなり》が起用された。対策本部には民間人も含め各省庁から精鋭が派遣され、対外交渉に約七〇名、国内調整に約三〇名の計一〇〇人規模の組織となることが予定された。鶴岡首席交渉官が自ら英語で面接をして、交渉官の大半を選んだ結果、交渉官の数は一〇五名となった。

日本がTPP交渉に正式に参加するためには、日米間での調整が必要であった。一二カ国の参加国からなるTPP域内で米国は六二％、日本は一七％のGDP割合を占め、二国だけでも八割近い経済規模となるからである。前述の西川自民党TPP対策委員長は「TPP交渉は、実質的には『日米FTA』交渉」とまで言い切っている[11]。一二カ国による多国間交渉に加え、日米間で並行交渉をする必要があった。日米間の事前協議で、米国政府は米国の自動車関税の撤廃の時期を最大限後ろ倒しにすることを要求し、日本はその要求を呑むことで交渉参加が認められた。

◆日本の交渉体制と方針

正式参加が認められた七月のマレーシアにおけるＴＰＰ閣僚会合で、日本の交渉団は参加国以外には秘密にされていたこれまでの交渉内容をまとめた文書や条文案を初めて入手することができた。そこで分かったのは関税撤廃の議論がさほど進んでおらず、最後に参加した日本も影響力を行使する機会があることだった。この会合では三カ月後の一〇月に大筋合意し、年内の妥結を目指す方針が確認された。

八月に入ると、日本の交渉団は参入の遅れを取り戻すため、鶴岡首席交渉官の発案により人事院公務員研修所で二泊三日の合宿を二度にわたって行った。八月下旬にブルネイで開かれるＴＰＰ会合までに、入手した数千ページにおよぶ資料を読み込み、分析し、交渉戦略をたてる必要があったのである。交渉の難航が予想される農産物分野の交渉には大江首席交渉官代理が、最も政治的な問題が大きいコメの交渉には針原寿朗《ひさお》農水審議官が、自動車を中心とする日米並行協議は森健良《たけお》前駐米公使が担当することになった。

安倍首相から交渉団に示された政治意思は、「守るところは守り、得るべきところは得ながらも、交渉をまとめるために必要な柔軟性を発揮する」という交渉姿勢であった。甘利担当相も「できないことは明確にできないと伝える」が、同時に「できることは最大限努力する」ということを基本方針としていた。日本にとって「守るべきところ」「できないこと」は、国会で決議された農産物重要五品目という聖域であり、その関税撤廃を回避することであった。鶴岡首席交渉官は「国会での決議である以上、われわれ行政府が変更することも、解釈を変えることもできない。それをありのまま説明し、納得してもらう」という交渉姿勢だったと語る[12]。

日本交渉団が当初から農産物重要五品目で関税撤廃に応じない姿勢を見せたことに、米国交渉団は強く反発した。日米首脳会談でオバマ大統領が約束したのは、交渉参加時にあらかじめ全ての関税を撤廃するという約束を求めないということであって、交渉中に関税撤廃を求めないということではなかった。甘利担当相のカウンターパートとなるマイケル・フロマン通商代表は、七月一八日の下院歳入委員会の公聴会で「当然、どの国にもセンシティブな問題はあるが、それら全てが交渉の対象となる。日本の農産物についても交渉から除外する合意はしていない」と証言した[13]。八月下旬にブルネイで閣僚会合、一〇月上旬にインドネシア・バリ島で首脳会合が開かれたが日米間の原則的な立場の違いは埋まらず、一〇月に予定されていた大筋合意と年内決着は不可能になった。

しかしある時期から、日本政府・与党も柔軟性を見せるようになり、農産物重要五品目の関税撤廃について、全てを拒否はしない方針へと転換していた。というのは、一口に重要五品目と言っても、交渉時の対象となる関税区分の細目は計五八六にわたる。その内訳は、米・小麦・大麦で一〇九、牛肉・豚肉・乳製品で一八八、砂糖・でんぷんで一三一となっていた。これら五八六品目のうち、二三四品目では輸入実績がなく、関税を撤廃しても実害はない。また調整・加工品と呼ばれる副次品が二二三あり、政治的な抵抗は比較的小さくてすむ。これらの関税撤廃をするだけで済むなら、国会決議の枠内での解決が望める。一〇月に自民党ＴＰＰ対策委員会は関税細目の検証を開始し、その内容を内閣府とも共同で検証し、月末には甘利担当相に検証作業の終了を伝えた[14]。

西川自民党ＴＰＰ対策委員長は、関税維持が絶対不可欠な項目を「レッドライン」と呼び、それを死守することで農業関係者の理解を求めた。ただ党としては「レッドラインを守れ」というだけで、「交渉団にはフリーハンドを与えて切るときは政府が判断する」という姿勢を維持したという[15]。これは交渉妥結に向けた自民党側の譲歩であり、日本の交渉団に農産物の解決の目途を与えることになった。

◆日豪ＦＴＡ交渉と閣僚会合の決裂

日本政府は日米間の並行交渉に圧力をかけるために、日豪ＦＴＡ交渉を先行させる。日豪間の懸案事項は牛肉であったが、二〇一四年二月のシンガポールＴＰＰ閣僚会議の開催時に、西川委員長が旧知のオーストラリアのアンドリュー・ロブ貿易・投資相と会談した。ロブは日豪FTAに積極的で、西川に現行三八・五％の牛肉関税を半減するように求めた。これに対して、西川は冷凍肉と国産牛肉と競合する冷蔵肉を分けて考えるように要請した。翌月の三月一四〜一八日に西川がオーストラリアを訪問し、ロブ大臣と再度の交渉に入り、冷蔵肉については一五年目に二三・五％、冷凍肉は一八年目に一九・五％まで関税を引き下げることに合意した。最重要問題が合意されたことで四月にはトニー・アボット豪首相が訪日中に大筋合意、七月に両国で調印されるに至った[16]。日豪FTA協定発効後、前半に豪州産品の関税引き下げを集中させたことで、米国産牛肉が一気に不利になるため、米国に対してTPP交渉の早期妥結を促すことになった。

日米間の並行交渉の突破口となったのは、四月二三日のバラク・オバマ大統領の訪日だった。大統領訪日中も継続開催されていた甘利TPP担当相とフロマン通商代表の交渉は行き詰まっていた。しかし、安倍首相に銀座の寿司屋に招かれたオバマ大統領が、食事中に加工用の安価な豚肉の関税を現行の一キロ当たり四八二円から五〇円に引き下げるよう求める発言をしたのである。この額は最大限の譲歩として大統領に伝えられた金額であり、日本政府が予想していた額よりもずっと高いレベルであった。交渉中の甘利担当相にこの情報が伝えられ、豚肉関税の問題が日米間で決着した[17]。

ただし、全体としての日米交渉は難航が続いた。九月にワシントンで行われた閣僚会議では、フロマン通商代表が日米首脳会談以降に積み上げてきた議論を無視して関税撤廃の議論を蒸し返し、自動車問題での譲歩を拒んだ。これに対して、甘利担当相は長時間予定されていた交渉を一時間で切り上げ席を立った。協議終了後の記者会見では、甘利は「当方は柔軟性のある案を示したが、今回の交渉では進展を得ることができなかった。交渉をまとめるには、双方が歩み寄るという姿勢が必要である」と怒りをにじませた[18]。

日米交渉の決裂は、他の参加国にとっても大きな問題であった。鶴岡首席交渉官は、「TPPに参加している国々は、やはりTPP域内の最大の経済をもつ米国と、それに続く経済規模の日本の間で早く決着を見て、その結果を共有した上で、自らもどう対応するかを決めていきたいという考え方が支配的である」と語っている[19]。皮肉にも、閣僚会合の決裂には事務レベルの会合を促進するという側面もあった。それまでフロマン通商代表は甘利担当相との直談判にこだわる傾向があったが、会合決裂後は没交渉となったため、スタッフに交渉権限を委譲するようになったのである。一〇月にウェンディ・カトラー次席代表代行と交渉した大江首席代理は、「すぐに閣僚で再開という感じにはならないだろう……事務レベルで行うことについて、米国側も今まで以上にきちっとしたマンデートを与えた上で交渉できた」と米国側の交渉態度の変化を指摘している[20]。

◆中国の影と交渉妥結

一一月のTPP首脳会合は、APEC会合のあった北京で開かれた。習近平主席はAPEC議長国である特権を活かし、中国主導の新たな国際金融機関であるアジアインフラ投資銀行(AIIB)の創設メンバーを勧誘していた。日米を中心としたTPP参加国はこうした中国の動きを意識し、「協定の利益が持続可能で、幅広く、及び包括的に開発の促進に役立つこと、並びに協定が各国の発展段階の多様性を考慮することを確保することに従事している。我々が策定しているオープンな取り組みが地域全体に更に幅広く拡大すれば、TPPが各国それぞれにもたらす利益は更にもっと拡大し得る」とAIIBに対抗するような首脳声明を発表し、交渉妥結が「最優先」だとの見解を示した[21]。

二〇一五年四月までには日米間で事務レベル交渉が進んでいたが、日本にとって最大の政治問題であるコメと、米国にとって最重要な自動車問題はまだ解決の目途が立ってなかった。日本がコメの国家貿易制度と関税を維持することには米国は合意したが、米国産コメに特別の輸入枠を求めていた。その輸入枠の量で日米間にまだ隔りがあったが、同月二一日に東京で行われた閣僚会議では、妥結点に近づいていた。その一週間後、訪米中に行われた日米首脳会談では、安倍首相から「AIIBのような金融機関を作るのであれば、公正なガバナンスが必要となる」と中国の動きをけん制する発言があり、日米TPP閣僚交渉で「日米間で残された課題について進展があった」ことも披露された。また両首脳は、「日米が交渉をリードし、早期妥結に導いていく」決意を述べた[22]。

結局、日米コメ交渉は米国産コメに七万トンの輸入枠を与えることで決着したが、より複雑だったのは自動車交渉だった。自動車の原産地規則について、TPP域内製品として関税撤廃を認めてもらえる域内供給の部品の割合で、日米間では四割程度にすることで調整していた。ところが七月のハワイ閣僚会合で、NAFTA(北米自由貿易協定)の加盟国であるカナダとメキシコが、同協定が定める六割より低いことに異議を申し立てたのである。この問題で九月に日米はサンフランシスコで両国を含めた四カ国会合を開始し、交渉を重ねた結果五五%以上にすることで大筋合意に達した[23]。

一〇月初頭のアトランタにおけるTPP閣僚会合で各国の交渉が最終段階に入り、同月五日の一二カ国による閣僚会合で交渉妥結が宣言された。妥結を受けてオバマ大統領は「中国のような国に世界経済のルールを書かせることはできない。我々がルールを書くべきだ」と日米主導でTPPが妥結した意義を高らかに謳った[24]。安倍首相も交渉妥結を受けた記者会見で、TPPは「自由で、公正、開かれた国際経済システムを作り上げ、経済面での法の支配を抜本的に強化するもの」とし、「将来的に中国もそのシステムに参加すれば、わが国の安全保障にとっても、また、アジア太平洋地域の安定にも大きく寄与」すると語った[25]。

TPP交渉は日本外交にとって大きな成功となった。日本以外の参加国の関税撤廃率は品目や貿易額ベースで九九～一〇〇%なのに対し、日本では関税撤廃率が九五%にとどまり突出している。全農産物では八一%に当たる一八八五品目で関税撤廃となったが、聖域とした重要五品目では五九一項目のうち四二四項目、約七割の項目における関税と国家貿易制を維持することができた。

鶴岡首席交渉官は日本が多くの項目で関税を残すことができたのは、交渉過程で交渉団が「徳を積んだ」おかげだと指摘する。日本が交渉に参加する前までは、米国のペースで交渉が進んでいた。日本は交渉に慣れていないアジア各国の「交渉官および利害関係者と一緒に協議しながら、解決策の相談に乗り、協力を惜しまなかった」のである。その結果、日本が農産物の関税撤廃で困っているとき、日本に好意的な姿勢を示してくれたのだという[26]。

この後、TPPは二〇一六年二月にニュージーランドで一二カ国による署名式が行われた。翌三月には日本政府はTPP協定締結承認案を国会に提出し、同案は一一月一〇日に衆議院で、一二月九日に参議院で同案が可決され締結が承認された。翌二〇一七年一月二〇日に閣議決定を経て、国内手続きの完了を、在日大使館を通じてTPPの寄託国であるニュージーランドに正式に伝えた。

◆米国の離脱とTPP11交渉の開始

日本が国内手続きの完了を通報した日、米国では米国の雇用を失うことになるとしてTPPからの離脱を選挙公約にしていたドナルド・トランプが大統領に就任した。そして、トランプは就任四日目の一月二三日、TPPを離脱する大統領令に署名した。TPP協定は全署名国のGDP合計で八五%以上の国で批准されなければならないという規定があったため、米国抜きでは発効が不可能になった。これに対して、日本政府は米国抜きのTPP11の成立を模索することになった。

翌二月八日にニュージーランドのトッド・マックレイ貿易相が来日し、甘利の後任としてTPP担当相に就いていた石原伸晃と会談した。マックレイは、TPP協定の重要性を強調し、これまでTPP交渉でリーダーシップを発揮してきた日本と寄託国であるニュージーランドが先頭に立って交渉を行っていきたいと石原に伝えた。三月にはチリでTPP閣僚会合が開かれ、米国抜きの協定を含めた可能性が議論された。石原はこれに出席できず、日本政府からは越智隆雄内閣府副大臣が代理出席したため、「日本は本気でTPPに取り組む気があるのか」

と厳しい声があがった。

同年五月にベトナムで開催されるAPEC閣僚会合の際に、TPP参加一一カ国の閣僚会議が開かれた。そこで一一カ国の貿易担当相は、「包括的で質の高い協定の早期発効のための選択肢を評価するプロセスを開始する」ことと、事務レベルでその作業を行い、一一月に開かれるAPEC首脳会合までに完了することに合意した。また、TPPの高度な基準を受け入れることができる他の諸国の参加による拡大も展望に入れることが確認された[27]。

閣僚会合の合意をふまえ、七月一二〜一四日に箱根でTPP高級事務レベル会合が開かれた。議長を務めたのは駐イタリア大使から首席交渉官に就任したばかりの梅本和義であった。そこではTPPの早期発効に向けた方策について議論が行われた。梅本の言葉を借りると「元々一二か国のものを一一か国で発効させるためには新しい国際約束がいるので、それがどういう形のものになるか、性格のものになるか、ある程度の姿ができた」という[28]。具体的には元々の一二カ国協定を米国が抜けたことで、他の参加国から要求のある部分を凍結していくことになった。「凍結」という言葉は米国が再び参加を求めた場合、凍結を解除することを想定している。

◆TPP11における日本のリーダーシップ

TPP11交渉においても、日本のリーダーシップが強く期待されることになった。TPP11の早期発効と協定の質の高いレベルを維持するためには、凍結を最小限にとどめる必要がある。梅本首席交渉官は著者とのインタビューで、この過程を「交渉をできるだけしないための交渉」と表現した[29]。梅本首席交渉官の下、内閣官房内に三十数名の常駐交渉官および国内調整官という陣営がTPP11交渉を進めることになった。

二回目の高級事務レベル会合はオーストラリアのシドニーで開かれたが、日本は共同議長国のような扱いを受けた。シドニー会合では首席交渉官の全体会合に加えて、①法的側面、②知的財産、③その他の分野を扱う、三つのワーキンググループが編成された。日本政府からは常駐の交渉官に加え、法的側面を扱うワーキンググループには国際法局の外務官僚、知的財産については経産省や厚生労働省の官僚が参加して交渉を支えた。参加国からは必要最小限の凍結項目を提出することになっていたが、国内手続きなどの準備ができない国もあったので、次回の会合までに準備を整えることになった[30]。

日本政府はＴＰＰ早期発効のために、市場アクセスは一切変更しない方針を自国で決め、それを各国にも求めた。日本国内でもＴＰＰ11では、特に農産物の市場アクセス約束を見直すべきだとの声が上がっていた。たとえばコメの場合、前述した米国に対する七万トンの輸入枠は実行されなくなるので問題はない。しかし牛肉の場合、発効一六年目に九％まで関税を引き下げると同時にセーフガード措置（関税引き上げ）の発効要件も発行時に年間五九万トンに輸入量が達した場合と規定されている。米国からの牛肉輸入が換算されないのなら、発動要件を下げるべきだという声が農業関係者から出ていた。しかし日本が米国の離脱を理由に市場アクセスの見直しを求めると、他の参加国もサービス貿易や投資、政府調達分野も含めた見直し要求を行い収拾がつかなくなる。日本は率先して元々の市場アクセス維持を表明し、凍結部分は原則的にルールの変更だけにすることを他国にも求めた。

こうした日本の対応は高く評価され、三回目と四回目の会合は九月末と一〇月末から一一月一日にかけて、日本で開かれることになった。ここでは、凍結項目をいかに絞っていくか、その過程で対立のある参加国間をいかに調整していくかという日本の議長国としてのリーダーシップが問われた。当初約七〇あった凍結項目が、九月の会合では五〇にまで絞られた。最終的にはＡＰＥＣ首脳会合直前の一一月六日に行われた首席交渉官会議で、二二項目まで絞られた。これによって、ＴＰＰ11が同月一一日にベトナムのダナンで開かれ、日本が共同議長を務めた閣僚会合で大筋合意され、閣僚声明が発表された。

凍結項目について大筋合意がされたものの、それですべてが決着したわけではない。継続協議となっていた四項目のうち、マレーシアとブルネイが求めた二項目については凍結することで決着を見たが、メキシコとベトナム間の労働紛争解決ルールの適用に関する対立と、カナダが求める自国文化保護のための優遇措置が残っていた。

ＴＰＰ担当相になっていた茂木敏充はメキシコとベトナムを訪問し、両国間の調停を行った。社会主義国のベトナムでは労働組合が国の傘下にあり、民間の労働組合を前提とする労働紛争解決ルール適用には時間がかかると一〇年間の猶予を要求していたが、北米自由貿易協定で厳しい労働条件を課されているメキシコが一〇年は長すぎると反発していたのである。茂木はベトナムには労働紛争解決ルールの猶予について、ＴＰＰ協定本文の修正ではなく各国との協定付属文書（サイドレター）に反映させることで合意させ、それを旧知のメキシコのイルデフォンソ・グアハルド経済相にも認めさせることに成功した。

残るはカナダの要求だった。カナダは独立運動の可能性があるフランス語文化圏のケベック州や、イヌイットなどの少数民族を守るために「文化特例」を認めてほしいとダナン会合で要求していた。そのため、文化特例について継続協議となったが、要求が認められなかったことに反発したジャスティン・トルドー首相が首脳会合をボイコットしたため、その場で予定されていた合意宣言ができなくなった。二〇一八年一月二二日に東京で開かれた首席交渉官会合で、梅本首席交渉官はメキシコの労働紛争解決ルールと同様、カナダもサイドレターを交わすように訴えたが、カナダの交渉官は合意しなかった。

同じころ極秘で訪れたカナダ政府のイアン・マッケイ特使に、茂木担当相は「もうゲームをするつもりはない。今晩中に最後の返事が欲しい。さもなければ明朝一〇か国で決断する」と伝えた[31]。茂木の意向を受けた梅本首席交渉官は、三月八日にチリのサンチャゴで署名式を行うという合意案を一一カ国とカナダを除いた一〇カ国の二案作成し、各国の交渉官に配布した。カナダとしては同じ北米自由貿易協定のメンバーであるメキシコの支持を期待していたが、前述の茂木担当相のメキシコ訪問時、グアハルド経済相はＴＰＰ早期締結のためにカナダと必ずしも共同歩調を取らないことに合意していた。翌二三日にカナダの交渉官は梅本に文化特例をサイドレターにすることに合意することを伝えた[32]。これによって凍結項目が最終的に決定し、三月八日のチリにおける署名式に繋がった。

オーストラリアのマルコム・ターンブル首相は、TPP11における安倍首相のリーダーシップを高く評価し、米タイム誌の企画する「世界で最も影響力のある一〇〇人」に推薦した。安倍の「辛抱強さと勇敢さは世界のだれにも負けない」「柔軟性があり、他の意見に耳を傾けそれを取り入れる」と称賛し、その「最たる例」として「米国の撤退で絶望視されたTPPを諸国に働きかけ蘇生させた」とTPPを挙げたのである[33]。

2 第二次安倍政権と安全保障政策

第二次安倍政権ではTPPの時とは違い、重要な安全保障政策とその枠組みを決定するにあたって、有識者会議会合をつくり、そこに諮りながら政策を策定するというパターンが繰り返される。

◆国家安全保障会議の創設

二〇一二年一二月に第二次安倍政権が発足すると、安倍首相は積極的に安全保障政策を推進していく姿勢を見せた。そのひとつの動きが、第一次政権で果たせなかった国家安全保障会議の創設である。二〇一三年の一月、アルジェリアで天然ガス精製プラントがイスラム系武装組織に襲撃され、建設に協力していた日本人に多くの犠牲者を出した、いわゆるアルジェリア人質事件が発生すると、アルジェリア軍の動向や邦人の安否確認などの情報収集がうまくいかなかったことから、国際的危機に対応するための国家安全保障会議を創設する機運が高まった[34]。そのため、二月には「国家安全保障会議の創設に関する有識者会議」を立ち上げ、設置の検討を本格化させた。

安全保障会議はそれまでも、防衛大綱や武力攻撃事態などに関する事項を審議する機関として存在していたが、他で決められたものを追認するだけのことが多く形骸化していた。新しい会議体では①長期戦略策定、②複数の省庁にまたがる重要課題の判断、③緊急事態の対処法の決定・指示、という国家安全保障に関する司令塔の役割が期待されることになった。

六月七日には国家安全保障会議の設置のため、既存の安全保障会議設置法や内閣法、国家公務員法などの改正が閣議決定された。この法案は臨時国会に最重要法案として審議され、民主党から出た修正案を基に与野党間で修正協議が行われ、一一月末には立法化された。

一二月初めには新しく発足した国家安全保障会議が活動を始めた。閣僚を構成員とする会議体は三つあり、これまでの安全保障会議と同様の機能をもつ「九大臣会合」に加えて、「四大臣会合」と「緊急事態会合」が新設された。四大臣会合は首相、官房長官、外相、防衛相からなり、最低でも月二回を目途に定例的に開かれ、四五〜六〇分ぐらいで実質的な議論が行われる。定例会合以外にも、ウクライナ情勢をめぐってロシアに対する制裁措置を決めたり(二〇一四年三月一七日)、北朝鮮の弾道ミサイル発射への対応を議論する(同年六月三〇日)など、不定期に機動的な審議を行う会合が開かれている。緊急事態大臣会合は四大臣に加え、事例によって予め首相から指定された閣僚が出席することになっており、たとえば領海侵入・不法上陸事案が起これば司法機関を所管する法相、海上保安庁を所管する国交相、警察を所管する国家公安委員長が参加することになっている[35]。ただし緊急事態会合においても、日本政府として差し迫った対応が必要でない限り、四大臣によって行われることが多かった[36]。

二〇一四年一月には、これらの閣僚会議を補佐する事務局として「国家安全保障局」が設置された。初代の局長には谷内正太郎元外務次官が就任し、外政担当の兼原信克と安全保障・危機管理担当の高見澤將林《のぶしげ》という二人の官房副長官補が局次長を兼任することになった。その下には三名の審議官と六つの班を率いる六名の参事官が配属され、全体で六七名からなる事務局としてのスタートであった。このうち一三名の自衛官を含む防衛省出身者が三六名、外務省出身が二〇名、警察庁出身が七名であり、その他国交省、経産省出身者に加え、民間から二名が参加している。

六つの班は、局内の総括および閣僚会議の事務を行う「総括・調整班」(一九名)、米加欧豪印ＡＳＥＡＮを扱う「政策第一班」(八名)、中韓を含む北東アジアとロシアを扱う「政策第二班」(八名)、中東・アフリカ・中南米を扱う「政策第三班」(七名)、防衛大綱など報告書や法制を扱う「戦略企画班」(八名)、インテリジェンスコミュニティとの連絡調整を行う「情報班」(一一名)からなる。政策第一・第二班は外務省出身、情報班は警察庁出身、その他の三班は防衛省出身の参事官が班長を務める。さらに外務省出身の審議官が総括・調整班と政策第二班、防衛事務官の審議官が政策第一班と戦略企画班、自衛官の審議官が政策第三班と情報班を管轄に置いた。

定期的に行われる四大臣会合では予め課題が決められ、約一カ月かけて準備される。そのための省庁間政策調整には、各省の局長レベルからなり事務局長が議長を務める「幹事会」が設置されることが法定化された。実際には、幹部会の下に課長レベルからなり、問題ごとにメンバーが入れ替わる政策調整会議が毎週開かれ、幹部会を支えている。

国家安全保障局は政策決定や情勢判断に必要な情報を関係省庁に発注できる権限をもっている。また、省庁側は適時に国家安全保障局に必要な情報を提供しなければならない。ある同局幹部の証言によると、「要求した情報は適時に提供されるし、自動的に省庁側から提供される情報も本省にいたときと同等の質のものが提供されている。国家安全保障会議の各省からの情報収集はかなりうまくいっていると言える」という[37]。

各省庁からの情報を収集するにあたって、情報管理の法的枠組みが必要となった。そのため、防衛・外交・(スパイ行為などの)特定有害活動防止・テロリズム防止の四分野に関するもののうち、特段の秘匿の必要性があるものについては特定秘密と指定され、その有効期間を上限五年で通算三〇年まで更新可能にする特定秘密保護法が立法化された。公務員などが特定機密を故意に漏えいした場合は、一〇年以下の懲役刑となる。

一部のマスコミでは、国民の知る権利や報道の自由を制限し、民間人も処罰の対象になると誤解を生む報道がなされ、大々的な反対運動が展開された。しかし、法律の運用に当たっては、国民の知る権利と報道の自由に十分配慮することが明確にされ、出版や報道を目的とした取材は不法行為がなければ正当な行為と認められることになった[38]。

◆国家安全保障戦略と防衛大綱の策定

二〇一三年一二月四日に初めて開催された国家安全保障会議の四大臣会合で審議されたのは、国家安全保障戦略だった[39]。その報告書の決定過程においても、有識者会議を立ち上げて報告書を作成するというパターンをとっている。同年九月一二日に安倍首相は「国家安全保障と防衛力に関する懇談会(安防懇)」の第一回会合を招集した[40]。安防懇自体は細川護熙政権のときに誕生している。その後の政権でも開催され、有識者の議論を踏まえ防衛大綱をつくる作業が行われてきた。このときの安防懇では、それに加え国家安全保障戦略をつくるという新しい任務が加えられた。

これまで外務省が外交青書、防衛省が防衛白書や防衛大綱をつくってきたが、外交と防衛という安全保障の両輪を統合した文書が日本にはなかった。安防懇の座長を務めた北岡伸一によると、国家安全保障戦略策定の目的は「第一に安全保障の重要性を国民にしてもらうこと、第二に周辺国にも知らせて誤解のないようにすること」だったという[41]。

国家安全保障戦略は同年一二月一七日に閣議決定されたが、その中心的コンセプトとして打ち出されたのは「国際協調主義に基づく積極的平和主義」である[42]。日本は長年、憲法第九条にある軍隊を持たないことが平和への近道だという「消極的平和主義」を取ってきた。日本が防衛予算を増やさずにいても、周辺諸国は軍事力を増強し、特に中国は一〇年で四倍も軍事予算を増やしている。同戦略ではPKOや防衛ガイドライン、テロ対策とイラク復興など、一九九〇年代からの日本の貢献を肯定し、世界の平和に対してさらに積極的な役割を果たすべきだという考えを示している。

また、報告書の作成過程も独特であった。それまでの自民党政権では懇談会が提言し、それを踏まえて防衛省の事務方が大綱の文書を書いていた。そのため、ODAを所管とする外務省や武器輸出関連を所管する経産省、海上の安全保障の第一線にいる海上保安庁など、他省庁との関係についてあまり触れられなかった。この安防懇では首相と官房長官、財務相、外相、防衛相の五閣僚が有識者と議論をして、報告書をまとめていく形をとったおかげで、省庁間にまたがる統括的な内容の報告書となっている。

国家安全保障戦略と並行して、新たな防衛大綱（25大綱）も策定された。その中心的なコンセプトとなったのが「統合機動防衛力」である。じつは民主党政権下の二〇一〇年に策定された防衛大綱（22大綱）でも「動的防衛力」という概念が打ち出されていた。自衛隊の可動性を高め、たとえば南西諸島で危機があった場合などに即時に駆けつけるようにすることを指しており、ふたつの概念は基本的に同じものだったが、民主党政権の概念をそのまま使用するのを嫌い、用語としては新しい表現が使われた。

◆集団的自衛権をめぐる憲法解釈変更

日本がより積極的に世界平和に貢献するためには、集団的自衛権の行使を禁止している政府の憲法解釈を変更する必要が出てくる。第一次安倍政権では、首相が憲法解釈の変更を指示したのに、宮崎礼壹内閣法制局長官は自らと次長の辞任を示唆してそれを阻止した[43]。安倍首相は「安全保障の法的基盤の再構築に関する懇談会（安法懇）」を設置し、集団的自衛権の行使の可能性について有識者に議論させた。そこでは、①公海における米艦防護、②米国に向かう可能性のある弾道ミサイル迎撃、③国際平和活動における武器使用、④同じ国連PKOなどに参加している国への後方支援、という四類型について検討した。朝日新聞の取材によると、この四類型を提案したのは、外務省の谷内正太郎事務次官と小松一郎国際法局長だったという[44]。第一次政権は結局一年で倒れ、同懇談会の報告書は約二〇〇八年六月福田政権下で提出されることになった[45]。

第二次政権でも安倍首相は二〇一三年二月八日に安法懇を再開した。その事務局は国家安全保障会議事務局の国家安全保障局であり、谷内はその局長として今度も憲法解釈の変更に関わることになった。また、最高裁判事に空席が生じていた二〇一三年八月に、解釈変更に反対していた山本庸幸《つねゆき》内閣法制局長官を同職に指名し、その後任として駐フランス大使になっていた小松一郎を任命するという異例の外務官僚抜擢人事を行い、解釈変更の体制を整えた。

前回の報告書の四類型に限らず、①我が国の平和と安全のための具体的行動、②あるべき憲法解釈の背景となる考え方、③あるべき憲法解釈の内容、④国内法制のあり方、についても検討されることになった。安法懇には解釈変更賛成派の有識者が集められ、見直すことを前提に議論が進められた。

まず議論の対象となったのは武力行使についてであった。日本国憲法は第九条第一項で国際紛争を解決するための武力行使を禁じているが、この国際紛争とは日本を当事者とするものを指すはずである。ところが、国連が展開する平和活動においても自衛隊は武力を行使してはならないと日本政府は解釈してきた。また武力行使とは主権国家としての大規模な出動を意味するはずだが、ＰＫＯなどにおける武器使用についても同項を援用して、さまざまな制約を課してきた。

次に、集団的自衛権の行使についての憲法解釈が議論された。憲法発布当初は、日本政府は一切の戦力をもたないと答弁していたが、一九五四年の自衛隊発足にともない、必要最小限の戦力を持つことは国家としての自然な権利だという解釈を打ち出した。このとき必要最小限の意味は明確でなかったが、一九七二年に必要最小限とは個別的自衛権だけを意味し、集団的自衛権は含まれないという政府解釈が発表された。安法懇では、中小の国々が互いに協力し合って安全を維持することはよくあることであり、個別的自衛権と集団的自衛権の間に必要最小限という線が引かれるのはおかしいという議論になった。

第三に、個別的自衛権の行使についても対応する法制度が十分に整備されていないことが問題となった。冷戦期には、日本への武力攻撃はソ連の北海道侵攻のような、計画的かつ本格的な攻撃を想定してきた。しかし近年の国際情勢から考えられるような、大規模ではなく計画的でもない侵攻、いわゆるグレーゾーンのケースに対応する法制度がなかったのである。そうした事態に対応する法制を、早急に立法化する必要があると提言された。

安法懇の報告書は二〇一四年五月一五日に発表された。そこでは、「自国と密接な関係にある外国に対して武力攻撃が行われ、その事態が我が国の安全に重大な影響を及ぼす可能性があるときには」集団的自衛権が行使されるべきだと提言されていた。そして、それに該当する事例として、①日本への直接攻撃の蓋然性が高い、②日米同盟の信頼が著しく傷つく、③国際秩序が大きく揺らぎえる、④国民の生命や権利が著しく害される、⑤その他日本へ深刻な影響が及ぶこと、などが挙げられ、一応集団的自衛権の行使には限定的容認の形をとっていた[46]。

そこには、従来の政府解釈を大きく逸脱することを避けようとした小松内閣法制局長の考えも反映されていた。内閣法制局は集団的自衛権を禁じた一九七二年の政府見解で「外国の武力攻撃によって、国民の生命、自由及び幸福追求の権利が根底からくつがえされる」場合、日本は個別的自衛権により武力を行使できるとしていた。これを集団的自衛権にも援用するならば、従来の見解とも何とか整合性が取れると小松は考えたのである[47]。小松は報告書の発表を見届けると、翌日には体調不良のため長官を辞任し、その後任には小松の意思を継ぐ横畠裕介が就任した。

この報告書を受けて、集団的自衛権の行使をめぐる憲法解釈を変更するための閣議決定を目指すことになった。そのためには連立与党を組む公明党の同意が必要である。憲法解釈に慎重な公明党を説得するために、安倍は弁護士出身で解釈変更に積極的な高村正彦自民党副総裁を交渉者に指名した。その交渉相手に山口那津男公明党代表が指名したのは、同じく弁護士出身で副代表の北側一雄だった。正式な与党協議は報告書発表の五日後である五月二〇日に開かれたが、高村と北側は水面下で兼原・高見澤両官房副長官補と横畠法制局長官を含めた五人で協議を重ねた[48]。

当初、兼原と高見澤が集団的自衛権行使の条件として出したのは、「国民の生命や権利を守るために不可欠な我が国の存立が脅かされるおそれ」があるときだったが、北側は一九七二年の政府見解の「国民の生命、自由及び幸福追求の権利が根底からくつがえされる」という表現を使うよう主張した。高村は安倍首相に了解をとったうえで、それを了承した[49]。

六月一三日与党協議の場で、事前の交渉を経た新要件が高村試案として公明党に提示された。これに対し、公明党側が「おそれ」という表現では拡大解釈されかねないと反対したため、「他国」について「我が国と密接な関係にある」という、より限定的な条件を加えると共に、「おそれ」を「明白な危険」と修正することで、六月二四日に自公両党は実質合意に至った。

この与党合意を受けて、七月一日に「国の存立を全うし、国民を守るための切れ目のない安全保障法制の整備について」という閣議決定で、集団的自衛権の行使を可能にする政府解釈が行われた[50]。この閣議決定ではこの他、武力攻撃に至らないグレーゾーンの侵害への対処や平和支援活動への後方支援と平和協力活動での武器使用緩和などを含めた安全保障法制の整備を行うことが宣言された。

◆安保法制の決定過程

閣議決定と同時に国家安全保障局に、約三〇人規模となる関連法案作成チームが設置された。同チームは兼原、高見澤両局次長をトップに、関係省庁との連絡調整と法改正の検討を担当する二班で構成された[51]。これを受けて防衛省・自衛隊でも防衛大臣を委員長とする「安全保障法整備検討委員会」が設置された[52]。

法案作成チームは法整備が必要な法案の選定と担当省庁を仕分ける作業から着手した。その結果、内閣府の所管である国連平和協力法、防衛省の所管である自衛隊法・船舶検査活動法・海上輸送規制法・捕虜取扱い法、内閣官房の所管である周辺事態安全確保法・事態対処法・米軍行動関連措置法・特定公共施設利用法・国家安全保障会議設置法の計一〇本の現行法の実質的な改正(技術的な改正はこの他一〇本)を行うことになった。

これらの法整備が進展してきた二〇一五年二月一三日、自民党と公明党は「安全保障法制整備に関する与党協議会」を開始した。ここでも高村自民党副総裁と北側公明党副代表が両党の代表者となった。この協議会は計七回開催され、激しい議論が交わされた。対立点のひとつは、恒久法の制定であった。自衛隊の海外活動に関する現行法は、内閣府所管の国際平和協力法、内閣官房所管の周辺事態法とテロ特措法、イラク特措法の四本あったが、自民党はこれら全ての要素を含めた包括的な恒久法制定を目指した。これに対して公明党は、日本の防衛に繋がる周辺事態法と国際平和のための恒久法を切り分けることを求めた[53]。その結果、周辺事態法が重要影響事態安全確保法に改正され、国際平和共同対処事態に対して支援活動を実施するための恒久法として、新しく国際平和支援法案が立案されることになった[54]。さらに恒久法をめぐっては北側公明党副代表が、①国際法上の正当性、②国民の理解と民主的統制、③自衛隊員の安全確保、という「北側三原則」を踏まえて法制化することを要求した[55]。

このほか自民・公明両党は国際平和支援法案の国会承認のあり方でも対立した。自民党は事後承認も認めるべきだと主張したが、公明党は例外なき事前承認に固執した。自民党は事前承認に七日以内という議決努力規定を設けることを条件に公明党の主張を受け入れた。逆に重要影響事態の適用範囲については、日本周辺を主張する公明党を抑えて、中東など日本から離れた場所でも自衛隊が活動できるようにするという自民党の主張が通った。

五週間協議を続け、三月二〇日に自民・公明両党は国会内で「安全保障法制整備に関する与党協議」を開き

「安全保障法整備の具体的な方向性について」を発表した[56]。これに最大与党、民主党の岡田克也代表は、撤回を求めてきた憲法解釈の変更を行った閣議決定を踏襲した与党合意は「断じて容認できるものではない」と強く反発し、「歯止めのない自衛隊の海外での活動の拡大につながる」と批判する談話を発表した[57]。

法案作成作業が最終段階に入った四月一四日、自民・公明両党は与党協議を再開した。そこでは、新しい恒久法となる国際平和支援法案と一〇の現行法を一括改正する平和安全法制整備法案と二本の法案にまとめられることが報告された。恒久法では公明党から「北側三原則」の反映が求められた結果、国際法遵守の点から自衛隊派遣は国連決議がある場合に限定された。また、民主的統制の観点から国会の事前承認が義務付けられ、自衛隊員の安全確保のために防衛相の安全配慮義務規定が決められた。さらに集団的自衛権の行使をめぐっては、政府は新三要件のうち「他に適当な手段がない」との規定を外そうとしたが、公明党が要求した結果、有事法制の改正案である武力攻撃・存立危機事態法案に明記された。五月一一日の与党協議会で安全保障関連法案が承認され、五月一四日の閣議決定を経て、翌一五日に国会に提出された。

安保関連法の審議の舞台は、衆議院の平和安全法制特別委員会であった。特別委員会は常任委員会と違い連日の審議ができるため、早期の成立を目指すことが可能である。しかし野党が連日審議に難色を示したため、与党は譲歩して週三回のペースにすることになった。野党第一党の民主党が徹底抗戦の構えを見せたので、自民党は野党第二党である維新の党の協力を得ようとした。しかし、同党最高顧問の橋下徹大阪市長が五月一七日の大阪都構想に関する住民投票で敗北し政界引退を表明すると、維新の党は野党連携に傾いた。

六月四日の衆議院憲法審査会で自民党推薦を含む三人の憲法学者が、そろって安保関連法案を憲法違反と主張した。これに野党が勢い付き、国会審議は混乱した。さらに同法案の審議中、国会や首相官邸周辺に学生団体SEALDsなど法案反対派が押しかけ廃案を求めた。これら展開のため、与党は過去最長となる九五日間の会期延長を余儀なくさせられた。与党は維新の党との修正協議を求めたが結局不調に終わり、七月一五日与党単独で特別委員会で法案を可決した。委員会の審議は一一六時間三〇分で安保関連の条約・法案としては、一九六〇年日米安保条約改定の一三六時間に次ぐ長さとなった。翌一六日には衆議院本会議で、自民・公明両党に加えて次世代の党が賛成して可決された。

法案が国会審議中の八月一四日、安倍首相は戦後七〇年談話を発表した。これに関する朝日新聞の世論調査では談話を「評価する」が四〇%で、「評価しない」の三一%を上回った。談話中、首相が「戦争には何らかかわりのない世代の子供たちに、謝罪を続ける宿命を背負わせてはならない」と主張していることについては「共感する」が六三%で「共感しない」の二一%を大きく上回り、全般的には好感を持って受け止められたと言えよう。しかし内閣支持率は三八%と低迷し、不支持の四一%を下回っていた[58]。

低い内閣支持率にもかかわらず、安倍首相は安保法制成立にひるまなかった。九月一七日、一〇三時間三二分という審議時間を経て、参議院特別委員会で法案は可決された。この後、日本を元気にする会、次世代の党、新党改革との間で自衛隊海外派遣の際の国会関与を強化する修正協議が成立し、一九日に行われた参議院本会議での採決では三党も賛成にまわった。こうして安保法制は成立したのである。

3　安倍政権の政策過程

安倍首相は第二次政権発足時からTPP交渉に自発的に取り組み、成功させるために人事配置を行った。主要閣僚に実力者を配置し、盟友の甘利明をTPP担当大臣に任命する一方、自民党内のTPP対策委員長には農林族の西川公也、農水部会長には国際派の齋藤健を配置して、農業問題での解決を図った。また外交交渉に長けた外務官僚の鶴岡公二を首席交渉官に、財務官僚の佐々木豊成を国内調整総括官に任命し、TPP対策本部には対外交渉と国内調整に一〇〇名を超える優秀な交渉官が集められた。甘利大臣の下、これらの交渉官が対外交渉の場において主導力を発揮し、二〇一五年一〇月に交渉が妥結した。トランプ政権成立後に米国の離脱もあったが、安倍政権は米国抜きの再交渉を支持し、二〇一八年三月の協定文の署名にこぎつけた。

安全保障分野で扱った四事例のうち、国家安全保障会議と国家安全保障戦略の事例では、有識者会議が議論を先導し報告書をまとめ、政府がそれを閣議決定するという非常に限られたアクターによる政策決定が行われた。しかし集団的自衛権の事例では、前二例と同様、有識者会議の報告に基づいて政策決定が開始されたものの、連立パートナーである公明党を説得するため、有識者会議の提言からさらに限定的な条件を付ける形で修正案が出された。安保法制の事例においては、国家安全保障局主導の政策決定過程が展開された。そのうえで与党協議会を発足させ、連立パートナーである公明党を取り込むために、さまざまな要望を受け入れた。

各事例によって、その政策決定過程が大きく異なることがわかる。TPPでは交渉内容が通常の通商交渉より多岐にわたる分野に及ぶため、多くの関係者を巻き込む必要があった。他方、重要な安全保障政策とその枠組みを決定するにあたっては、有識者会議会合をつくり、そこに諮りながら政策を策定するというパターンが繰り返された。そうしたなかで、集団的自衛権と安保法制の事例は公明党に譲歩するという政策過程が特色となっている。

本章で扱った事例を振り返り、ハーマンの分析枠組みを通して、政策決定過程を形成した要因を見てみよう。第一の政治指導者の主導という要素であるが、このTPPと安全保障の事例において、安倍首相に強い政治指導者としての主導があったことは疑いようがなく、全て自発的に政治課題に取り組んでいる。TPPにおいては、盟友である甘利担当相に絶大の信頼を置き、その決定を全面的に支持する形でのリーダーシップを見せた。また、国家安全保障会議と国家安全保障戦略については、それぞれの設置と策定に並々ならぬ関心を見せ、有識者会議の提案を実行に移した。集団的自衛権と安保法制の事例では高村副総裁への全面的支持により、公明党への譲歩を得ることができた。

第二の官僚組織の率先については、TPPで鶴岡首席交渉官と佐々木国内調整総括官が果たした役割は大きい。鶴岡が約七〇名の交渉チームをまとめ、日本だけではなく他の参加国に対しても交渉の指導を行い、それらの国々から支持を得ることで交渉を有利に運んだ。佐々木は約三〇名の分野別チームを率いて、利害関係の対立する各省庁の政策調整をまとめた。安全保障では内閣官房の幹部が首相の意思を受けて、与党内の調整に尽力した。どちらも政策ベクトルを共有する組織編成が交渉過程を推進したと言える。

第三の国内政治構造の変化については、とくに安全保障政策の分野において、連立政権を維持するために公明党への譲歩を行った。与党協議で公明党にあまりにも譲歩しすぎたため、野党である民主党への譲歩の余地がなくなってしまい、結局民主党からのサポートは得られず、次世代の党などの小政党とのマイナーな修正に限定された。

第四の外的ショックについては、TPPにおける米国の撤退は大きな衝撃であった。しかし、日本政府はTPP11の締結に向けてリーダーシップをとることになった。国家安全保障会議の設立においては、二〇一三年一月のアルジェリア人質事件が大きなきっかけとなり、日本でも危機対応のための組織の必要性が強く感じられるようになった。集団的自衛権と安保法制については、中国の軍事的台頭と北朝鮮の核問題が背景にあったと言えよう。

註

1——本章は拙稿「安倍晋三首相と日本の外交・安全保障政策」『国際安全保障』第四六巻第一号、二〇一八年六月、六八〜八七頁を元にしている。

2——「安倍総理・所信表明演説」二〇一三年一月二八日、(http://www.kantei.go.jp/jp/headline/183shoshinhyomei.html、二〇一七年八月八日確認)。

3——自由民主党「TPPについての考え方」二〇一二年三月九日、(https://www.jimin.jp/policy/policy_topics/pdf/seisaku-099.pdf、二〇一七年八月八日確認)。

4——自民党「J－ファイル二〇一二　自民党総合政策集」(https://jimin.ncss.nifty.com/pdf/j_file2012.pdf、二〇一七年八月八日確認)。

5——外務省「日米の共同声明」(http://www.mofa.go.jp/mofaj/kaidan/s_abe2/vti_1302/pdfs/1302_us_01.pdf、二〇一七年八月八日確認)。

6——作山巧『日本のTPP交渉参加の真実』文眞堂、二〇一五年、一八一～一八二頁。

7——西川公也『TPPの真実』開拓社、二〇一七年、四七～五一頁。

8——自由民主党「TPP対策に関する決議」二〇一三年三月一三日、(https://www.jimin.jp/policy/policy_topics/pdf/pdf091_1.pdf、二〇一七年八月八日確認)。

9——衆議院農林水産委員会「環太平洋パートナーシップ(TPP)協定交渉参加に関する件」二〇一三年四月一九日。

10——鯨岡仁『ドキュメントTPP交渉』東洋経済新報社、二〇一六年、一一二～一一三頁。

11——西川公也『TPPの真実』、三四頁。

12——鶴岡公二「駆け引きしない　国益を懸けた外交交渉の極意」プレジデント、二〇一六年四月一八日号。

13——"Hearing on President Obama's Trade Policy Agenda with U.S. Trade Representative Michal Froman," July 18, 2013, U.S. House of Representatives, Committee on Ways and Means、

14——内田龍之介「TPP交渉と農政改革——政権復帰後における農林族議員の行動変化」政策創造研究(第九号)、二〇一五年九月、二四一頁。

15——西川公也『TPPの真実』一七三～一七七頁。

16——同、二〇八～二一八頁。

17——鯨岡仁『ドキュメントTPP交渉』一四九～一五四頁。

18——内閣府「TPP日米閣僚協議終了後の甘利大臣ぶら下がり記者会見概要」二〇一四年九月二四日、(http://www.cas.go.jp/jp/tpp/pdf/2014/09/140924_tpp_daijinkaiken.pdf、二〇一七年八月二二日確認)。

19——内閣府「鶴岡首席交渉官による記者会見の概要」二〇一四年一〇月一七日、(http://www.cas.go.jp/jp/tpp/pdf/2014/10/141017_cn_kaiken.pdf、二〇一七年八月二二日確認)。

20——内閣府「大江首席交渉官代理による記者会見の概要」二〇一四年一〇月一五日、(http://www.cas.go.jp/jp/tpp/pdf/2014/10/141015_dairi_kaiken.pdf、二〇一七年八月二三日確認)。

21——「環太平洋パートナーシップ首脳声明」二〇一四年一一月一〇日、(http://www.cas.go.jp/jp/tpp/pdf/2014/11/141110_tpp_china_statement.pdf、二〇一七年八月二三日確認)。

22——「日米首脳会談」二〇一五年四月二八日、(http://www.mofa.go.jp/mofaj/na/na1/us/page4_001148.html、二〇一七年八月二三日確認)。

23——鯨岡仁『ドキュメントTPP交渉』一九六〜二〇一頁。

24——White House, "Statement by the President on the Trans-Pacific Partnership," October 5, 2015.

25——首相官邸「安倍内閣総理大臣記者会見」二〇一五年一〇月六日、(http://www.kantei.go.jp/jp/97_abe/statement/2015/1006kaiken.html)。

26——鶴岡公二、私的会合での発言、二〇一六年三月九日、および鶴岡「駆け引きしない　国益を懸けた外交交渉の極意」。

27——内閣官房「環太平洋パートナーシップ協定閣僚声明(仮訳)」二〇一七年五月二一日、(https://www.cas.go.jp/jp/tpp/naiyou/pdf/hanoi/170521_tpp_hanoi_statement_jp.pdf)。

28——内閣官房「梅本首席交渉官ぶら下がり結果概要」二〇一七年七月一三日、(https://www.cas.go.jp/jp/tpp/naiyou/pdf/hakone/170713_tpp_hakone_kaiken.pdf)。

29——梅本和義、著者インタビュー、二〇一八年七月六日。

30——内閣官房「梅本首席交渉官ぶら下がり結果概要」二〇一七年八月三〇日、(https://www.cas.go.jp/jp/tpp/naiyou/pdf/sydney/170830_tpp_sydney_kaiken.pdf)。

31——「ＴＰＰ11　薄氷の合意」産経ＢＩＺ、二〇一八年三月九日、(https://www.sankeibiz.jp/macro/news/180309/mca1803090728016-n1.htm)。

32——梅本和義、著者インタビュー、二〇一八年七月六日。

33——Malcolm Turnbull, "Shinzo Abe," *Time*, (http://time.com/collection/most-influential-people-2018/5217604/shinzo-abe/).

34——「国家安全保障会議の創設に関する有識者会議」（第一回会合）議事要旨、二〇一三年二月一五日、二頁。

35——このほか、放射能物質テロ事案では総務相、法相、経産相、厚労省、国交相、環境相、国家公安委員長、大量避難民事案では法相、財務相、厚労相、農水相、国交相、国家公安委員長が加わるようになっている。

36——国家安全保障局幹部の証言、二〇一四年七月一五日。

37——国家安全保障局幹部の証言、二〇一四年七月一五日。

37——内閣官房特定秘密保護法施行準備室「特定秘密の保護に関する法律説明資料」（http://www.cas.go.jp/jp/tokuteihimitsu/gaiyou.pdf、二〇一七年八月一六日確認）。

39——首相官邸「国家安全保障会議開催状況」（http://www.kantei.go.jp/jp/singi/anzenhosyoukaigi/kaisai.html、二〇一七年八月一六日確認）。

40——首相官邸「国家安全保障と防衛力に関する懇談会開催状況」（http://www.kantei.go.jp/jp/singi/anzen_bouei/kaisai.html、二〇一七年八月一六日確認）。

41——私的会合での北岡伸一の発言、二〇一四年二月五日。

42——首相官邸「国家安全保障戦略について」（http://www.cas.go.jp/jp/siryou/131217anzenhoshou/nss-j.pdf、二〇一七年八月一六日確認）。

43——内閣官房幹部の証言、著者インタビュー、二〇〇八年二月一九日。

44——朝日新聞政治部取材班、『安倍政権の裏の顔——「攻防集団的自衛権」ドキュメント』講談社、二〇一五年、三五〜三六頁。

45——首相官邸「安全保障の法的基盤の再構築に関する懇談会　報告書」二〇〇八年六月二四日（http://www.kantei.go.jp/jp/singi/anzenhosyou2/dai7/houkoku.pdf、二〇一七年八月一六日確認）。

46——首相官邸「安全保障の法的基盤の再構築に関する懇談会　報告書」二〇一四年五月一五日（http://www.kantei.go.jp/jp/singi/anzenhosyou2/dai7/houkoku.pdf、二〇一七年八月一六日確認）。

47——朝日新聞政治部取材班『安倍政権の裏の顔』六二〜六四頁。

48——同、一五八〜一六〇頁。

49——同、一七〇〜一七七頁。

50——首相官邸「国の存立を全うし、国民を守るための切れ目のない安全保障法制の整備について」二〇一四年七月一日、

(http://www.cas.go.jp/jp/gaiyou/jimu/pdf/anpohosei.pdf、二〇一七年八月一六日確認)。

51――「NSC、自衛隊法など改正一〇本超　法整備チームは三〇人態勢」産経ニュース、二〇一四年七月三日、(http://www.sankei.com/politics/news/140703/plt1407030028-n1.html、二〇一七年八月二五日確認)。

52――『防衛白書　2015』防衛省・自衛隊、二〇一五年七月、一三九～一四〇頁。

53――読売新聞政治部編著『安全保障関連法――変わる安保体制』信山社、二〇一五年、一五〇～一五二頁。

54――同、一五三～一五四頁。

55――「与党協議会7回にわたり議論」YOMIURI ONLINE、二〇一五年三月二一日、(http://www.yomiuri.co.jp/feature/matome/20150321-OYT8T50001.html、二〇一七年八月二五日確認)。

56――「安全保障法整備の具体的な方向性について」YOMIURI ONLINE、二〇一五年三月二〇日、(http://www.yomiuri.co.jp/feature/matome/20150319-OYT8T50063.html、二〇一七年八月二五日確認)。

57――岡田克也「与党共同文書『安全保障法整備の具体的な方向性』について」二〇一五年三月二〇日、(http://www.katsuya.net/topics/article-5505.html、二〇一七年八月二五日確認)。

58――「安倍談話、評価40%」朝日新聞、二〇一七年八月二五日。

終章 政権交代と対外政策過程の分析

本書では政権交代のかかわる対外政策の事例として、計一四政権における、二二の事例を分析対象としている。第四章で扱った一九九三〜九八年の細川非自民政権から橋本自社さ政権までの四事例、第六章の二〇〇九〜一二年の民主党政権時代の三事例、第七章の二〇一二年からの第二次安倍政権における五事例という政党間の政権交代の事例だけにとどまらず、派閥の領袖らによる政党内での政権交代のケースでも、それに伴って首相が明確に外交政策の転換を政治目標にした、ないしは顕著な対外政策決定過程の変容がみられた事例を取り上げた。第一章では反吉田路線の「自主外交」を目指した鳩山一郎の日ソ国交回復と岸信介の日米安保改定の事例、第二章では吉田路線への回帰としての佐藤栄作の沖縄返還、第三章では総裁選で日中国交正常化を条件にされた田中角栄と前政権で悪化した日米関係の改善と強化を推進した中曽根康弘、第五章では伝統的な自民党の政策過程を無視しトップダウンの政策決定を行なった小泉純一郎を扱った。無論、湾岸戦争をめぐる国連平和協力法案などのように、日本外交史上重要にもかかわらず本書では採りあげなかった事例は数多く見いだせる。しかし、政権交代との関わりという本書の観点には馴染まないことから対象とはしていない。

国内政治構造の変化 （○＝政党間での政権交代）	外的ショック	政策決定過程の変化 （○＝大幅な変化）
早期講和への期待	冷戦激化／朝鮮戦争	吉田首相による独裁的な過程
自民党結成／旧自由党の抵抗	冷戦激化／米国の態度硬化	外務省の分裂／ 鳩山首相と重光外相の対立
反岸派の抵抗／学生運動	ジラード事件／ スプートニク・ショック	岸首相と米国との直接交渉
世代交代前の長期安定政権	ベトナム戦争／ 米国の相対的地盤沈下	密使の利用
公明党の協力	ニクソン・ショック	親台湾派説得／訪中で一気に 国交正常化まで
田中派（経世会）の分裂	米ソ対立	首脳外交の強化／ 官邸外交の嚆矢
○・非自民連立政権	クリントン政権の対日強硬策／ ウルグアイ・ラウンドの圧力	○・与党代表者会議への権限集中
非自民連立政権／ 社会党の反発	クリントン政権の対日強硬策	与党代表者会議への権限集中
○・自社さ連立政権	クリントン政権の対日強硬策	橋本通産相の活躍
社会党の弱体化	沖縄少女暴行事件	橋本首相主導
社会党の弱体化	米ロ接近	橋本首相主導
橋本行革の内閣機能強化／ 反経世会の姿勢	9.11同時多発テロ	○・官邸主導の安保政策過程／ 党内調整の軽視
橋本行革の内閣機能強化／ 反小泉勢力の反発	イラク・北朝鮮の脅威	官邸主導の安保政策過程／ 党内調整の軽視
橋本行革の内閣機能強化	米国の北朝鮮敵視	小集団プロセス
○・民主党政権／ 政治主導への挑戦	米国からの不信感	○・官僚排除の過程→迷走
鳩山短命政権後／ 小沢一郎との党内対立	中国の態度硬化	官僚を交えたタスクフォースは 組まれず
石原都知事の挑発	中国の態度硬化	官邸と外務省による特別チーム
○・民主党から政権交代	中国の台頭／米国の離脱	○・甘利担当相と官邸チーム中心
○・民主党から政権交代	アルジェリア人質事件	○・官邸主導
○・民主党から政権交代	国際情勢の不安定化	○・官邸主導
○・民主党から政権交代	国際情勢の不安定化	公明党との与党協議重視／ 野党対策軽視
2014総選挙で自公圧勝	国際情勢の不安定化	公明党との与党協議重視／ 野党対策軽視

表1

政権	事例 （○＝成功、×＝失敗）	首相の主導	官僚の率先 （首相とのベクトル、○＝一致、×＝不一致）	
吉田茂	○・講和条約締結	強・自発的	○・反対勢力排除	
鳩山一郎	△・日ソ国交回復	強・自発的	×・親吉田勢力の抵抗	
岸信介	○・日米安保改正	強・自発的	○・部分的改正	
佐藤栄作	○・沖縄返還	強・自発的	○・中間職の努力	
田中角栄	○・日中国交正常化	強・反応的	○・橋本中国課長の重用／ 大平外相へ全権委任	
中曽根康弘	○・日米同盟強化	強・自発的	○・官邸機能強化／ 後藤田官房長官の掌握	
細川護熙	○・コメ市場開放	強・自発的	○・農水省の犠牲心	
細川護熙	×・国民福祉税	弱・反応的	△・大蔵省の率先	
村山富市	○・日米自動車協議	弱・反応的	○・通産省	
橋本龍太郎	○・普天間返還交渉	強・自発的	△・外務省の消極性	
橋本龍太郎	△・日ロ交渉	強・自発的	○・丹波審議官の活用	
小泉純一郎	○・テロ対策特措法	強・反応的	○・内閣官房	
小泉純一郎	○・イラク特措法	強・反応的	○・内閣官房	
小泉純一郎	△・北朝鮮訪問	強・自発的	○・田中審議官の秘密交渉	
鳩山由紀夫	×・普天間移転	強・自発的	×・官僚排除	
菅直人	×・尖閣問題	弱・反応的	×・官僚依存弱	
野田佳彦	△・尖閣国有化	強・反応的	○・官僚依存強	
安倍晋三	○・TPP交渉	強・自発的	○・官邸チーム編成	
安倍晋三	○・NSC創設	強・自発的	○・有識者会議利用	
安倍晋三	○・国家安全保障戦略	強・自発的	○・有識者会議利用	
安倍晋三	○・憲法解釈変更	強・自発的	○・有識者会議利用／国家安全保障局	
安倍晋三	○・安保法制	強・自発的	○・国家安全保障局	

本書で扱った事例を一覧にまとめたのが表1である。ハーマンが政権交代時の変化の要因として挙げた①首相の主導、②官僚組織の率先、③国内政治構造の変化、④外的ショックという四つの要因と、政策決定過程の変化を表にしている。まず、各事例には事例案件とその成否が示されている。首相の主導欄には、自発的に事例に取り組もうとしたのか、それとも変化する事態に反応したのかを記し、その主導の度合いの強弱を表している。官僚の率先においては、官僚組織の中でどのような動きが見られたのかを述べ、その政策のベクトルの方向が首相や政治指導者と一致しているかどうかを記している。国内政治構造の変化については、政党間の政権交代には○印を付け、交代当時の政治構造の特色を挙げている。外的ショックについては、事例に大きな影響をもった国際環境の変化を挙げた。最後の政策決定の変化欄でその政策決定の特徴を挙げ、特に大幅な過程の変化が見られた事例においては丸印をつけている。これらの要素はそれぞれに相互作用をもつ。それらの相互作用によって政策決定過程が変化し、それぞれの成否に大きく影響してきた。

1 首相の主導

まず首相の主導である。本書で挙げた事例の大半は政権交代後に首相が新しい外交方針を打ち出そうと主導力を発揮したケースと言えよう。吉田路線から脱却しようと日ロ国交回復と日米安全保障条約改定に挑んだ鳩山一郎と岸信介、長期政権化を見越し、戦後問題として取り残された沖縄返還に取り組んだ佐藤栄作、鈴木政権下で悪化した日米関係を立て直そうとした中曽根康弘、ウルグアイ・ラウンドをまとめようとした細川護煕、沖縄基地問題と平和条約のない日ロ関係を打開しようとした橋本龍太郎、普天間基地を県外に移転しようとした鳩山由紀夫、TPP交渉をまとめ安全保障関係でより積極的な国際貢献ができるようにした安倍晋三。これらは政権交代に伴い、首相自らが自発的に各政治課題を主導した。もちろん、これらの事例の背後には一連の政策を必要とする国際情勢の変化が存在したが、一方で首相が避けようとすれば避けられた事例とも言える。

首相が自発的に取り組んだ事例のほとんどは成功し、何らかの成果を生んでいる。唯一の例外は、鳩山由紀夫の普天間基地移転問題であった。鳩山は政党に相談せず、実現可能性も精査せず、選挙公約と捉えられるような県外移転発言をした。長年の交渉に根ざした現行策が政治的に実現性のある唯一の方策であるという外務省と防衛省の専門家たちの助言を無視し、実現性のないオプションを追求しようとした。

これに対し、変化する事態に否応なく対応しなければならなかった事例も存在する。国際社会が急速に中華人民共和国の承認に動いたことから総裁選の争点となった日中国交正常化に取り組んだ田中角栄、米国同時多発テロ事件の帰結として二つの特措法を立法化した小泉純一郎、石原都知事の買収発言を受けて尖閣国有化に取り組んだ野田佳彦。これらの事例は状況への反応的対応であったが、首相がその解決への使命感から主導力を発揮し、一定の成果を生むことができた。他方、クリントン政権の新しい対日経済対策でマクロ経済調整のため国民福祉税を導入しようとした細川護熙、日米自動車交渉を橋本通産相に丸投げした村山富市、尖閣問題で直接関与しなかった菅直人の事例では強い首相の主導は見られなかった。自動車交渉では橋本の活躍により日本が外交で勝利したが、細川の国民福祉税と菅の尖閣問題では十分な成果は得られなかった。

2　官僚の率先

第二点の官僚の率先であるが、本書で取り上げた事例の大半は官僚の率先というより首相の率先によるものと言える。例外的な事例が細川政権で大蔵省が主導した国民福祉税と、一外務官僚が秘密交渉で率先した小泉首相の訪朝である。加えて、テロ対策特措法では実力者である古川官房副長官がかなりの部分で率先した側面がある。序章でも述べたとおり、重要なのは、首相ら政治指導者と官僚たちの、使命感を含めた政策ベクトルの方向と長さが一致しているかどうかである。

例えば、鳩山一郎は日ソ国交正常化にあたって官僚組織の全面的な支持を得られず苦労した。吉田政権の後を受けた鳩山であったが、もともと外交官出身で長く外相も兼ねた吉田前首相の外務省に対する影響力は根強く、省内の親吉田勢力が反対にまわった。さらにポスト鳩山を狙う重光葵外相とも意見の対立があった。孫の鳩山由紀夫が直面した普天間問題と同様、首相が自発的に取り組み主導力を発揮しようとしても、官僚組織が異なる方向の政策ベクトルを目指していると、期待するような成果が生まれにくいことがわかる。

首相が変化する事態に反応した事例においても、似たようなことが言える。田中角栄の日中国交正常化や小泉純一郎のテロ対策特措法、村山政権における日米自動車交渉、野田佳彦の尖閣国有化の事例において、首相や通産相と使命感を共有した官僚組織が政策ベクトルの方向も長さも一致させ政策を成功させた。しかし、細川首相の国民福祉税の事例では財政規律にこだわった財務官僚と首相の間に基本的な政策方向は同じであっても、取り組み方の熱意に温度差がありベクトルの長さが異なっていた。また菅直人の尖閣問題においても、首相は主導力を発揮しておらず、また官僚を十分に活用しようともしていなかった。官僚組織と政治指導者が同様の熱意と使命感を共有してベクトルの長さを一致させないと、たとえベクトルの方向が同じでも満足のいく結果を生みにくいのである。

3 国内政治構造の変化

第三点は国内政治構造の変化である。自民党政権初期には旧自由党と旧民主党の対立があり、それが激しい派閥抗争に変わっていったため、同じ自民党内での政権交代にもかかわらず外交路線の大幅な変更が起こった。例えば、鳩山一郎は前任者の吉田茂の外交路線を過度に親米的であると考え、自主外交を目指して米国が嫌ったソ連との国交回復に取り組んだ。そのため、親吉田派の官僚の反対にあったばかりでなく、自民党内からも吉田が党首を務めた旧自由党議員たちの強い抵抗に遭った。鳩山後継の岸信介にしても旧民主党出身であったことから、吉田路線に反する岸の安保改正に対して旧自由党議員の抵抗は強かった。岸の場合、自ら首相の座を犠牲にするということで反対派の協力を得ることができた。

自民党において派閥争いが最も激しかったのは一九七〇年代であろう。佐藤後継を争い角福戦争と呼ばれた田中角栄と福田赳夫との激しい総裁選で、田中は日中国交正常化を約束することで総裁に就任することができた。田中政権以降も田中が自らの影響力を残そうとしたため、政権交代のたびに激しい派閥抗争が起こり、二年ごとに首相が交代した。そうした状況が落ち着くのは、同世代の派閥領袖の中で最後に政権に就いた中曽根康弘が首相になった一九八二年以降である。しかし中曽根政権以降、自民党の最大派閥である経世会(旧田中派)が首班指名で大きな影響力を示し、与党内で圧倒的な支配力を持つようになった。

そういった経世会優位態勢を打ち破って二〇〇一年に誕生した小泉政権は、党内のパワーバランスを大きく変えた。「自民党をぶっ壊す」と宣言して政権に就いた小泉は、一九九〇年代半ばから進められた橋本行革の内閣機能強化を活用し、テロ対策とイラク特措法を官邸で主導した。その過程で小泉は従来の自民党の伝統を無視し、政調部会や総務会などの与党内調整を軽視した。

政党間の政権交代は、一九九三年の細川護熙政権の発足が自民党結党以降初めての事例であるが、これも最大派閥である経世会の分裂が原因で起こった。同政権は八党派からなる連立政権であり、しかも多くが元野党で政府運営能力を持たなかったため分散的な政策決定はできず、与党代表者会議に権限が集中するようになった。

二〇〇九年に成立した鳩山民主党政権は自民党政権を官僚支配と捉え、政治主導の掛け声のもと徹底的に官僚を排除したことから、普天間基地問題を混迷させてしまう結果を招いた。

国内政治構造の変化は、政策決定に大きく影響を及ぼすが、それは必ずしも首相にとって望ましい政策結果をもたらすものではない。首相の主導力が一時的に強まっても、それは往々にして政府内や与党内の反発を生むからである。

4 外的ショック

第四点の外的ショックが、特定の対外政策を推進する例は多い。とりわけ、米国政権の政策変化が大きく影響する。例えば吉田茂の講和条約締結(一九五一年)は、アジアにおける冷戦構造の下で米国が日本の軍事的無力化から再軍備容認へと舵を切り、さらに一九五〇年に勃発した朝鮮戦争によって時期が早められることになった。また、岸信介が取り組んだ日米安保改定(一九六〇年)も、一九五七年のジラード事件とソ連による人工衛星打ち上げ(スプートニク・ショック)が日米安保関係を揺さぶり、米国が従来方針を変えて日本の基地提供のみで相互性を認めるようになったおかげで交渉が大きく前進した。

他方、米国の政権交代による対日態度の変化が大きな影響を及ぼしたこともあった。ビル・クリントン政権の対日経済圧力に対応するため細川はコメ市場開放と国民福祉税構想を進めた。ジョージ・W・ブッシュ政権との間で日米同盟関係を強化しようとした小泉純一郎は迅速にテロ対策特措法を立法化し、米国のイラク攻撃支持を速やかに表明し、さらに戦後の復興のために自衛隊を派遣するイラク特措法を成立させた。

中国をめぐる国際情勢の変化を重要な要因とする事例もある。例えば、田中角栄の日中国交回復(一九七二年)

においては、前年のニクソン・ショックを始めとする国際社会の中国承認の動きがあり、それに日本も乗り遅れまいとして迅速に交渉をまとめることになった。また二〇〇〇年代以降の中国の軍事的台頭は尖閣諸島をめぐる中国の態度を硬化させ、二〇一〇年の漁船衝突事件や、二〇一二年の尖閣国有化への強硬な態度を生み、日中関係を悪化させることになった。

5　政策決定過程の変化

これら四つの要因は相互に作用しあってきた。たとえば、国内政治構造の変化や外的ショックは新しい政治環境における首相の使命感を刺激し、その主導力を高めるケースが多く見られた。また首相の主導力が官僚の政策ベクトルに作用することもたびたびあった。しかし、これらの要因のなかで政策決定過程に対して最も大きな影響を及ぼしたのは国内政治構造の変化、とくに政党間の政権交代によるものである。前述のように一九九三年の細川非自民政権では与党代表者会議への権限集中がみられた。その一極集中的な政策決定を非民主的とみた社会党の反発を生み、同党の離脱による少数与党への転落から、自社さ連立政権へとつながっていく。自社さ政権で首相になった社会党委員長の村山富市には外交経験がなく、日米自動車問題を経験豊富な自民党・橋本龍太郎通産相に丸投げする。その後、同じ連立の枠組みを引きついだ橋本政権に至る流れのなかで、政治決定過程もまた自民党政権時代のような分散的な姿へと変わっていった。

二〇〇九年に成立した鳩山民主党政権は徹底的な官僚排除で、最大の外交懸案であった普天間基地問題の解決に失敗する。その後、菅政権、野田政権と三代続いた民主党政権下で起こった、官僚との関係を改善しようとする変化、すなわち大幅な政策決定の変化を経て元の政策過程に戻ろうとする動きは、一九九〇年代の細川から村山・橋本へと続く連立政権で起こった変化と通じるものがある。

政党間の政権交代以外で政策過程が大きく変化したのは、トップダウンの政策決定によってテロ対策特措法とイラク特措法の立法化に成功した小泉政権である。それが可能になったのは、橋本政権時代に推し進められた行政改革の一環に内閣機能の強化があったからである。小泉は橋本行革で強められた官邸の機能を活用して、重要な安全保障政策を迅速に推し進めることができた。

二〇一二年から続く第二次安倍晋三政権は数度の改造を経ながら二〇一八年時点で第四次政権にまで至り、本格的な長期政権として安定的に官邸主導の政策を進めてきた。TPP交渉では官邸に対策本部を置き、盟友である甘利明を担当大臣に任命し全責任を担わせることで、多角的交渉で日本がリーダーシップを発揮できるようにした。また安全保障問題では、有識者会議を活用して国家安全保障会議を発足させ、国家安全保障戦略を策定した。その後、憲法解釈を変更し集団的自衛権の行使に道を開き、新安全保障法制を立法化し、積極的平和主義を推し進めることを可能にしたのである。二〇一八年九月、安倍首相は自民党総裁に再任され、任期が三年延長されることになった。総裁選において安倍は憲法改正を約束したが、その過程においても官邸主導のパターンが続くのか、注目していく必要があろう。

本書で扱ってきた政権交代後の外交政策決定過程をめぐる事例の多くにおいて、首相が主導的に外交課題を政権の最重要アジェンダとしてきた。国際情勢の変化や国内政治の動向によって必要に迫られた場合であっても、首相はその解決に強い使命感を抱くことが多かった。とくに政党間の政権交代の場合、与党経験の少ない新政権が、自ら最も政策を遂行しやすいと考える政策決定過程に大幅な変更を加えようとするケースが見られた。しかし、その新しい過程が機能しないとわかると、それに続く政権が修正し、あるいは元に戻そうとする傾向が顕著であった。

政策過程全般について言えることであろうが、とりわけ外交政策の成否に大きく作用するのが、政治指導者と官僚機構の関係である。首相が政策の方向性を明確に示し、どれだけの熱意をもって政策に取り組んでいるか。そして、その政策方向を官僚が共有し(向き)、熱意を同じくして政策を遂行しようとしているか(強さ)。ハーマンの枠組みにはない概念であるが、本書ではそれを「政策ベクトル」と称してきた。多くの事例が示したように、この、首相と官僚の政策ベクトルの一致が、外交・安全保障政策で大きな成果を出すうえで重要な意味を持つと言えるだろう。

本書では戦後の政権交代と対外政策過程の相互関係について見てきた。国際連盟を脱退し、米英との協調関係を放棄して日独伊三国同盟を締結した戦前と比べると、対外政策の選択の幅が狭いことは明らかである。その選択を制限する第一の要素は、言うまでもなく憲法第九条である。日本では戦争の開始だけでなく、個別的自衛権の行使以外の戦争に参加することも違憲となる。安倍政権下で集団的自衛権の行使を認める憲法解釈が行われたが、日本にとって存立の危機となる事態ではなければ行使できない条件であるため、実質的には個別的自衛権の行使に限りなく近い。

対外政策においても日米同盟の枠を超えることはなく、安全保障体制の選択の幅も狭い。国家が安全保障体制を選択するに際しては、安全性と経済性、独立性という三つの側面を確認する必要があろう。日本は安全性と経済性を重視し、独立性を犠牲にする日米同盟に依存する方針を維持してきた。

かつて社会党が主張した「非武装中立」などは経済性と独立性を重視する一方、安全性を犠牲にするものと言える。これは国家の防衛責任という問題が真に身に迫らない万年野党の立場に由来しており、第五章で取り上げた自社さ連立政権の村山首相は、社会党の委員長であったが、政権を担当するに当たっては日米安保条約の堅持と自衛隊の維持の立場を明確にした。一方、中国の海洋進出などを背景に唱えられ、やや国家主義的色合いを帯びた主張である「自立した防衛力」は日本の独立性を重視したものであるが、安全性を確保するためには経済性を著しく犠牲しなければならない。OECD加盟国の平均的な軍事費のGNP比は二％であるが、日本はその半分の一％程度しかない。中国の軍事的台頭や北朝鮮のミサイルの脅威などを考えると、安全性を確保するためには現在の四〜五倍の防衛予算が必要になると言われている。ここ二〇年というもの、毎年平均で約三五兆円の財政赤字を出し、約九〇〇兆円の累積債務を持つ日本には非現実的な選択である。

しかし狭い選択の幅の中でも、政権交代に伴い対外政策の変更は行われてきた。吉田政権の対米関係重視から「自主外交」を志向し日ソ国交回復を遂げた鳩山一郎。鳩山政権では米国から拒絶された日米安保条約の改定を果たした岸信介。吉田がやり残し池田政権でも扱えなかった沖縄返還を実現させた佐藤栄作。佐藤政権による台湾との国交維持から日中国交正常化に舵を切った田中角栄。鈴木政権で悪化した日米関係を改善・強化に成功した中曽根康弘。自民党政権で果たせなかったコメ市場開放の政治決定を行なった細川護熙。九・一一事件後に自民党政権の伝統的政策過程を無視し短期間でテロ対策特措法を立法化させた小泉純一郎。失敗には終わったが普天間移転で自民党政権による現行案の代替案を模索した鳩山由紀夫。民主党政権の外交失敗を経て「積極的平和主義」を追求し憲法解釈の変更や新安保法制を成立させた安倍晋三。これらの事例で、リーダーは政権交代をはずみに外交政策の転換を行っており、ほとんどの場合、それに成功している。本書の事例を見ると、大幅な政策転換には、多くの場合、政権交代が必要であったのだと言えるだろう。

参考文献

青木直人『日朝正常化の密約』祥伝社新書、二〇一四年。

朝日新聞政治部取材班『安倍政権の裏の顔――「攻防集団的自衛権」ドキュメント』講談社、二〇一五年。

麻生太郎「日本外交、試練と達成の一一日間」『文藝春秋』二〇〇六年九月号。

安倍晋三『美しい国へ』文藝春秋、二〇〇六年。

安倍晋三「闘う政治家宣言」『文藝春秋』二〇〇六年九月号。

飯島勲『小泉官邸秘録』日本経済新聞社、二〇〇六年。

飯島勲『実録小泉外交』日本経済新聞社、二〇〇七年。

五百旗頭真編『戦後日本外交史　第三版』有斐閣アルマ、二〇一〇年。

五百旗頭真・伊藤元重・薬師寺克行編『岡本行夫　現場主義を貫いた外交官』朝日新聞出版、二〇〇八年。

五百旗頭真・伊藤元重・薬師寺克行編『外交激変　元外務省事務次官柳井俊二』朝日新聞出版、二〇〇八年。

五百旗頭真・宮城大蔵『橋本龍太郎外交回顧録』岩波書店、二〇一三年。

五十嵐広三『官邸の螺旋階段』一九九七年。

池田勇人『均衡財政』実業之日本社、一九五二年。

石井明ほか編『記録と考証　日中国交正常化・日中平和友好条約締結交渉』岩波書店、二〇〇三年。

石井修「第二次日米繊維紛争(一九六九－一九七一年)」『一橋法学』第九巻第一号、二〇一〇年三月。

石原信雄『官邸2668日――政策決定の舞台裏』日本放送出版協会、一九九五年。

石原信雄『まあ、いろいろありまして』日本法制学会、一九九五年。

伊藤昌哉『池田勇人、その生と死』至誠堂、一九六六年。

伊奈久喜『外務省』伊奈久喜さんを偲ぶ会、二〇一七年。

伊奈久喜『戦後日米交渉を担った男』中央公論新社、二〇一一年。

井上寿一・波多野澄雄・酒井哲哉・国分良成・大芝亮編『日本の外交第六巻　日本外交の再構築』岩波書店、二〇一三年。

入江昭・ロバート・A・ワンプラー編『日米戦後関係史一九五一－二〇〇一』講談社、二〇〇一年。

内田龍之介「TPP交渉と農政改革――政権復帰後における農林族議員の行動変化」『政策創造研究』第九号、二〇一五年九月。

内山融『小泉政権』中公新書、二〇〇七年。

梅澤昇平『野党の政策過程』芦書房、二〇〇〇年。

A50日米戦後史編集委員会編『日本とアメリカ――パートナーシップの50年』ジャパンタイムズ、二〇〇一年。

枝村純郎『外交交渉回想』吉川弘文館、二〇一六年。

NHK取材班『周恩来の決断　日中国交正常化はこうして実現した』日本放送出版協会、一九九三年。

大江博『外交と国益』日本放送出版協会、二〇〇七年。

大河原良雄『オーラルヒストリー日米外交』ジャパンタイムズ、二〇〇六年。

大下英治『安倍官邸「権力」の正体』角川新書、二〇一七年。

大田昌秀『沖縄、基地なき島への道標』集英社新書、二〇〇〇年。

大平正芳『私の履歴書』日本経済新聞社、一九七八年。

大平正芳回想録刊行会『大平正芳回想録　追想編』大平正芳回想録刊行会、一九八一年。

大平正芳記念財団編『去華就實　聞き書き大平正芳』大平正芳記念財団、二〇〇六年。

大森敬治『我が国の国防戦略』内外出版、二〇〇九年。

小沢一郎『語る』文藝春秋、一九九八年。

小沢一郎『日本改造計画』講談社、一九九三年。

金森和行編『村山富市が語る「天命」の五六一日』KKベストセラーズ、一九九六年。

川内一誠『大平政権・五五四日』行政問題研究所、一九八二年。

岸信介『岸信介回想録』廣済堂、一九八三年。

岸信介・矢次一夫・伊藤隆『岸信介の回想』文藝春秋、一九八一年。

鯨岡仁『ドキュメントTPP交渉』東洋経済新報社、二〇一六年。

楠田実『楠田実日記』中央公論新社、二〇〇一年。

楠田実編著『佐藤政権・二七九七日』上下巻、行政問題研究所、一九八三年。

久保亘『連立政権の真実』読売新聞社、一九九八年。

久保田正明『クレムリンへの使節』文藝春秋、一九八三年。

栗山尚一『沖縄返還・日中国交正常化・日米「密約」』岩波書店、二〇一〇年。

栗山尚一「尖閣諸島と日中関係『棚上げ』の意味」『アジア時報』二〇一二年一二月号。

ケナン、ジョージ・F『ジョージ・F・ケナン回顧録――対ソ外交に生きて』読売新聞社、一九七三年。

河野一郎『河野一郎自伝』徳間書店、一九六五年。

河野洋平『日本外交への直言』岩波書店、二〇一五年。

国分良成・添谷芳秀・高原明生・川島真『日中関係史』有斐閣アルマ、二〇一三年。

後藤乾一『「沖縄核密約」を背負って』岩波書店、二〇一〇年。

後藤謙次『平成政治史』一～三巻、岩波書店、二〇一四年。

後藤田正晴『情と理――後藤田正晴回顧録』上下巻、講談社、一九九八年。

後藤田正晴『政治とは何か』講談社、一九八八年。

後藤田正晴、『内閣官房長官』講談社、一九八九年。

小林良彰『政権交代　民主党政権とは何であったのか』中公新書、二〇一二年。

近藤健・斎藤眞『日米摩擦の謎を解く』東洋経済新報社、一九九四年。

財団法人田中角栄記念館『私の中の田中角栄』財団法人田中角栄記念館、一九九八年。

坂元一哉『日米同盟の絆――安保条約と相互性の模索』有斐閣、二〇〇〇年。

作山巧『日本のＴＰＰ交渉参加の真実』文眞堂、二〇一五年。

佐々淳行『危機管理宰相論』文藝春秋、一九九五年。

佐々淳行『新危機管理のノウハウ』文藝春秋、一九九一年。

佐々木毅編著『政治改革一八〇〇日の真実』講談社、一九九九年。

佐々木毅・清水真人編著『ゼミナール現代日本政治』日本経済新聞出版社、二〇一一年。

佐道明弘『自衛隊史』ちくま新書、二〇一五年。

佐道明弘・小宮一夫・服部龍二編『人物で読む現代日本外交史』吉川弘文館、二〇〇八年。

佐藤栄作『佐藤栄作日記』第三巻、朝日新聞社、一九九八年。

信田智人「安倍晋三首相と日本の外交・安全保障政策」『国際安全保障』第四六巻第一号、二〇一八年六月。

信田智人『官邸外交』朝日新聞社、二〇〇四年。

信田智人『官邸の権力』ちくま新書、一九九六年。

信田智人「小泉首相のリーダーシップと安全保障政策過程――テロ対策特措法と有事関連法を事例とした同心円モデル分析」『日本政治研究』第一巻第二号、二〇〇四年。

信田智人『政治主導 vs. 官僚支配』朝日新聞社、二〇一三年。

信田智人『総理大臣の権力と指導力』東洋経済新報社、一九九四年。

信田智人『冷戦後の日本外交』ミネルヴァ書房、二〇〇七年。

重光葵『続重光葵手記』中央公論社、一九八六年。

柴山太『日本再軍備への道』ミネルヴァ書房、二〇一〇年。

清水真人『平成デモクラシー史』ちくま新書、二〇一八年。

下田武三『戦後日本外交の証言』下巻、行政問題研究所、一九八五年。

自由民主党編『決断！あの時私はこうした』中央公論事業出版、二〇〇六年。

ジョンソン、アレクシス『ジョンソン米大使の日本回想』草思社、一九八九年。

鈴木英司『中南海の一〇〇日』三和書籍、二〇一二年。

鈴木健二『歴代総理、側近の告白』毎日新聞社、一九九一年。

鈴木美勝『日本の戦略外交』ちくま新書、二〇一七年。

春原剛『暗闘尖閣国有化』新潮社、二〇一三年。

世界平和研究所『中曽根内閣史－理念と政策』世界平和研究所、一九九五年。

千田恒『佐藤内閣回想』中公新書、一九八七年。

総理府『佐藤内閣総理大臣演説集』、一九七〇年。

添谷芳秀『安全保障を問いなおす』日本放送出版協会、二〇一六年。

武村正義『私はニッポンを選択したかった』毎日新聞社、二〇〇六年。

田々宮英太郎『鳩山ブームの舞台裏』実業の世界社、一九五五年。

田中角栄『田中内閣総理大臣演説集』日本広報協会、一九七五年。

田中明彦『アジアのなかの日本』NTT出版、二〇〇七年。

田中明彦『安全保障』読売新聞社、一九九七年。

田中明彦監修『「新しい戦争」時代の安全保障』都市出版、二〇〇二年。

田中均『外交の力』日本経済新聞出版社、二〇〇九年。

田中均・田原総一郎『国家と外交』講談社、二〇〇五年。

谷口智彦『安倍晋三の真実』悟空出版、二〇一八年。

田村重信『平和安全法制の真実』内外出版、二〇一五年。

田村重信・杉之尾宜生編著『教科書・日本の安全保障』芙蓉書房、二〇〇四年。

田村重信・豊島典雄・小枝義人『日華断交と日中国交正常化』南窓社、二〇〇〇年。

丹波實『日露外交秘話』中公文庫、二〇一二年。

丹波實『わが外交人生』中央公論新社、二〇一一年。

千葉一夫「戦後外交史の中の沖縄」『外交フォーラム』一九九五年一二月。

趙全勝『日中関係と日本の政治』岩波書店、一九九九年。

通商産業省通商政策局米州課編『日米自動車交渉の軌跡』財団法人通商産業調査会、一九九七年。

鶴岡公二「駆け引きしない　国益を懸けた外交交渉の極意」『プレジデント』二〇一六年四月一八日号。

竹中治堅編『二つの政権交代』勁草書房、二〇一七年。

東郷和彦『北方領土交渉秘録』新潮社、二〇〇七年。

東郷文彦『日米外交三十年』中公文庫、一九八九年。

東郷和彦『返還交渉　沖縄・北方領土の光と影』PHP新書、二〇一七年。

東大法・蒲島郁夫ゼミ編『「新党」全記録』第一～四巻、木鐸社、一九九八年。

戸部良一『外務省革新派』中公新書、二〇一〇年。

中江要介『日中外交の証言』蒼天社、二〇〇八年。

中江要介『らしくない大使のお話』読売新聞社、一九九三年。

中北浩爾『自民党「一強」の実像』中公新書、二〇一七年。

長島昭久『覚悟』ワニブックス、二〇一七年。

長島昭久『「活米」という流儀』講談社、二〇一三年。

中島琢磨『沖縄返還と日米安保体制』有斐閣、二〇一二年。

中島敏次郎『外交証言録　日米安保・沖縄返還・天安門事件』岩波書店、二〇一二年。

中嶋嶺雄『中国・台湾・香港』ＰＨＰ新書、一九九九年。

中曽根康弘『自省録』新潮社、二〇〇四年。

中曽根康弘『政治と人生』講談社、一九九二年。

中曽根康弘『天地有情』、文藝春秋、一九九六年。

中野士郎『田中政権八八六日』行政問題研究所、一九八二年。

中野雅至『政治主導はなぜ失敗するのか？』光文社新書、二〇一〇年。

中野好夫編『戦後資料沖縄』日本評論社、一九六九年。

成田憲彦「国民福祉税構想の経緯」日本記者クラブ、二〇一〇年八月一九日。

新潟日報社編『日中国交正常化――いま明かされる舞台裏』新潟日報事業社、二〇一二年。

倪志敏「田中内閣における中日国交正常化と大平正芳（その三）」『龍谷大学経済学論集』第46巻第5号、二〇〇七年三月。

ニクソン、リチャード『ニクソン回顧録』第一部、小学館、一九七八年。

西川公也『ＴＰＰの真実』開拓社、二〇一七年。

西原正監修『わかる平和安全法制』朝雲新聞社、二〇一五年。

西村熊雄『サンフランシスコ平和条約』鹿島秘話研究所編『日本外交史』二七、鹿島研究所出版会、一九七一年。

日本国際政治学会編『日本の国際政治学1　学としての国際政治』有斐閣、二〇〇九年。

日本経済新聞社編『政権』日本経済新聞出版社、二〇一〇年。

日本経済新聞社編『ドキュメント日米自動車摩擦』日本経済新聞社、一九九五年。

日本経済新聞社編『連立政権の研究』日本経済新聞社、一九九四年。

日本再建イニシアチブ『民主党政権失敗の検証』中公新書、二〇一三年。

畠山襄『通商交渉　国益を巡るドラマ』日本経済新聞社、一九九六年。

服部龍二『大平正芳　理念と外交』岩波現代全書、二〇一四年。

服部龍二「田中首相・ニクソン大統領会談記録」『人文研紀要』第六八号、二〇一〇年。

服部龍二『日中国交正常化』中公新書、二〇一一年。

鳩山一郎『鳩山一郎回顧録』文藝春秋新社、一九五七年。

鳩山由紀夫「私の政治哲学」『VOICE』二〇〇九年八月一〇日号。

早坂茂三『政治家田中角栄』中央公論社、一九八七年。

原彬久編『岸信介証言録』毎日新聞社、二〇〇三年。

久栄雅彦『9・11と日本外交』講談社、二〇〇二年。

福井治弘「沖縄返還交渉――日本政府における決定過程」『国際政治』52、一九七五年。

福島瑞穂『迷走政権との闘い』アスキー新書、二〇一一年。

福田赳夫『回顧九十年』岩波書店、一九九五年。

藤山愛一郎『政治わが道』朝日新聞社、一九七六年。

船橋洋一『ザ・ペニンシュラ・クエスチョン』朝日新聞社、二〇〇六年。

古川貞二郎『霞が関半生紀』佐賀新聞社、二〇〇五年。

古川貞二郎『私の履歴書』日本経済新聞社、二〇一五年。

細川護熙『内訟録――細川護熙総理大臣日記』日本経済新聞出版社、二〇一〇年。

細谷千博・信田智人編『新時代の日米関係』有斐閣選書、一九九八年。

細谷千博ほか編『日米関係資料集　一九四五‐九七』東京大学出版会、一九九九年。

細谷千博・本間長世編『日米関係史』有斐閣、一九八二年。

保利茂『戦後政治の覚書』毎日新聞社、一九七五年。

毎日新聞政治部『琉球の星条旗――普天間は終わらない』講談社、二〇一〇年。

マイヤー、アーミン・H『東京回想』朝日新聞社、一九八六年。

牧原出『「安倍一強」の謎』朝日新書、二〇〇六年。

牧原出『権力移行　何が政治を安定させるのか』NHK出版、二〇一三年。

升味準之助『日本政治史』四、東京大学出版会、一九八八年。

松永信雄『ある外交官の回想』日本経済新聞社、二〇〇二年。

松本彧彦『台湾海峡の懸け橋に』見聞ブックス、一九九八年。

松本健一『遠望するまなざし』李白社、二〇一二年。

松本俊一『日ソ国交回復秘録』朝日選書、二〇一二年。

三浦秀之「ウルグアイ・ラウンド交渉における日本の対応」『法制論叢』四八巻二号、二〇一二年。

御厨貴『安倍政権は本当に強いのか』ＰＨＰ新書、二〇一五年。

御厨貴・牧原出『武村正義回顧録』岩波書店、二〇一一年。

御厨貴・中村隆英『聞き書　宮澤喜一回顧録』岩波書店、二〇〇五年。

三木健『ドキュメント沖縄返還交渉』日本経済評論社、二〇〇〇年。

宮川徹志『僕は沖縄を取り戻したい』岩波書店、二〇一七年。

宮城大蔵『現代日本外交史』中公新書、二〇一六年。

宮城大蔵・渡辺豪『普天間・辺野古歪められた二〇年』集英社新書、二〇一六年。

宮崎洋子『「テロとの闘い」と日本』名古屋大学出版、二〇一八年。

宮澤喜一『新・護憲宣言』朝日新聞社、一九九五年。

宮澤喜一『戦後政治の証言』読売新聞社、一九九一年。

宮澤喜一『東京－ワシントンの密談』中公文庫、一九九九年。

村田良平『村田良平回想録』上下巻、ミネルヴァ書房、二〇〇八年。

村山富市『そうじゃのう…』第三書館、一九九八年。

森喜朗『私の履歴書』日本経済出版社、二〇一三年。

森田一『心の一燈、回想の大平正芳その人と外交』第一法規、二〇一〇年。

森本敏『普天間の謎』海竜社、二〇一〇年。

守屋武昌『日本防衛秘録』新潮社、二〇一三年。

守屋武昌『「普天間」交渉秘録』新潮社、二〇一〇年。

薬師寺克行『外務省』岩波新書、二〇〇三年。

薬師寺克行『証言　民主党政権』講談社、二〇一二年。

薬師寺克行編『村山富市回顧録』岩波書店、二〇一二年。

安井浩一郎『吉田茂と岸信介』岩波書店、二〇一六年。

谷内正太郎編『論集　日本の安全保障と防衛政策』ウェッジ、二〇一三年。

谷内正太郎・高橋昌之『外交の戦略と志』産経新聞出版、二〇〇九年。

谷内正太郎「九・一一テロ攻撃の経緯と日本の対応」『国際問題』二〇〇二年二月号。

柳谷謙介『オーラル・ヒストリー』上中下巻、政策研究大学院大学、二〇〇四年。

谷野作太郎『外交証言録アジア外交――回顧と考察』岩波書店、二〇一五年。

藪中三十二『国家の命運』新潮新書、二〇一〇年。

藪中三十二『日本の針路』岩波書店、二〇一五年。

山口二郎『政権交代論』岩波新書、二〇〇九年。

山口二郎・中北浩爾『民主党政権とはなんだったのか　キーパーソンたちの証言』岩波書店、二〇一四年。

山崎拓『ＹＫＫ秘録』講談社、二〇一六年、二三〇頁。

山田優・石井勇人『亡国の密約――ＴＰＰはなぜ歪められたのか』新潮社、二〇一六年。

有識者委員会「いわゆる『密約』問題に関する有識者委員会報告書」二〇一〇年三月九日。

吉田茂『回想十年』第一巻、新潮社、一九五七年。

吉田茂『日本を決定した百年』日本経済新聞社、一九六七年。

読売新聞政治部『安全保障関連法――変わる安保体制』信山社、二〇一五年。

読売新聞政治部『外交を喧嘩にした男』新潮社、二〇〇六年。

和田春樹『北方領土問題』朝日新聞社、一九九九年。

渡辺治『日本国憲法「改正」史』日本評論社、一九八七年。

渡邊昭夫編『戦後日本の宰相たち』中央公論社、一九九五年。

若泉敬『他策ナカリシヲ信ゼムト欲ス』文藝春秋、一九九四年。

若宮啓文『ドキュメント北方領土問題の内幕』ちくま選書、二〇一六年。

Destler, I.M., Hideo Sato, Priscilla Clapp, Haruhiro Fukui, *Managing an Alliance: The Politics of U.S.-Japanese Relations* (Washington, D.C.: Brookings Institution, 1976).

Funabashi, Yoichi. *The Peninsula Question* (Washington, D.C.: Brookings Institution, 2007).

Government Section, Supreme Commander of Allied Powers, *Political Reorientation of Japan* (Washington, D.C.: Government Printing Office, 1949).

Kennan, George F. *Memoirs 1925-1950* (New York: Pantheon Books, 1967).

Kissinger, Henry. *White House Years* (Boston: Little, Brown and Company, 1979).

Nimmo, William F. ed., *The Occupation of Japan: The Impact of the Korean War* (Norfolk Virginia: General Douglas MacArthur Foundation, 1990).

Packard,George R. *Edwin O. Reischauer and the American Discovery of Japan* (New York: Columbia University Press, 2010).

Peterson, Peter G. *The Education of an American Dreamer* (New York: Twelve, 2009).

Sahashi, Ryo and James Gannon, eds., *Looking for Leadership: The Dilemma of Political Leadership in Japan* (Tokyo: Japan Center for International Exchange, 2015).

Schaller, Michael, *Altered States: The United States and Japan since the Occupation* (New York: Oxford University Press, 1997).

Shinoda, Tomohito. *Contemporary Japanese Politics: Institutional Changes and Power Shift* (New York: Columbia University Press, 2013).

Shinoda, Tomohito. *Koizumi Diplomacy: Japan's Kantei Approach to Foreign and Defense Affairs* (Seattle: University of Washington Press, 2007).

Shinoda, Tomohito. "Japan's Top-Down Policy Process to Dispatch the SDF to Iraq," Japanese Journal of Political Science, Vol. 7, No.1, 2006, pp. 1-21.

Shinoda, Tomohito. "Koizumi's Top-Down Leadership in the Anti-Terrorism Legislation: The Impact of Political Institutional Change," SAIS Review, vol.XXIII no.1, Winter-Spring 2003.

Shinoda, Tomohito. *Leading Japan: The Role of Prime Minister* (West Port: Praeger, 2000).

ハ行

マ行

ヤ行

ラ行

ワ行

タ行

ナ行

サ行

主 要 事 項 索 引

英数字

ア行

カ行

ヤ行

ラ行

ワ行

ハ行

マ行

タ行

ナ行

サ行

主要人名索引

ア行

カ行

年	月/日	主な出来事
	10/3	民進党、自由党などの一部が合流し、立憲民主党結成
	10/22	第48回衆議院議員総選挙（自民党：284、公明党：29、立憲民主党：55、希望の党：50ほか）
	11/1	第4次安倍晋三内閣成立
	11/5	トランプ米大統領初来日
	11/10	第29回APEC首脳会議（ベトナム・ダナン）、安倍首相出席
	11/29	北朝鮮、大陸間弾道ミサイルの発射実験に成功と発表
2018（平成30）	1/2	韓国が南北高官級会談を提案し、5日北朝鮮が受諾
	1/4	文在寅大統領が日韓合意について「真実と正義の原則に外れる」と発言
	1/12	中国海軍の潜水艦が尖閣諸島の接続海域を航行
	3/8	チリで米を除く11カ国がTPP11に署名
	3/11	中国の全人代で国家主席の任期撤廃が可決
	3/13	トランプ米大統領、レックス・ティラーソン国務長官を解任。後任にはマイク・ポンペオが就任（4/26）
	3/19	ロシアの大統領選挙でウラジーミル・プーチン再選
	3/28	金正恩朝鮮労働党委員長訪中。習近平中国国家主席と初会談
	4/17	安倍首相訪米（～4/20）。日米首脳会談
	4/27	韓国の文在寅大統領と北朝鮮の金正恩朝鮮労働党委員長が板門店で会談。板門店宣言を発表
	5/7	民進党と希望の党の一部が合流し、国民民主党結成
	6/6	G7サミット（カナダ・シャルルボワ）、安倍首相出席。7日には日米首脳会談
	6/7	安倍首相訪米。日米首脳会談
	6/12	トランプ米大統領と北朝鮮の金正恩委員長がシンガポールで初の首脳会談
	8/8	沖縄県の翁長武志知事が死去
	9/10	ウラジオストックで日ロ首脳会談。12日にはプーチン大統領が経済フォーラムの席上「前提条件抜き、年内の平和条約締結」を提案。後日、日本側は領土問題が先決と拒否
	9/30	沖縄県知事選で野党が支持する玉城デニーが当選
	10/21	トランプ米大統領、INF破棄の検討を発表
	10/23	日本政府、中国へのODA打ち切りを発表
	11/14	シンガポールで日ロ首脳会談。平和条約交渉を加速させることで合意。日本側は平和条約締結後に歯舞、色丹両島を日本に引き渡すとした1956年の日ソ共同宣言を前提とすること、返還後の両島に米軍基地を置かないことなどを提起
	11/17	第30回APEC首脳会議（パプアニューギニア・ポートモレスビー）、安倍首相出席。通商政策で米中が鋭く対立したことから、史上初めて首脳宣言の発出を断念
	11/30	G20首脳会合（ブエノスアイレス）、安倍首相出席。米中首脳会談

年	月/日	主な出来事
2016（平成28）	5/26	G7サミット（伊勢志摩）。安倍首相議長
	5/27	オバマ米大統領、現職大統領として初めて広島を訪問。原爆死没者慰霊碑に献花
	6/23	英国でEU加盟の是非を問う国民投票が行われ、僅差で離脱派が勝利
	6/28	イスタンブールで「イスラム国」による自爆テロ事件。死者44名
	6/30	フィリピン大統領にロドリゴ・ドゥテルテ就任
	7/10	第24回参議院議員通常選挙（自民党：121、公明党：25、民進党：49、共産党：14、おおさか維新の会：12ほか）
	7/12	ハーグの常設仲裁裁判所がフィリピンの主張を認め、南シナ海における中国の領有権主張に根拠なしと判定
	7/13	英首相にテリーザ・メイ（保守党）就任
	8/5	リオデジャネイロオリンピック開幕（～8/21）
	8/8	天皇、生前退位問題についてビデオメッセージ
	9/4	G20首脳会合（中国・杭州）、安倍首相出席
	9/7	リオデジャネイロ・オリンピック開幕（～9/18）
	9/9	北朝鮮、5回目となる核実験実施を発表
	9/14	米ロの仲介によりシリア内戦の停戦発効
	10/12	生活の党と山本太郎となかまたちが、自由党に党名を変更
	11/19	第28回APEC首脳会議（リマ、～11/20）
	11/30	国連安保理が北朝鮮の核実験に対する新たな制裁決議を全会一致で採択
	12/9	韓国国会で朴槿恵大統領の弾劾訴追が可決され、大統領は職務停止
2017（平成29）	1/1	アントニオ・グテーレス、国連事務総長に就任
	1/20	米大統領にドナルド・トランプ（共和党）が就任。TPPからの離脱を表明
	4/6	習近平とトランプによる米中首脳会談
	5/10	朴槿恵前大統領の罷免に伴う選挙で文在寅（共に民主党）が勝利し、韓国大統領に就任
	5/14	仏大統領にエマニュエル・マクロン（共和国前進）就任
	5/26	G7サミット（イタリア・タオルミーナ）開催。安倍首相出席
	6/1	トランプ米大統領がパリ協定からの離脱を表明
	6/15	改正組織犯罪処罰法成立（7/11施行）
	6/29	イラク政府はイスラム国が拠点としてきたモスクの奪還を宣言
	7/6	日本とEUが経済連携協定（EPA）で大枠合意
	7/8	G20首脳会合（ハンブルク）、安倍首相出席
	9/3	北朝鮮、6回目となる核実験実施
	9/11	国連安保理が北朝鮮に対する6度目の制裁決議を全会一致で採択
	9/25	東京都の地域政党、都民ファーストの会を中心に、民進党や自由党の一部などが合流して希望の党を結成

年	月/日	主な出来事
	8/8	米国を中心とする有志連合が「イスラム国」に対する空爆を開始
	8/19	南シナ海上で中国軍機が米軍機に異常接近
	9/28	香港で雨傘革命（反政府デモ）始まる（～12/15）
	10/24	アジアインフラ投資銀行（AIIB）設立覚書に21カ国が署名
	11/4	米国中間選挙で上下院とも共和党が制する
	11/10	第26回APEC首脳会議（北京、～11/11）
	11/15	G20首脳会合（ブリスベン）、安倍首相出席
	12/14	第47回衆議院議員総選挙（アベノミクス解散、自民党：291、公明党：31、民主党：71、維新の党：41ほか）
	12/17	米国とキューバ国交正常化交渉開始
	12/24	第3次安倍晋三内閣成立（～17/11/1）
	12/26	生活の党に山本太郎入党し、生活の党と山本太郎となかまたちに改称
2015（平成27）	1/1	ユーラシア経済共同体を発展的に解消したユーラシア経済連合発足
	1/7	フランスでイスラム過激派による政治週刊紙「シャルリー・エブド」襲撃事件
	1/20	「イスラム国」、拘束した日本人2名の身代金を要求する動画を公開
	6/7	G7サミット（ドイツ・エルマウ）。安倍首相出席
	7/20	米国とキューバ、54年ぶりに国交を回復
	9/19	平和安全法制関連2法案が参議院で可決成立（30日に公布）
	9/30	ロシアが「イスラム国」に対する空爆開始を発表
	10/5	アトランタでTPP交渉妥結
	10/27	米海軍、南沙諸島で「航行の自由」作戦
	11/7	習近平中国共産党総書記と馬英九台湾総統が分断後初の首脳会談
	11/8	ミャンマー総選挙でアウンサン・スーチー率いる野党が大勝し、政権交代
	11/13	パリで「イスラム国」による同時多発テロ。死者130名
	11/15	G20首脳会合（トルコ・アンタルヤ）、安倍首相出席
	11/18	第27回APEC首脳会議（マニラ、～11/19）
	11/30	COP21（国連気候変動枠組条約第21回締約国会議）開幕。12/12には京都議定書に続く新たな枠組みパリ協定を採択（16/11/4発効）
2016（平成28）	1/6	北朝鮮、4回目の核実験実施を発表
	1/30	米海軍、西沙諸島で「航行の自由」作戦
	2/6	ニュージーランドでTPP協定が12カ国によって書名
	2/27	中国、西沙諸島・ウッディー島に地対空ミサイル配備
	3/22	ブリュッセルで「イスラム国」によるテロ事件。死者32名
	3/27	民主党に維新の党が合流し、名称を民進党に変更
	5/20	台湾総統に蔡英文就任

年	月/日	主な出来事
2013（平成25）	1/16	アルジェリア人質事件。日本人10人が拘束される
	1/22	フィリピン、南シナ海における中国との紛争について国連海洋法条約に基づく仲裁手続きを開始
	1/30	東シナ海上で中国人民解放軍海軍のフリゲート艦が海上自衛隊の護衛艦ゆうだちに対して火器管制レーダーを照射
	2/12	北朝鮮、第3回の核実験実施を発表
	2/22	安倍首相訪米、日米首脳会談
	2/25	韓国大統領に朴槿恵（セヌリ党→自由韓国党）就任（～16/12/9）
	3/14	中国国家主席に習近平就任
	3/17	安倍首相、自民党大会でTPP参加を表明
	6/17	G8サミット（英ロックアーン）。安倍首相出席
	6/28	衆議院小選挙区選出議員定数の人口格差を是正するための公職選挙法および区割り改正法公布
	7/1	クロアチアがEU加盟
	7/21	第23回参議院議員選挙（自民党：115、公明党：20、民主党：59、みんなの党：18ほか）。自民党が過半数を獲得し、ねじれ状態を解消
	9/5	G20首脳会合（サンクトペテルブルク）、安倍首相出席
	10/7	第25回APEC首脳会議（バリ、～10/8）
	11/19	キャロライン・ケネディ、駐日米大使に
	11/23	中国、尖閣諸島上空を含む東シナ海上に防空識別圏を設定
	11/27	日本版NSC設置法案成立
	12/4	日本版NSC発足
	12/17	国家安全保障戦略を閣議決定。防衛計画の大綱（25大綱）閣議決定。国際協調主義に基づく積極的平和主義を唱え、積極的な安全保障体制を目指す統合機動防衛力が打ち出された
2014（平成26）	1/7	安全保障会議設置法の改正に基づき設置された国家安全保障会議の事務局となる国家安全保障局（NSS）が発足
	3/14	安倍首相、河野談話を見直さないことを明言
	3/24	オランダのデンハーグで核セキュリティサミット。クリミアのロシア編入問題で緊急開催。ロシアの参加資格停止が決定
	4/1	武器輸出三原則に代わる防衛装備移転三原則が閣議決定。消費税率が5%から8%にアップ
	5/22	タイで軍事クーデター
	6/1	アジア安全保障会議（シャングリラ対話）で中国代表が南シナ海の支配を強調
	6/4	G7サミット（ブリュッセル）。安倍首相出席
	6/26	ハワイ沖で行われたリムパック（環太平洋合同演習）に中国海軍が初参加
	6/29	「イスラム国」、国家樹立を宣言
	7/1	集団的自衛権の行使を認める憲法解釈を閣議決定
	7/8	イスラエル軍、ガザ侵攻
	8/1	日本維新の会、結いの党が合流して維新の党を結成

年	月/日	主な出来事
	4/15	参議院、東日本大震災に対する国際的支援に感謝する決議を全会一致で可決
	5/23	鳩山首相、普天間基地の移設先を辺野古周辺と正式に表明
	5/26	G8サミット（仏ドーヴィル）。菅首相出席
	6/7	東京電力福島原子力発電所における事故調査・検証委員会（内閣事故調、～12/7/23）
	6/24	東日本大震災復興基本法施行
	6/25	第12回東日本大震災復興構想会議「復興への提言～悲惨のなかの希望」を提言
	9/2	野田佳彦内閣成立（～12/12/26）
	11/12	第23回APEC首脳会議（ホノルル、～11/13）
	12/8	東京電力福島原子力発電所事故調査委員会（国会事故調、～12/7/5）
	12/17	北朝鮮の最高指導者、金正日死去。後継者に金正恩
	12/24	イラク戦争終結
2012（平成24）	2/10	復興庁設置
	4/16	石原慎太郎東京都知事、尖閣諸島を地権者から買い取る意向を表明
	5/7	ロシア大統領に再びウラジーミル・プーチン就任
	5/15	仏大統領にフランソワ・オランド（社会党）就任（～17/5/14）
	5/18	G8サミット（キャンプデービッド）、野田首相出席
	6/18	G20首脳会合（メキシコ・ロスカボス）、野田首相出席
	7/11	民主党の一部が離党し、国民の生活が第一を結成
	7/27	ロンドンオリンピック開幕（～8/12）
	8/10	韓国の李明博大統領が竹島に上陸し、自国領であることを宣言
	8/14	李大統領が天皇に韓国の植民地化、戦争について謝罪を要求
	9/8	第24回APEC首脳会議（ウラジオストック、～9/9）
	8/9	米ルース駐日大使が米国政府代表としてはじめて長崎平和記念式典に出席
	8/15	香港の活動家たちが尖閣諸島の魚釣島に上陸、逮捕され強制送還
	9/11	日本政府、尖閣諸島の魚釣島他を国有化。中国で反日活動激化
	9/17	米レオン・パネッタ国防長官、尖閣諸島が日米安全保障条約の適用対象であると明言
	9/26	自民党総裁選で安倍晋三総裁選出
	9/28	橋下徹大阪市長を中心に日本維新の会結成
	11/27	国民の生活が第一が中心となり日本未来の党を結成
	12/16	第46回衆議院議員総選挙で自民党大勝（294議席、民主党：57、日本維新の会：54ほか）
	12/26	第2次安倍晋三内閣成立（～14/12/24）
	12/27	日本未来の党が生活の党に改称

年	月/日	主な出来事
2009（平成21）		ほか）。衆参のねじれも解消される
	9/16	鳩山由紀夫内閣成立（15年ぶりの非自民勢力による政権、～10/6/8）
	9/24	G20首脳会合（ピッツバーグ・サミット）開催
	9/25	北朝鮮、2回目となる核実験実施を発表
	10/9	オバマ米大統領、ノーベル平和賞を受賞
	11/10	北朝鮮警備艇が黄海の軍事境界線を越えて南下し、艦砲50発余りを発射。韓国軍は応射（大青海戦）
	11/13	日米首脳会談で鳩山首相が"Trust me."と発言。2010年12月末までの普天間移設問題解決を約束
	11/14	第21回APEC首脳会議（シンガポール、～11/15）
2010（平成22）	1/16	新テロ特措法が失効しインド洋での給油活動から自衛艦撤収
	3/23	米国の医療保険制度改革（オバマケア）成立
	5/11	英首相にデーヴィッド・キャメロン（保守党）就任（～16/7/13）
	6/8	菅直人内閣成立（～11/9/2）
	6/25	G8サミット（カナダ・ムスコカ）。菅直人首相出席
	6/30	フィリピン大統領にベニグノ・アキノ3世就任（～16/6/30）
	7/11	第22回参議院議員選挙（自民党：84、公明党：19、民主党：106ほか）。民主党、自民党ともに過半数に届かず衆参ねじれ状態に
	7/25	ウィキリークス、アフガニスタン紛争に関する米軍および情報機関の機密資料約8万点を公開
	8/6	ルース駐日米大使が米国政府代表としてはじめて広島平和記念式典に出席
	9/7	尖閣諸島付近で違法操業中の中国漁船が海上保安庁の巡視船に衝突
	9/12	中台間の自由貿易協定（FTA）両岸経済協力枠組協議（ECFA）が発効
	9/24	尖閣衝突事件の中国人船長釈放を発表
	10/8	菅首相、TPP参加の検討を表明
	10/22	ウィキリークス、イラク戦争に関する米軍の機密文書約40万点を公開
	11/4	海上保安庁の巡視船に対する中国漁船衝突時の映像がYouTubeに流出
	11/13	第22回APEC首脳会議（横浜、～11/14）
	11/23	北朝鮮軍、韓国領延坪島に砲撃
	11/29	ウィキリークス、米外交機密文書約25万点の公開を開始
	12/17	防衛計画の大綱（22大綱）閣議決定。国際テロに対する動的防衛力の向上が目指された
2011（平成23）	3/11	東日本大震災発生。福島第一原子力発電所炉心溶融・水素爆発（国際原子力事象評価尺度レベル7）
	3/12	米軍による被災地救援復興支援活動・トモダチ作戦開始（～4/30）
	4/14	第1回東日本大震災復興構想会議（～12/2/10）

年	月/日	主な出来事
	3/13	テロ対策や国境の安全にかんする協力を定めた日豪安保共同宣言に署名
	3/19	第6回六カ国協議（～3/21）
	5/16	仏大統領にニコラ・サルコジ（国民運動連合）就任（～12/5/15）
	6/6	G8サミット（ハイリゲンダム）。安倍首相出席
	6/26	従軍慰安婦に対する日本政府の謝罪を求める米国下院121号決議が可決
	6/28	英首相にゴードン・ブラウン（労働党）就任（～10/5/11）
	夏	米国でサブプライム住宅ローン危機深刻化
	7/29	第21回参議院議員選挙（自民党：83、公明党：20、民主党：109ほか）。民主党が参院第1党となり、ねじれ状態に
	9/8	第19回APEC首脳会議（シドニー、～9/9）
	9/26	福田康夫内閣成立（～08/9/24）
	10/1	日本郵政株式会社の下に郵便事業株式会社と郵便局株式会社設立。日本郵政公社は廃止
	10/2	盧武鉉韓国大統領と金正日北朝鮮総書記が平壌で会談（～10/4）
2008（平成20）	1/16	新テロ特措法施行（1年間の時限立法）
	2/25	韓国大統領に李明博（ハンナラ党→セヌリ党）就任（～13/2/24）。太陽政策を転換
	5/7	ロシア大統領にドミトリー・メドヴェージェフ就任（～12/5/7）
	5/20	台湾総統に馬英九就任（～16/5/20）
	7/7	G8サミット（北海道洞爺湖）。福田首相議長
	8/8	北京オリンピック開幕（～8/24）
	9/15	米リーマン・ブラザーズ証券倒産（リーマンショック）
	9/24	麻生太郎内閣成立（～09/9/16）
	9/29	緊急経済安定化法が米下院で否決。米ニューヨーク証券取引市場で株価大暴落。前年のサブプライムローン問題を契機とする世界金融危機はじまる
	10/22	長期的戦略課題での協力を謳った日印安全保障宣言に署名
	11/14	初のG20首脳会合（ワシントン・サミット）が開かれる
	11/22	第20回APEC首脳会議（リマ、～11/23）
	12/8	中国の海洋調査船が尖閣諸島の日本領海を侵犯
	12/12	新テロ特措法を1年間延長する法案が成立
2009（平成21）	1/20	米大統領にバラク・オバマ（民主党）就任（～17/1/20）
	4/2	G20首脳会合（ロンドン・サミット）開催
	4/5	オバマ米大統領、核廃絶に向けた決意を示すプラハ演説を行う
	5/25	北朝鮮、第2回核実験
	7/8	G8（ラクイラ）サミット。麻生太郎首相出席
	7/19	民主党代表の鳩山由紀夫が普天間代替施設について「最低でも県外」と発言し、選挙に際しての公約と見なされる
	8/20	ジョン・ルース、駐日米大使に（～13/8/12）
	8/30	第45回衆議院議員総選挙で民主党が圧勝（308議席、自民党：119

年	月/日	主な出来事
2004（平成16）	11/2	米大統領選挙でジョージ・W・ブッシュが再選
	11/10	中国人民解放軍海軍の漢型原子力潜水艦が石垣島周辺海域で領海侵犯
	11/20	第16回APEC首脳会議（サンティアゴデチレ、～11/21）
	12/10	防衛計画の大綱（16大綱）閣議決定。抑止重視から対処重視に転換
2005（平成17）	3～	中国各地で反日運動が相次ぎ暴徒化。4/2には日系スーパーが襲われる（～4/23）
	4/11	トーマス・シーファー、駐日米大使に（～09/1/15）
	7/6	G8サミット（グレンイーグルズ）。小泉首相出席
	7/7	ロンドンでアルカイダによる地下鉄同時爆破テロ
	7/26	第4回六カ国協議第1フェーズ（～8/7）
	9/11	第44回衆議院議員総選挙で自民党大勝（郵政解散、民主党：113、自民党：296、公明党：31ほか）
	9/13	第4回六カ国協議第2フェーズ（～9/19）
	9/21	第3次小泉純一郎内閣成立（～06/9/26）
	10/1	日本道路公団廃止
	10/14	郵政民営化関連法可決成立
	11/9	第5回六カ国協議第1フェーズ（～11/11）
	11/18	第17回APEC首脳会議（釜山、～11/19）
	11/22	独首相にアンゲラ・メルケル（キリスト教民主同盟）就任
2006（平成18）	1/23	日本郵政株式会社発足
	4/7	普天間代替施設の辺野古沖移設（現行案）が防衛庁と名護市の間で合意
	5/9	ASEANで初の国防相会議
	6/2	「小さな政府」を目指した行政改革推進法施行
	7/5	北朝鮮によるミサイル発射実験
	7/15	G8サミット（サンクトペテルブルク）。小泉首相出席。国連安保理で日本が提出した北朝鮮によるミサイル発射に対する非難決議（国際連合安全保障理事会決議1695）採択
	9/11	第44回衆議院議員総選挙（自民党：296、公明党：31、民主党：113ほか）
	9/26	第1次安倍晋三内閣成立（～07/9/26）
	10/9	北朝鮮、初めての核実験実施を発表
	11/18	第18回APEC首脳会議（ハノイ、～11/19）
	12/18	第5回六カ国協議第2フェーズ（～12/22）
	12/22	改正防衛庁設置法の公布により名称が防衛省設置法に変更
2007（平成19）	1/1	ブルガリア、ルーマニアがEU加盟。潘基文、国連事務総長に就任（～16/12/31）
	1/9	防衛庁が防衛省に昇格
	2/8	第5回六カ国協議第3フェーズ（～2/13）

年	月/日	主な出来事
	12/22	九州南西海域工作船事件（北朝鮮の工作船は巡視船と交戦し、自爆沈没）
2002（平成14）	1/29	ブッシュ大統領、一般教書演説内で北朝鮮、イラン、イラクを名指しで「悪の枢軸」と批判
	3/2	自衛隊、国連東ティモール暫定行政機構（UNTAET）に東ティモール派遣施設群を派遣（～04/6/27）
	5/31	FIFAワールドカップ日韓共催（～6/30）
	5/24	モスクワ条約（米国とロシア間の核軍縮条約）
	5/28	日経連と経団連が統合して日本経済団体連合会となる
	6/26	G8サミット（カナナスキス）。小泉首相出席
	7/29	普天間代替施設として辺野古崎沖西南リーフ付近の埋立て案が決定
	9/4	日本海中部海域不審船事件
	9/17	小泉首相訪朝、金日成と日朝首脳会談。日朝平壌宣言
	10/26	第14回APEC首脳会議（ロスカボス、～10/27）
2003（平成15）	1/10	北朝鮮、核拡散防止条約（NPT）からの脱退を宣言（第2次北朝鮮核危機）
	2/25	韓国大統領に盧武鉉（新千年民主党→民主党）就任（～08/2/24）
	3/15	胡錦濤国家副主席、中国国家主席に就任（～13/3/14）
	3/20	イラク戦争開始
	6/1	G8サミット（エヴィアン）。小泉首相出席
	6/13	有事法の基本法となる武力攻撃事態法成立
	7/26	イラク特措法成立
	8/27	第1回六カ国協議
	10/20	第15回APEC首脳会議（バンコク）
	11/9	第43回衆議院議員総選挙（民主：177、自民：237、公明党：34ほか）
	11/19	第2次小泉純一郎内閣成立（～05/9/21）
	12/26	自衛隊先遣隊をイラクに派遣
2004（平成16）	1/1	韓国で日本文化の第4次開放（日本映画の公開を全面解禁、レコード・CD・テープの販売）
	2/25	第2回六カ国協議
	3/11	マドリッドでイスラーム過激派による列車爆破テロ
	5/1	キプロス、チェコ、エストニア、ハンガリー、ラトビア、リトアニア、マルタ、ポーランド、スロバキア、スロベニアがEUに加盟
	5/22	小泉首相第2回訪朝。拉致被害者5名が帰国
	6/8	G8サミット（シーアイランド）。小泉首相出席
	6/23	第3回六カ国協議
	7/11	第20回参議院議員選挙（自民党：115、公明党：24、民主党：82ほか）
	8/13	在日米軍（海兵隊）のヘリコプターが沖縄国際大学に墜落。アテネオリンピック開幕（～8/29）

年	月/日	主な出来事
1999（平成11）	9/10	韓国で日本文化の第2次開放（一定規模以下の歌謡公演など）
	9/12	第11回APEC首脳会議（オークランド、～9/13）
	9/23	第2次チェチェン紛争（～09/4/16）
	12/20	ポルトガルから中国へマカオ返還
	12/31	ロシアのエリツィン大統領辞任。後継にウラジーミル・プーチン首相を指名（～08/5/7）
2000（平成12）	4/2	小渕首相、脳梗塞で昏睡（5/14死去）
	4/5	第1次森喜朗内閣成立（～00/7/4）
	5/20	台湾総統に陳水扁就任（～08/5/20）
	6/13	金大中韓国大統領と金正日北朝鮮国防委員長が平壌で会談（～6/15）
	6/25	第42回衆議院議員総選挙（神の国解散、民主党：127、自民党：233、公明党：31ほか）
	7/4	第2次森喜朗内閣成立（～01/4/26）
	7/21	G8サミット（九州沖縄）。森首相議長
	9/15	シドニーオリンピック開幕（～10/1）
	11/15	第12回APEC首脳会議（バンダルスリブガワン、～11/16）
2001（平成13）	1/6	中央省庁再編統合により1府22省庁から1府12省庁に。内閣府、財務省、文科省、厚労省、経産省、国交省、環境省などが誕生
	1/20	米大統領にジョージ・W・ブッシュ（共和党）就任（～09/1/20）。フィリピン大統領にグロリア・アロヨ就任（～10/6/29）
	2/10	米ハワイ州オアフ島沖で愛媛県立宇和島水産高校の練習船えひめ丸が米海軍の原潜と衝突し沈没。死傷者21名
	4/1	南シナ海上で米中の軍用機が空中衝突。両国間の緊張高まる（海南島事件）
	4/3	新しい歴史教科書を作る会の『新しい歴史教科書』（扶桑社）教科書検定に合格
	4/26	第1次小泉純一郎内閣成立（～03/11/19）
	6/27	韓国で日本文化の第3次開放（歌謡公演の規模制限解除、スポーツ・ドキュメンタリー・報道番組の放映など）
	7/5	ハワード・ベーカー・ジュニア、駐日米大使に（～05/2/17）
	7/18	日本の歴史教科書問題に関連し、韓国議会が日韓共同宣言の破棄を含む対日関係の見直しを韓国政府に促す決議を満場一致で採択
	7/20	G8サミット（ジェノヴァ）。小泉純一郎首相出席
	7/29	第19回参議院議員選挙（自民党：111、公明党：23、民主党：59ほか）
	8/13	小泉首相靖国神社参拝
	9/11	米同時多発テロ
	10/7	アフガニスタン紛争はじまる
	10/20	第13回APEC首脳会議（上海、～10/21）
	10/29	テロ対策特別措置法成立（公布11/2）
	11/9	海上自衛隊の補給艦などをインド洋（公海）に派遣

年	月/日	主な出来事
	7/23	ミャンマー、ラオスがASEANに加盟
	9/23	日米防衛協力ガイドライン合意
	10/8	金正日、朝鮮労働党総書記に就任
	11/3	三洋証券破綻（戦後初の証券会社破綻）
	11/17	北海道拓殖銀行破綻
	11/19	トーマス・フォーリー、駐日米大使に（～01/4/1）
	11/22	山一證券破綻
	11/24	第9回APEC首脳会議（バンクーバー、～11/25）
	12/11	COP3（国連気候変動枠組条約第3回締約国会議）で京都議定書を採択
	12/19	韓国大統領選挙で金大中（新政治国民会議）当選
	12/27	新進党解散。自由党（小沢一郎他）、国民の声（反小沢グループ）、新党平和（旧公明党衆議院グループ）、新党友愛（旧民社党グループ）などに分裂
1998（平成10）	1/23	太陽党、国民の声、フロム・ファイブが合併し、民政党結成
	2/25	韓国大統領に金大中（新政治国民会議→新千年民主党）就任（～03/2/24）。対北朝鮮宥和政策（太陽政策）はじまる（～08/2/24）
	4/27	民主党に民政党、新党友愛などが合流
	4/28	橋本エリツィン川奈首脳会談
	5/11	インドが1974年以来となる核実験を実施（5/13にも）
	5/15	G8サミット（バーミンガム）。橋本首相出席
	5/28	パキスタンがインドに対抗し核実験を実施（5/30にも）
	6/12	橋本政権による行政改革基本法施行
	6/30	フィリピン大統領にジョセフ・エストラダ就任（～01/1/20）
	7/12	第18回参議院議員選挙（自民党：103、民主党：47ほか）。自民党は過半数を割るも、自由党、公明党との連立でねじれを解消
	7/30	小渕恵三内閣成立（～00/4/5）
	8/7	ケニアとタンザニアで米国大使館同時爆破事件
	8/17	ロシア中央銀行が90日間の対外債務支払い停止を発表。ロシア財政危機はじまる
	10/8	日韓共同宣言。小渕首相と金大中韓国大統領が新たな日韓パートナーシップの構築を謳う
	10/20	韓国で日本文化の第1次開放（漫画、4大国際映画祭受賞映画の公開）
	10/27	独首相にゲアハルト・シュレーダー（ドイツ社会民主党）就任（～05/11/22）
	11/17	第10回APEC首脳会議（クアラルンプール、～11/18）
1999（平成11）	3/23	能登半島沖不審船事件
	3/24	NATO軍、コソボ空爆（～6/10）
	4/30	カンボジアがASEANに加盟
	5/7	NATO軍、ベオグラードの中国大使館誤爆事件
	5/24	周辺事態法成立（5/28公布）
	6/18	G8サミット（ケルン）。小渕首相出席
	8/13	国旗国歌法施行

年	月/日	主な出来事
1995（平成7）	8/5	ベトナム、米国と国交正常化
	8/15	植民地支配と侵略を再確認し、謝罪を表明する村山談話を表明
	9/4	沖縄で米兵による少女暴行事件発生
	10/21	沖縄宜野湾市で少女暴行事件に抗議する県民集会
	11/16	韓国で盧泰愚前大統領逮捕
	11/19	第7回APEC首脳会議（大阪）
	11/28	防衛計画の大綱（07大綱）閣議決定。即応予備自衛官制度導入
	12/3	韓国で全斗煥元大統領逮捕
	12/8	福井県敦賀市の高速増殖原型炉もんじゅでナトリウム漏洩事故
1996（平成8）	1/5	村山首相退陣表明
	1/11	自民党、社会党、新党さきがけ連立による第1次橋本龍太郎内閣成立（～11/7）
	1/19	日本社会党が社会民主党（社民党）に改称
	2/28	サンタモニカで日米首脳会談。橋本首相が普天間基地に言及
	3/23	台湾で初の直接総統選挙が行われ、李登輝が当選
	4/12	橋本首相とウォルター・モンデール駐日米大使との間で米海兵隊普天間基地の移設条件付返還が合意
	4/17	橋本首相とクリントン大統領が日米安全保障協力宣言を発表
	6/14	排他的経済水域及び大陸棚に関する法律
	6/27	G7サミット（リヨン）。橋本龍太郎首相出席
	7/3	ロシア大統領選挙でボリス・エリツィン再選
	7/19	アトランタオリンピック開幕（～8/4）
	8/14	橋本首相、従軍慰安婦問題でフィリピンに謝罪
	9/10	国連総会で包括的核実験禁止条約（CTBT）採択
	9/29	民主党結成、菅直人と鳩山由紀夫の共同代表制を採る
	10/20	小選挙区比例代表並立制が採用されて初となる第41回衆議院議員総選挙（新進党：156、民主党：52、自民党：239）
	11/5	米大統領選挙でビル・クリントン再選
	11/7	第2次橋本龍太郎内閣成立（～98/7/30）
	11/21	行政改革会議設置（～98/6/30）。橋本行革始まる
	11/25	第8回APEC首脳会議（マニラ／スービック）
	12/17	ペルー日本大使公邸人質事件発生（～97/4/22）
1997（平成9）	1/1	コフィー・アナン、国連事務総長に就任（～07/12/31）
	2/19	中国の最高指導者、鄧小平死去
	4/1	消費税率3%から5%にアップ
	5/1	英国総選挙で労働党圧勝
	5/2	英首相にトニー・ブレア（労働党）就任（～07/6/27）
	6/20	G7サミット（デンヴァー）。橋本首相出席。ロシアが正式加盟し、以後、G8となる
	7/1	英国から中国に香港返還
	7/2	機関投資家の空売りに端を発した通貨下落によってアジア通貨危機はじまる

年	月/日	主な出来事
1994（平成6）	1/1	北米自由貿易協定（NAFTA）発足
	2/3	細川首相、3年後の消費税廃止と、税率7%の国民福祉税構想を発表し、即日撤回
	2/11	細川・クリントン会談、包括協議合意に至らず決裂
	2/23	防衛問題懇談会（樋口廣太郎座長）発足
	3/4	政治改革四法（改正公職選挙法、改正政治資金規制法、政党助成法など）成立
	3/24	参議院で衆議院の小選挙区比例代表並立制を柱とする選挙改革法案が可決
	4/8	細川首相辞意表明
	4/28	羽田孜内閣発足（〜94/6/30）
	6/15	ジミー・カーター元米大統領が北朝鮮訪問。金日成国家主席と会談
	6/30	自民党、社会党、新党さきがけにより村山富市社会党委員長首班指名。村山内閣成立（〜96/1/11）
	7/8	G7サミット（ナポリ）。村山首相出席。北朝鮮で金日成国家主席死去。後継者に金正日（〜11/12/17）
	7/18	村山首相、自衛隊合憲を明言
	10/21	米国の軽水炉提供などを条件に北朝鮮が核開発放棄に合意（米朝枠組み合意）
	11/8	米中間選挙で共和党が40年ぶりに上下両院で過半数を獲得
	11/15	第6回APEC首脳会議（ボゴール）
	11/16	国連海洋法条約（UNCLOS）発効
	12〜	ロシア連邦軍、チェチェン侵攻（第1次チェチェン紛争、〜96/8）
	12/10	新生党、公明党、民社党、日本新党などが合流し、新進党結成
1995（平成7）	1/1	全欧安全保障協力会議（CSCE）が欧州安全保障協力機構（OSCE）に改組される
	1/1	オーストリア、フィンランド、スウェーデンがEUに加盟
	1/1	世界貿易機関（WTO）発足
	1/17	阪神淡路大震災発生
	3〜	朝鮮半島エネルギー開発機構（KEDO）発足（〜06/5/31）
	3/20	地下鉄サリン事件発生。死者13名、重軽傷者5510名
	4/19	米オクラホマシティの連邦政府ビルで爆破テロ
	5/17	仏大統領にジャック・シラク（共和国連合→国民運動連合）就任（〜07/5/16）
	6/13	連立与党のプロジェクトチームが立ち上がり住専問題が表面化
	6/15	G7サミット（ハリファックス）。村山首相出席
	6/25	日米自動車交渉妥結
	7/18	財団法人女性のためのアジア平和国民基金設立（〜07/3/31）
	7/21	中国、台湾海峡でミサイル発射試験（〜96/3/23）。第3次台湾海峡危機はじまる
	7/23	第17回参議院議員選挙（自民党：111、新進党：57、社会党：37ほか）
	7/28	ベトナムがASEANに加盟

年	月/日	主な出来事
1992（平成4）	7/26	第16回参議院議員選挙（自民党：107、社会党：71ほか）。ねじれ解消
	8/24	韓国、中国と国交樹立
	9/10	第4回APEC首脳会談（バンコク、～9/11）
	9/16	ブラックウェンズデー。ヘッジファンドの売り浴びせを受けたイングランド中央銀行がポンドの買い支えに失敗（ポンド危機）。翌日、ポンド変動相場制に移行
	9/17	自衛隊第1次カンボジア派遣施設大隊出発
	9/30	米、フィリピンにスービック海軍基地を返還
	10/23	天皇、中国を初訪問
1993（平成5）	1/1	マーストリヒト条約発効により欧州連合（EU）発足
	1/3	ブッシュ米大統領とボリス・エリツィンロシア大統領、第2次戦略兵器削減条約（START II）に調印
	1/20	米大統領にビル・クリントン（民主党）就任（～01/1/20）
	2/25	韓国大統領に金泳三（民主自由党→ハンナラ党）就任（～98/2/24）
	3/12	北朝鮮、核拡散防止条約（NPT）からの脱退を宣言（第1次北朝鮮核危機）
	3/13	韓国、金泳三大統領が従軍慰安婦問題で日本に物質的な補償は求めないことを言明
	3/25	海上自衛隊に日本初のイージス艦こんごう就役
	3/27	中国国家主席に江沢民就任（～03/3/15）
	4/8	カンボジアで選挙監視活動中の国連ボランティア中田厚仁射殺される
	5/4	カンボジアで文民警察官の高田晴行殉職
	6/9	皇太子徳仁親王と小和田雅子、結婚の儀
	6/18	宮澤内閣不信任案が可決され、衆議院解散
	6/21	武村正義元滋賀県知事を中心に新党さきがけ結成（田中秀征、鳩山由紀夫ら）
	6/23	自民党羽田派が離党し、新生党を結成（羽田孜、小沢一郎、渡部恒三ら）
	7/7	G7サミット（東京）。宮澤首相議長
	7/18	第40回衆議院議員総選挙で自民党過半数割れ（日本新党：35、新党さきがけ：13、新生党：55、社会党：70、自民党：223ほか）
	8/4	従軍慰安婦に関して官憲や軍の関与を認める河野洋平官房長官談話を発表
	8/9	細川護熙非自民連立政権成立（～94/4/28）。55年体制崩壊
	9/21	ウォルター・モンデール元副大統領、駐日米大使に（～96/12/15）
	10/3	ロシアで10月政変（エリツィン大統領派の勝利）
	11/19	第5回APEC首脳会議（シアトル、～11/20）。今回から首脳レベルの会合に格上げされ、細川首相が出席
	12/14	細川首相、コメ市場開放を発表
	12/16	田中角栄元首相死去

年	月/日	主な出来事
	10/3	東西ドイツ統一（東ドイツ各州が西ドイツに加入）
	11/8	国連平和協力法案廃案
	11/28	英首相にジョン・メージャー（保守党）就任（～97/5/2）
1991（平成3）	1/17	多国籍軍によるイラク空爆で湾岸戦争始まる（～2/28）
	1/24	日本、多国籍軍へ90億ドルの追加資金協力を決定
	3/11	クウェート、「ワシントン・ポスト」紙に支援30ヵ国への感謝広告掲載。財政支援のみの日本・韓国の記載なし
	4/6	国連による停戦協定を受け入れイラク停戦合意
	4/26	海上自衛隊ペルシャ湾掃海派遣部隊出発
	6/9	フィリピン・ピナツボ火山噴火により米軍基地が使用不可能に
	6/12	ロシア共和国大統領選挙でボリス・エリツィンが当選
	7/12	ペルーでJICAの技術指導員3人がゲリラに殺害されるワラル事件
	7/15	G7サミット（ロンドン）。海部首相出席
	8/19	ソ連で保守派によるクーデターが起こり、ゴルバチョフ大統領軟禁（～8/21、クーデター失敗）
	9/17	韓国、北朝鮮および、エストニア、ラトビア、リトアニアのバルト3国が国連に加盟
	9/22	クロアチア、ユーゴスラビア軍と衝突（クロアチア紛争、～95/11）
	10/23	カンボジア和平パリ国際会議（カンボジア内戦終結）
	11/5	宮澤喜一内閣成立（～93/8/9）
	11/12	第3回APEC首脳会議（ソウル、～11/14）
	11/26	米、フィリピンにクラーク空軍基地を返還
	12/8	ロシア、ウクライナ、ベラルーシ首脳、3国のソ連離脱と独立国家共同体（CIS）樹立で合意（ベロヴェーシ合意）
	12/13	韓国・北朝鮮間で和解・不可侵・交流を謳った南北基本合意書締結（92/2/19発効）
	12/25	ソ連、ゴルバチョフ大統領辞任
	12/31	ソビエト連邦解体、ロシア連邦へ。エリツィン、ロシア連邦大統領に（～99/12/31）
1992（平成4）	1～2	鄧小平、改革開放を唱導する南巡講話を発表
	2/7	欧州連合（EU）の創設を定めたマーストリヒト条約に調印
	2/25	中国で「領海及び接続水域法」制定
	3/15	国連カンボジア暫定統治機構（UNTAC、明石康事務総長）が活動開始
	4/1	ボスニア・ヘルツェゴビナ紛争起こる（～95/12/14）
	5/22	細川護熙元熊本県知事が日本新党を結党
	6/15	国際平和協力法（PKO協力法）衆議院本会議で可決・成立
	6/30	フィリピン大統領にフィデル・ラモス就任（～98/6/29）
	7/6	G7サミット（ミュンヘン）。宮澤喜一首相出席
	7/25	バルセロナオリンピック開幕（～8/9）

年	月/日	主な出来事
1988（昭和63）	9/17	ソウルオリンピック開幕（～10/2）
	9/19	天皇吐血報道をきっかけに自粛ムード広がる
	12/24	消費税法案が成立
1989（昭和64）（平成元）	1/7	昭和天皇崩御
	1/20	米大統領にジョージ・H・W・ブッシュ（共和党）就任（～93/1/20）
	2/15	ソ連軍アフガニスタンから撤収。ソ連アフガン戦争終結
	4/1	竹下内閣、消費税法施行（税率3%）
	5/15	マイケル・アマコスト、駐日米大使に（～93/7/19）
	6/3	宇野宗佑内閣成立（～89/8/10）
	6/4	中国で六四天安門事件（民主化デモを武力鎮圧）
	7/14	G7サミット（アルシュ）。宇野宗佑首相出席
	7/23	第15回参議院議員選挙（自民党：109、社会党：68ほか）。自民党は参院で過半数を割り、ねじれ状態に
	8/10	第1次海部俊樹内閣成立（～90/2/28）
	9/7	ポーランドに非共産党政権誕生
	10/23	ハンガリーに非共産党政権誕生
	11/6	第1回APEC首脳会議（キャンベラ、～11/7）
	11/9	ベルリンの壁崩壊
	11/17	チェコ・スロバキアでビロード革命、共産党支配終結
	12/2	ブッシュ米大統領とゴルバチョフソ連共産党書記長によるマルタ会談（～12/3、冷戦終結）
	12/20	米軍パナマ侵攻（～90/1/31）
	12/21	ルーマニアで民主化革命（～12/26、共産党政権崩壊）
1990（平成2）	1/3	パナマのノリエガ将軍、米軍に投降
	2/18	第39回衆議院議員総選挙（消費税解散、自民党：275、社会党：136、公明党：45ほか）
	2/28	第2次海部俊樹内閣成立（～91/11/5）
	3/15	ソ連大統領制に移行。引き続きゴルバチョフが政権を担当（～91/12/25）
	3/27	不動産価格の暴騰を沈静化させるため総量規制はじまる（～91/12）
	5/24	天皇、訪日した盧泰愚韓国大統領を迎えた宮中晩餐会で「痛惜の念」を表明
	7/9	G7サミット（ヒューストン）。海部首相出席
	7/29	第2回APEC首脳会議（シンガポール、～7/31）
	8/2	イラク軍クウェート侵攻（～8/4、湾岸危機）
	8/30	日本、多国籍軍への10億ドルの資金協力を決定
	8/31	東西ドイツ統一条約に調印
	9/14	日本、多国籍軍に10億ドルの追加資金協力と紛争周辺3か国への20億ドルの経済援助を決定

年	月/日	主な出来事
	8/15	中曽根首相、靖国神社を公式参拝
	9/22	ニューヨークのプラザホテルで先進5ヵ国蔵相会議によるプラザ合意。円高不況始まる
	11/19	ジュネーブでレーガン大統領とゴルバチョフ書記長による初会談
1986（昭和61）	1/1	スペインとポルトガルがEC加盟
	2/25	フィリピンのマルコス大統領国外脱出。故ベニグノ・アキノ氏夫人コラソンが大統領就任（〜92/6/29）
	4/15	テログループへの支援などを理由に米国がリビアを空爆
	4/26	チェルノブイリ原子力発電所で大規模な爆発事故（国際原子力事象評価尺度レベル7）
	5/4	G7サミット（東京）。中曽根首相議長
	7/1	内閣五室（内政審議室・外政審議室・安全保障室・広報官室・情報調査室）設置
	7/6	衆参同日選。第38回衆議院議員総選挙（死んだふり解散、自民党：300、社会党：85、公明党：56ほか）、第14回参議院議員通常選挙（自民党：143、社会党：41、公明党：24ほか）
	7/22	第3次中曽根康弘内閣成立（〜87/11/6）
	10/11	アイスランドのレイキャビクで米ソ首脳会談
	11/3	イラン・コントラ事件発覚
1987（昭和62）	1/1	北京の天安門広場で学生によるデモが起きる
	4/1	日本国有鉄道（国鉄）分割民営化でJRグループ誕生
	6/8	G7サミット（ベネチア）。中曽根首相出席
	7/1	単一欧州議定書が発効
	10/19	ニューヨーク株式市場が大暴落し、世界同時株安が始まる（ブラックマンデー）
	11/6	竹下登内閣成立（〜89/6/3）
	11/29	北朝鮮工作員による大韓航空機爆破事件。死者115名
	12/7	ソ連のゴルバチョフ書記長米国訪問
	12/8	レーガン大統領とゴルバチョフ書記長、中距離核戦力（INF）全廃条約仮調印
	12/16	韓国で16年ぶりの大統領選挙
1988（昭和63）	1/1	ソ連でペレストロイカ始まる
	1/13	台湾総統に李登輝就任（〜00/5/20）
	2/25	韓国大統領に盧泰愚（民主正義党→民主自由党）就任（〜93/2/24）
	3/14	中国とベトナムが南シナ海で衝突（スプラトリー諸島海戦）
	4/8	中国国家主席に楊尚昆就任（〜93/3/27）
	5/15	ソ連軍、アフガニスタンからの撤退開始
	5/23	レーガン大統領ソ連訪問
	6/19	G7サミット（トロント）。竹下首相出席
	8/20	イラン・イラク戦争停戦

年	月/日	主な出来事
1982（昭和57）	12/13	ポーランドで反政府運動を牽制するために戒厳令施行
	4/2	アルゼンチン軍、英領フォークランド諸島を占領。フォークランド紛争始まる（～6/14）
	5/28	ローマ教皇ヨハネ・パウロ2世が英国訪問。カトリック教会とイングランド国教会が和解
	6/4	G7サミット（ベルサイユ）。鈴木首相出席
	10/1	西独首相にヘルムート・コール（キリスト教民主同盟）就任（～98/10/27）
	11/10	ソ連のレオニード・ブレジネフ最高会議幹部会議長死去。後任にユーリ・アンドロポフが就任（～84/2/9）
	11/27	第1次中曽根康弘内閣成立（～83/12/27）
1983（昭和58）	1/11	中曽根首相「電撃訪韓」（～1/12）
	3/8	レーガン大統領、一般教書演説でソ連を「悪の帝国」と揶揄し、新冷戦が激化
	5/28	G7サミット（ウィリアムズバーグ）。中曽根首相出席
	6/18	中国国家主席に李先念就任（～88/4/8）
	6/26	第13回参議院議員通常選挙（自民党：137、社会党：44、公明党：27ほか）
	8/21	フィリピンでベニグノ・アキノ元上院議員暗殺される
	9/1	ソ連防空軍、領空を侵犯した大韓航空機を撃墜。死者269名
	10/9	ミャンマーのヤンゴン（当時ラングーン）で北朝鮮によるテロ（ラングーン事件）。現地を訪問中だった韓国の閣僚らが死亡
	10/12	東京地裁が田中元首相に受託収賄などの罪で有罪判決。国会紛糾、解散へ
	10/25	米軍、グレナダに侵攻
	12/27	第2次中曽根康弘内閣成立（～86/7/22）
	12/18	第37回衆議院議員総選挙（田中判決解散、自民党：250、社会党：112、公明党：58、民社党：38、共産党：26ほか）
1984（昭和59）	2/9	ソ連のアンドロポフ共産党書記長死去
	2/13	ソ連の最高指導者にコンスタンチン・チェルネンコが就任（～85/3/10）
	6/7	G7サミット（ロンドン）。中曽根首相出席
	7/28	ロサンゼルスオリンピック開幕（～8/12）。ルーマニアを除く東側諸国がボイコット
	9/6	全斗煥大統領、韓国の国家元首として初の来日
	10/31	インドでインディラ・ガンジー首相暗殺される
1985（昭和60）	3/10	ソ連のチェルネンコ共産党書記長死去。後任にミハイル・ゴルバチョフが就任（～91/12/25）
	3/19	トルコ航空機がイラクによる空爆が迫るイランのテヘランから在留邦人を救出
	5/2	G7サミット（ボン）。中曽根首相出席

年	月/日	主な出来事
	6/28	G7サミット（東京）。大平首相議長
	7/16	イラクでサダム・フセインが大統領に就任（～2003/4/9）
	10/7	第35回衆議院議員総選挙（自民党：248、社会党：107、公明党：57ほか）。非主流派による首相退陣要求から四十日抗争始まる
	10/26	韓国で朴正熙大統領暗殺される
	11/4	テヘラン（イラン）の米国大使館占拠事件
	11/9	第2次大平正芳内閣成立（～80/6/12）
	12/24	ソ連軍、アフガニスタン侵攻。ソ連アフガン戦争始まる
1980（昭和55）	1/26	イスラエルとエジプトが国交樹立
	4/17	中国、IMFに加盟
	4/23	カーター大統領、米国大使館の人質解放のため武力作戦を決行（失敗）
	5/18	韓国で光州事件
	6/12	大平首相選挙期間中に急死。伊東正義官房長官が職務代行
	6/22	初の衆参同日選挙。第36回衆議院議員総選挙（ハプニング解散、自民党：284、社会党：107、公明党：33ほか）、第12回参議院議員通常選挙（自民党：135、社会党：47、公明党：26ほか）。G7サミット（ベネチア）には大来佐武郎外相が代理出席
	7/17	鈴木善幸内閣成立（～82/11/27）
	7/19	モスクワオリンピック開幕（～8/3）。前年のソ連によるアフガン侵攻への抗議から西側諸国、中国、イラク、パキスタンなどがボイコット
	7/27	パフレヴィー元イラン国王、亡命先のエジプトで死去
	8/14	ポーランドで造船所のストライキをきっかけとする民主化運動
	8/27	韓国大統領に全斗煥（民主正義党）就任（～88/2/24）
	9/17	ポーランドで自主管理労働組合「連帯」結成
	9/22	イラン・イラク戦争勃発
	11/4	米国大統領選挙で現職のカーターがレーガンに敗れる
1981（昭和56）	1/1	ギリシャがEC加盟
	1/20	米大統領にロナルド・レーガン（共和党）就任（～89/1/20）
	2/7	第1回北方領土の日
	2/18	レーガン大統領が経済再建計画（レーガノミクス）を発表
	3/2	初の中国残留日本人孤児訪日調査（～94/11）
	3/16	第二次臨時行政調査会（会長：土光敏夫）発足。鈴木行革始まる
	5/8	鈴木首相訪米中、日米共同声明で「同盟関係」に言及
	5/21	仏大統領にフランソワ・ミッテラン（社会党）就任（～95/5/17）
	6/7	イスラエルによるイラク原子炉爆撃事件（オペラ作戦）
	6/10	マレーシア首相にマハティール就任（～03/10/31）
	7/20	G7サミット（オタワ）。鈴木首相出席
	7/29	チャールズ英皇太子、ダイアナ妃と結婚
	10/6	エジプトでサダト大統領暗殺
	10/14	エジプト大統領にムバラク副大統領が昇格

年	月/日	主な出来事
1976（昭和51）		めぐる抗議からアフリカの22カ国がボイコット
	7/27	ロッキード事件で田中元首相を逮捕
	9/6	ソ連の戦闘機ミグ25が函館空港に着陸（ベレンコ中尉亡命事件）
	9/9	中国の毛沢東共産党主席が死去
	10/29	防衛計画の大綱（51大綱）閣議決定。基盤的防衛力の整備を明示
	12/5	第34回衆議院議員総選挙（ロッキード選挙、自民党：249、社会党：123、公明党：55、新自由クラブ：17ほか）
	12/24	福田赳夫内閣成立（～78/12/7）
1977（昭和52）	1/20	米大統領にジミー・カーター（民主党）就任（～81/1/20）
	2/10	200海里経済水域規定に基づく日米漁業協定調印
	2/24	ソ連、北方領土周辺を含む200海里水域での日本漁船の操業規制を決定
	4/29	ソ連、日ソ漁業条約の破棄を通告（1年後に失効）
	5/7	G7サミット（ロンドン）。福田首相出席
	6/10	マイケル・マンスフィールド、駐日米大使に（～88/12/22）
	7/1	領海法（領海及び接続水域に関する法律）施行（日本の領海は海岸から12カイリ）
	7/10	第11回参議院議員通常選挙（自民党：124、社会党：56、公明党：25ほか）
	8/12	中国共産党、文化大革命の終結を宣言
	8/18	福田首相、東南アジア歴訪の最終訪問地フィリピン・マニラで演説。東南アジア外交3原則（福田ドクトリン）を表明
1978（昭和53）	3/26	社会党を離党した国会議員らが合流して社会民主連合結成（～94/5）
	5/20	台湾総統に蔣経国就任（～88/1/13）
	5/23	第1回国連軍縮特別総会開幕
	7/16	G7サミット（ボン）。福田首相出席
	8/12	日中平和友好条約調印（発効は10/23）
	10/27	アンワル・サダト（エジプト）とメナヘム・ベギン（イスラエル）がノーベル平和賞受賞
	11/27	日米防衛ガイドライン合意
	12/7	第1次大平正芳内閣成立（～79/11/9）
1979（昭和54）	1/1	米中国交樹立
	1/16	イラン国王モハンマド・レザー・パフラヴィーが国外脱出
	2/11	イラン革命。ホメイニーの組織したイスラム革命評議会が権力を奪取（第2次石油危機）
	2/17	中越戦争勃発（～3/16）
	4/1	イランで国民投票によるイスラム共和国樹立
	5/4	英首相にマーガレット・サッチャー（保守党）就任（～90/11/28）
	6/18	ウィーンで米ソ首脳会談。SALT Ⅱ（第2次戦略兵器制限条約）に調印

年	月/日	主な出来事
		プト・シリアがイスラエルを攻撃
	10/16	OPEC湾岸6ヵ国が原油公示価格の引き上げを発表（第1次石油危機始まる）
	10/17	OAPEC加盟国が石油戦略（原油生産の段階的削減）を決定
	12/20	OAPEC加盟諸国がイスラエル支持国に対する経済制裁（石油禁輸）を決定
	12/23	OPEC湾岸6ヵ国が74年1月から原油価格を2倍以上に引き上げることを決定
1974（昭和49）	1/15	中国とベトナムが西沙諸島の領有をめぐって交戦
	1/19	中国が西沙諸島を占領。実効支配下に置く
	3/5	英首相にハロルド・ウィルソン（労働党）就任（第2次政権、～76/4/5）
	5/16	西独首相にヘルムート・シュミット（ドイツ社会民主党）就任（～82/10/1）
	5/27	仏大統領にヴァレリー・ジスカールデスタン（フランス民主連合）就任（～81/5/21）
	7/7	第10回参議院議員通常選挙（自民党：126、社会党：62、公明党：24ほか）。保革伯仲
	7/19	ジェイムズ・ホッジソン、駐日米大使に（～77/2/2）
	8/8	ニクソン大統領、ウォータゲート事件で辞任。フォード副大統領昇格（～77/1/20）。佐藤前首相がノーベル平和賞を受賞
	10/9	月刊文藝春秋に立花隆の「田中角栄研究」が掲載され、金脈問題の追及はじまる。
	11/26	田中首相退陣を表明
	12/9	三木武夫内閣成立（～76/12/24）
1975（昭和50）	2/11	英国保守党党首にマーガレット・サッチャー選出される
	4/30	サイゴン陥落。南ベトナムは無条件降伏し、ベトナム戦争終結
	8/1	全欧安全保障協力会議（CSCE）で東西の安全保障の促進を謳ったヘルシンキ宣言が採択される
	8/15	三木首相、現職の総理大臣として初めて終戦の日に靖国神社参拝
	11/15	英・米・仏・西独・伊・日による初の先進国首脳会議（ランブイエ）。三木首相出席
1976（昭和51）	1/9	中国の周恩来国務院総理が死去
	2/24	東京地検によるロッキード事件の強制捜査開始
	4/5	英首相にジェームズ・キャラハン（労働党）就任（～79/5/4）
	6/25	自民党を離党した河野洋平らが新自由クラブを結成（～86/8）
	6/27	G7サミット（サンファン）。今回よりカナダが加わり、G7となる。三木首相出席
	7/2	南北ベトナム統一。ベトナム社会主義共和国成立
	7/17	モントリオールオリンピック開幕（～8/1）。アパルトヘイトを

年	月/日	主な出来事
1970（昭和45）	1/14	第3次佐藤栄作内閣成立（〜72/7/7）
	2/3	日本政府、核拡散防止条約（NPT）に調印
	3/14	日本万国博覧会（大阪万博）開幕（〜9/13）
	6/19	英首相にエドワード・ヒース（保守党）就任（〜74/3/4）
	6/23	日米安全保障条約自動延長
	9/6	パレスチナ解放機構（PLO）の下部組織PFLPが4機の航空機を同時ハイジャック
	12/3	中国の国営新華社通信が尖閣諸島は中国領であると報道
1971（昭和46）	6/27	第9回参議院議員通常選挙（自民党：131、社会党：66、公明党：22ほか）
	7/9	ヘンリー・キッシンジャー米大統領補佐官が極秘訪中。周恩来首相と会談
	7/15	リチャード・ニクソン米大統領、訪中を発表（ニクソン・ショック）
	8/15	ニクソン大統領がドルと金の兌換停止を発表（ドル・ショック）
	10/15	日米繊維協定仮調印
	10/25	中華人民共和国が国連に加盟。中華民国（台湾）は追放
1972（昭和47）	2/21	ニクソン大統領訪中
	3/1	ローマクラブ『成長の限界』を発表
	4/12	ロバート・インガーソル、駐日米大使に（〜73/11/8）
	5/15	米国から沖縄が返還され、沖縄県発足
	6/11	田中角栄「日本列島改造論」を発表
	6/17	ウォーターゲート事件発覚
	6/17	佐藤栄作首相、退陣を表明
	7/7	第1次田中角栄内閣成立（〜72/12/22）
	8/26	ミュンヘンオリンピック開幕（〜9/11）。ミュンヘンオリンピック事件（9/5）
	9/29	田中首相訪中。日中国交正常化共同声明
	10/14	集団的自衛権は保持するが行使できないとする政府解釈を公表
	11/22	ジュネーヴでSALT Ⅱ（第2次戦略兵器制限条約）交渉開幕
	12/10	第33回衆議院議員総選挙（日中解散、自民党：271、社会党：118、共産党：38、公明党：29、民社党：19ほか）
	12/22	第2次田中角栄内閣成立（〜74/12/9）
	12/27	韓国大統領に朴正熙就任（79/10/26暗殺）
	12/28	金日成が北朝鮮の国家主席に主任（〜94/7/8）
1973（昭和48）	1/1	英国、アイルランド、デンマークがEC加盟
	1/27	パリ（ベトナム和平）協定調印
	1/29	ニクソン大統領、ベトナム戦争終結を宣言
	3/29	米国軍が南ベトナムからの完全撤退を完了
	8/8	金大中事件
	10/6	第4次中東戦争。第3次中東戦争での失地回復を目指したエジ

年	月/日	主な出来事
	10/5	米デトロイトの原発試験炉で世界初の炉心融解事故起きる
	12/1	西独首相にクルト・ゲオルク・キージンガー（キリスト教民主同盟）就任（〜69/10/21）
1967（昭和42）	1/29	第31回衆議院議員総選挙（黒い霧解散、自民党：277、社会党：140、民社党：30、公明党：25、共産党：5ほか）
	2/11	初の「建国記念の日」
	2/7	第2次佐藤栄作内閣成立（〜70/1/14）
	6/5	第3次中東戦争（六日戦争）勃発（〜6/10）
	6/17	中国が初の水爆実験
	7/1	ブリュッセル条約発効。欧州石炭鉄鋼共同体、欧州経済共同体、欧州原子力共同体が統合される
	8/8	東南アジア諸国連合（ASEAN）創設
1968（昭和43）	1/5	アレクサンデル・ドプチェク、チェコスロバキア共産党第一書記に就任。「プラハの春」はじまる
	1/16	ウィルソン英首相、1971年までにスエズ以東からの英駐留軍の撤退を表明
	1/27	佐藤首相、国会答弁で非核三原則を提唱
	1/30	南ベトナムの共産ゲリラによるテト攻勢はじまる
	6/26	小笠原諸島が本土復帰
	7/7	第8回参議院議員通常選挙（自民党：137、社会党：65、公明党：23ほか）
	8/20	ワルシャワ条約機構軍がチェコスロバキアに軍事介入。「プラハの春」の終焉
	10/12	メキシコオリンピック開幕（〜10/27）
	10/21	国際反戦デー。新宿騒乱
1969（昭和44）	1/18	東京大学安田講堂で学生と機動隊による攻防戦
	1/20	米大統領にリチャード・ニクソン（共和党）就任（〜74/8/9）
	3/2	ダマンスキー島事件によって中ソ国境紛争勃発
	6/10	日本のGNPが西独を抜き世界第2位になったことを経済企画庁が発表
	7/15	仏大統領にジョルジュ・ポンピドゥー（フランス国民連合）就任（〜74/4/2）
	7/20	アポロ11号月面着陸
	9/6	新東京国際空港（成田空港）着工
	9/23	中国が初の地下核実験
	10/21	国際反戦デー。新左翼各派が新宿を中心に各地で機動隊と衝突。西独首相にヴィリー・ブラント（ドイツ社会民主党）就任（〜74/5/7）
	11/21	訪米中の佐藤首相が米国政府と3年後の沖縄返還で合意
	12/27	第32回衆議院議員総選挙（沖縄解散、自民党：288、社会党：90、公明党：47、民社党：31、共産党：14ほか）

年	月/日	主な出来事
1963（昭和38）	10/16	西独首相にルートヴィヒ・エアハルト（キリスト教民主同盟）就任（～66/12/1）
	10/19	英首相にダグラス・ヒューム（保守党）就任（～64/10/16）
	11/21	第30回衆議院議員総選挙（自由民主党283、日本社会党144、社会民主党23ほか）
	11/22	ケネディ大統領暗殺。リンドン・ジョンソン副大統領が昇格（～69/1/20）
	12/9	第3次池田勇人内閣成立（～64/11/9）
	12/17	韓国大統領に朴正熙（民主共和党）就任（～79/10/26）
1964（昭和39）	1/27	中華人民共和国とフランスが国交樹立
	3/21	ライシャワー事件
	4/1	日本人の海外観光渡航自由化
	4/28	日本、OECDに正式加盟
	5/28	パレスチナ解放機構（PLO）設立
	6/3	韓国で朴大統領を批判する大規模デモが発生し、ソウル市に戒厳令布告
	6/22	日米航空交渉開始
	10/1	東海道新幹線（東京－新大阪間）開業
	10/10	東京オリンピック開幕（～10/24）
	10/14	ソ連最高指導者にレオニード・ブレジネフ就任（～82/11/10）
	10/16	中国が初の原爆実験。英首相にハロルド・ウィルソン（労働党）就任（～70/6/19）
	10/25	池田首相退陣を表明
	11/9	第1次佐藤栄作内閣成立（～67/2/17）
	11/17	公明党結成
1965（昭和40）	1/13	佐藤首相訪米
	4/24	ベトナムに平和を！市民・文化団体連合（ベ平連）結成
	6/22	日韓基本条約締結
	7/4	第7回参議院通常選挙（自由民主党：140、日本社会党：73、公明党：20、民主社会党：7ほか）
	9/1	カシミール領有をめぐり第2次印パ戦争勃発
	11/10	中国で文化大革命始まる
	11/19	戦後初の赤字国債の発行が閣議決定
	12/10	日本、国連安保理の非常任理事国に初当選
	12/30	フィリピン大統領にフェルディナンド・マルコス就任（～86/2/26）
1966（昭和41）	1/17	パロマレス米軍機墜落事故
	3/31	日本の総人口が1億人を突破
	7/1	フランス、NATO軍から脱退（2009年に復帰）
	7/25	アレクシス・ジョンソン、駐日米大使に就任（～69/1/15）
	8/5	黒い霧事件

年	月/日	主な出来事
1960（昭和35）	1/19	日米新安保条約調印。安保闘争激化
	1/24	日本社会党の一部が離党して民主社会党を結成
	2/13	フランスが初の核実験
	4/19	韓国で四月革命
	6/10	ハガチー事件
	6/15	安保闘争で全学連が国会に突入。樺美智子死亡
	6/19	新安保条約自然成立
	7/19	第1次池田勇人内閣成立（～12/8）
	7/27	経済協力開発機構（OECD）創設
	8/13	韓国大統領に尹潽善（民主党→新民党）就任（～62/3/22）
	8/25	ローマオリンピック開幕（～9/11）
	9/14	石油輸出国機構（OPEC）結成
	9/26	ケネディとニクソンによる米大統領選史上初のテレビ討論
	10/12	日本社会党の浅沼稲次郎書記長が右翼の少年に刺殺される
	11/20	第29回衆議院議員総選挙（自由民主党：296、日本社会党：145、民主社会党：17ほか）
	12/8	第2次池田勇人内閣成立（～63/12/9）
	12/20	南ベトナム解放戦線結成
	12/27	池田首相、所得倍増計画を発表
1961（昭和36）	1/20	米大統領にジョン・F・ケネディ（民主党）就任（～63/11/22）
	4/12	ソ連、人類初の有人衛星ボストーク1号の打ち上げに成功
	4/15	ピッグス湾事件（～4/19）
	5/5	米、初の有人宇宙飛行に成功
	5/16	韓国で5.16軍事クーデター起こる
	6/3	ケネディ米大統領とフルシチョフソ連共産党第一書記がウィーンで会談
	8/13	ベルリン封鎖始まる
	9/1	ベオグラードで非同盟諸国首脳会議（～9/6）
	11/27	公明政治連盟（公明党の前身）発足
1962（昭和37）	7/1	第6回参議院議員通常選挙（自由民主党：142、日本社会党：66、公明政治連盟：15、民主社会党：11ほか）
	10/10	中印国交紛争勃発
	10/22	ケネディ大統領、キューバ海上を封鎖。キューバ危機始まる
	11/1	ソ連、キューバ国内のミサイルを撤去
	11/9	日中長期総合貿易に関する覚書締結（LT協定）
	11/30	ウ・タント、国連事務総長に就任（～71/12/31）
1963（昭和38）	1/22	エリゼ条約制定
	4/7	チトー、ユーゴスラヴィア社会主義共和国連邦の終身大統領に就任
	6/1	山形県酒田市沖で海上保安庁初の不審船事案発生
	8/15	初の全国戦没者追悼式を新宿御苑で開催

年	月/日	主な出来事
1956（昭和31）	1/27	東ドイツ、ワルシャワ条約機構に加盟
	2/25	フルシチョフがスターリン批判
	5/15	日ソ漁業条約調印
	7/8	第4回参議院議員通常選挙（自由民主党：122、日本社会党：80、緑風会：31ほか）
	7/26	エジプト、スエズ運河の国有化を宣言
	10/19	日ソ共同宣言により日本とソ連の国交回復
	10/23	ハンガリー動乱勃発
	10/29	第2次中東戦争（スエズ戦争）勃発
	11/22	メルボルンオリンピック開幕（～12/8）
	12/14	石橋湛山、自由民主党総裁公選で岸信介、石井光次郎を破る
	12/18	日本、国際連盟に加盟
	12/23	石橋湛山内閣成立（～57/2/23）
1957（昭和32）	1/11	英首相にハロルド・マクミラン（保守党）就任（～63/10/19）
	1/30	ジラード事件
	2/25	第1次岸信介内閣成立（～7/10）。ダグラス・マッカーサー2世、駐日米大使に就任（～61/2/12）
	7/8	砂川事件
	8/27	東海村原子力研究所で臨界
	9/4	リトルロック事件（米公民権運動）
	9/28	外務省が初の外交青書を発表
	10/4	ソ連、世界初の人工衛星スプートニク1号の打ち上げに成功（スプートニクショック）
1958（昭和33）	1/31	米、初の人工衛星エクスプローラー1号打ち上げ
	5/22	第28回衆議院議員総選挙（自由民主党：287、日本社会党：166ほか）
	6/12	第2次岸信介内閣成立（～60/7/15）
	夏	中国で大躍進運動始まる
	8/23	第2次台湾海峡危機（金門島砲撃事件）
	11/27	皇太子・明仁親王と正田美智子の婚約発表（ミッチーブーム）
1959（昭和34）	1/1	キューバ革命
	1/8	仏大統領にシャルル・ド・ゴール（新共和国連合→共和国民主連合）就任（～69/4/28）
	3/10	チベット蜂起
	4/10	皇太子・明仁親王と正田美智子結婚
	4/27	中国の国家主席に劉少奇選出される（～68/10/31）
	6/2	第5回参議院議員通常選挙（自由民主党：132、日本社会党：85、緑風会：12ほか）
	8/13	在日朝鮮人期間のための日朝協定
	9/30	中ソ対立表面化
	12/14	北朝鮮への帰還事業開始

年	月/日	主な出来事
	8/1	保安庁設置
	8/13	日本、IMF（国際通貨基金）に加盟
	10/1	第25回衆議院議員総選挙（自由党：240、改進党：85、社会党右派：57、社会党左派：54ほか）
	10/3	英、初の核実験に成功
	10/15	警察予備隊を保安隊に改組
	10/30	第4次吉田茂内閣成立（～53/5/21）
	11/1	米、初の水爆実験に成功
1953（昭和28）	1/20	米大統領にドワイト・アイゼンハワー（共和党）就任（～61/1/20）
	3/5	スターリン死去
	3/14	ソ連最高指導者にニキータ・フルシチョフ就任（～61/10/14）
	4/19	第26回衆議院議員総選挙（自由党吉田派：199、自由党鳩山派：35、改進党：76、社会党左派：72、社会党右派：66ほか）
	4/24	第3回参議院議員通常選挙（自由党吉田派：93、自由党鳩山派：2、改進党：15、日本社会党左派：40、日本社会党右派：26、緑風会：34ほか）
	5/21	第5次吉田茂内閣成立（～54/12/7）
	7/27	朝鮮戦争休戦
	8/8	ソ連、水爆保有を宣言
	10/1	米韓相互防衛条約調印
	12/25	奄美群島日本復帰
1954（昭和29）	3/1	第五福竜丸事件
	6/17	中華人民共和国と英国が国交樹立
	7/1	自衛隊発足
	11/24	自由党鳩山派と改進党が合同して日本民主党を結成
	12/10	第1次鳩山一郎内閣成立（～55/3/19）
1955（昭和30）	2/8	ソ連マレンコフ首相辞任
	2/27	第27回衆議院議員総選挙（日本民主党：185、自由党：112、社会党左派：89、社会党右派：67ほか）
	3/19	第2次鳩山一郎内閣成立（～11/22）
	4/7	英首相にアンソニー・イーデン（保守党）就任（～57/1/10）
	4/18	インドネシアのバンドンでアジア・アフリカ会議開催
	5/14	ワルシャワ条約機構結成
	9/10	日本、GATTに正式加盟
	10/13	右派と左派が合同し、日本社会党再統一
	11/12	西ドイツ再軍備開始
	11/14	日米原子力協定調印
	11/15	自由党と日本民主党が合同し、自由民主党結成（保守合同）。55年体制の幕開け
	11/22	第3次鳩山一郎内閣成立（～56/12/23）

年	月/日	主な出来事
1948（昭和23）	9/9	朝鮮民主主義人民共和国成立。金日成首相に就任（～72/12/28）
	10/6	昭和電工事件で西尾末広元副総理を逮捕
	10/19	第2次吉田茂内閣成立（～49/2/16）
	12/7	昭和電工事件で芦田均元首相らを逮捕
1949（昭和24）	1/23	第24回衆議院議員総選挙（民主自由党：264、民主党：69、日本社会党：48、日本共産党：35ほか）
	1/31	人民解放軍、北京入城
	2/16	第3次吉田茂内閣成立（～52/10/30）
	3/7	ドッジ・ライン施行
	4/4	北大西洋条約調印。NATO発足
	8/29	ソ連、初の核実験に成功
	9/7	ドイツ連邦共和国（西独）発足
	9/15	西独首相にコンラート・アデナウワー（キリスト教民主同盟）就任（～63/10/16）
	10/1	中華人民共和国成立。主席に毛沢東就任（～59/4/27）
	10/7	ドイツ民主共和国（東ドイツ）成立
1950（昭和25）	1/6	英、中華人民共和国を承認し、台湾の国民党政府と断交
	3/1	民主党の一部と合同し、民主自由党が自由党に党名変更（吉田自由党）
	4/28	民主党と国民協同党が合同して国民民主党結成
	6/4	第2回参議院議員通常選挙（自由党：76、日本社会党：61、緑風会：50、国民民主党：29ほか）
	6/25	朝鮮戦争勃発
	7/8	マッカーサー、日本政府に警察予備隊の創設を指示
	8/10	警察予備隊発足
	9/15	朝鮮戦争で仁川上陸作戦
	10/20	朝鮮戦争で連合軍が平壌を占領
	10/25	朝鮮戦争に中国人民志願軍が三選
1951（昭和26）	4/11	トルーマン大統領と対立したマッカーサー、連合国軍最高司令官を解任
	6/21	ユネスコ、日本の正式加盟を承認
	9/8	サンフランシスコ講和条約、日米安全保障条約調印
	10/26	英首相にウィンストン・チャーチル（保守党）就任（～55/4/5）
1952（昭和27）	1/4	英、スエズ運河を封鎖
	1/18	李承晩、海洋主権宣言。李承晩ラインを設定
	2/8	国民民主党の再編により改進党結成（重光葵総裁）
	2/10	トカラ列島日本復帰
	2/26	英、核保有を宣言
	2/28	日米行政協定調印
	4/28	講和条約が発効し、日本は主権を回復。GHQ廃止
	7/19	ヘルシンキオリンピック開幕（～8/3）。日本の参加は16年ぶり

戦後日本政治外交史

年	月/日	主な出来事
1945（昭和20）	8/15	昭和天皇の玉音放送。鈴木貫太郎内閣総辞職
	8/17	東久邇宮稔彦内閣成立（～45/10/05）
	9/2	東京湾上の戦艦ミズーリで日本側代表が降伏文書に調印
	10/9	幣原喜重郎内閣成立（～46/5/22）
	10/25	憲法問題調査会設置
	11/2	日本社会党結成（片山哲書記長）
	11/9	日本自由党結成（鳩山一郎総裁）
	11/16	日本進歩党結成（町田忠治総裁）
1946（昭和21）	1/1	昭和天皇人間宣言
	1/4	GHQ、公職追放を指令
	2/28	公職追放令公布
	3/5	チャーチル英前首相が「鉄のカーテン」演説。冷戦の開始
	4/10	第22回衆議院議員総選挙（日本自由党：141、日本進歩党：94、日本社会党：93ほか）
	5/4	GHQ、鳩山一郎が公職追放に該当と通告
	5/14	吉田茂、日本自由党総裁となることを受諾
	5/22	第1次吉田内閣成立（～47/5/20）
	7/1	米、ビキニ環礁で原爆実験（クロスロード作戦）
	11/3	日本国憲法公布
1947（昭和22）	3/12	トルーマン米大統領、トルーマン・ドクトリンを発表
	3/31	民主党結成（芦田均総裁）
	4/20	第1回参議院議員通常選挙（日本自由党：38、日本社会党：47、民主党：28ほか）
	4/25	第23回衆議院議員総選挙（日本自由党：131、日本社会党：143、民主党：124ほか）
	5/3	日本国憲法施行
	6/1	片山哲内閣成立（～48/2/10）
	10/21	カシミールの帰属をめぐって第1次印パ戦争（～48/12/31）
1948（昭和23）	1/1	関税と貿易に関する一般協定（GATT）発効
	2/16	朝鮮民主主義人民共和国樹立を宣言
	3/10	芦田均内閣成立（～48/10/7）
	3/15	民主クラブと日本自由党が合同して民主自由党を結成
	6/1	第1次中東戦争
	7/20	韓国大統領に李承晩（韓国民主党→自由党）就任（～60/4/26）
	7/29	ロンドンオリンピック開幕（～8/14）
	8/13	大韓民国樹立宣言

［著者略歴］

信田智人（しのだ・ともひと）

国際大学教授

一九六〇年京都府生まれ。一九九四年ジョンズ・ホプキンス大学高等国際問題研究大学院（SAIS）で博士号取得（国際関係学）。SAISライシャワーセンター東京代表、木村太郎ワシントン事務所代表などを経て現職。主著に『官邸外交』『政治主導vs.官僚支配』（ともに朝日新聞社）、『冷戦後の日本外交』（ミネルヴァ書房、国際安全保障学会最優秀出版奨励賞）、『日米同盟というリアリズム』（千倉書房）、*Koizumi Diplomacy: Japan's Kantei Approach to Foreign and Defense Affairs*, (University of Washington Press). *Contemporary Japanese Politics: Institutional Changes and Power Shift*, (Columbia University Press) などがある。

政権交代と戦後日本外交

二〇一八年一二月一三日　初版第一刷発行

著　者　信田智人

発行者　千倉成示

発行所　株式会社 千倉書房
〒一〇四-〇〇三一　東京都中央区京橋二-四-一二
電話　〇三-三二七三-三九三一（代表）
https://www.chikura.co.jp/

造本装丁　米谷豪

印刷・製本　精文堂印刷株式会社

ISBN 978-4-8051-1165-9 C3031